아래로부터의 시민사회

희망제작소 프로젝트
우리 시대 희망 찾기
04

아래로부터의 시민사회

시민활동가 30인에게 듣는다

| 주성수 · 정규호 · 이선미 · 조성미 지음 |

창비

'현장의 목소리'에서 희망을 찾다

민간 싱크탱크 희망제작소의 '우리시대 희망찾기' 연구 프로젝트는 민주화 이후 한국사회 현실을 심층적으로 진단하고, 이를 바탕으로 새로운 사회개혁의 전망을 모색하고자 하는 하나의 시도이다. 이 프로젝트가 같은 문제를 고민하는 다른 노력들과 구별되는 점이 있다면, 일상세계로 들어가 '현장의 목소리'를 듣고, 그 목소리가 들려주는 '아래로부터의' 경험과 지혜를 체계화하여 우리사회의 문제와 애로가 형성된 역사적·문화적·제도적 조건을 해명하고, 그러한 구체적이고 풍부한 이해 속에서 희망의 단서를 찾고자 한다는 것이다. '현장의 목소리'에서 출발해 사회 현실을 그려보고자 하는 '우리시대 희망찾기'의 문제의식은 이 연구 프로젝트의 연구방법론이자 사회 현실을 이해하는 태도이기도 하다.

이 연구 프로젝트를 기획한 것은 우리 두 사람이지만, 이 기획을 현실화시킨 것은 우리의 문제의식에 공감해 재능과 열정을 모아준 연구자들이다. 2006년 1월 희망제작소 내에 꾸려진 연구위원회는 집중 토론을 통해 모두 14개의 주제 영역을 설정하였고, 이후 주제별로 관련 '현장'에서의 활동 및 연구경험을 가진 전문가들로 연구팀을 구성했다. 각 연구팀은 독자적인 방식으로 연구를 수행하면서, 필요할 때는 연구팀 사이의 공통의 문제의식을 확인하고 토론했다. 연구의 전 과정에서 연구자들은 섣부른 주장보다는 현장 속에 유형무형으로 녹아 있는 다양한 목소리를 그려내고, 어렴풋하게나마 형성되고 있는 새로운 실천의 지향과 가능성을 드러내고자 노력했다.

주제별 연구자들에 대한 소개와 연구과정은 순차적으로 발간될 책에서 하기로 하고, 전체 프로젝트 진행에 참여하였던 분들을 간단히 소개한다. '우리시대 희망찾기' 첫권의 저자이기도 한 유시주 희망제작소 객원연구위원은 작가 특유의 지적 감수성과 깨어 있는 시민으로서의 사회의식을 바탕으로 '우리시대 희망찾기' 씨리즈의 주요 편집인으로서 연구내용을 감수했을 뿐 아니라 프로젝트 전체를 실질적으로 이끌었다. 이희영은 연구기획 이외에 연구방법론 전공자로서 모든 주제 연구가 '현장의 목소리'에 기초하여 재구성될 수 있도록 전체 연구내용을 감수하고 자문했다. 강현선 연구원은 섭외, 조직, 예산집행을 포함한 연구진행 실무를 책임졌다. 또 삼성은 '우리시대 희망찾기'의 연구가 실현될 수 있도록 연구기금의 지원을 아끼지 않았고, 창비는 경제적 효과를 기대하기 힘든 연구보고서의 출판을 기꺼이 맡아주었다.

생활세계의 구체성과 풍부함에 주목하고자 하는 우리의 문제의식이 기존의 연구방법에 대한 아쉬움에서 말미암은 게 사실이지만, 그렇다고 해서 이 연구가 지금까지의 다양한 이론적·경험적 연구결과들과 무관한 것은 아니다. 오히려 기존의 다양한 연구성과들은 현장의 목소리를 재구성하기 위한 분석과 해석 과정에서 중요한 자원이 되었음을 밝힌다.

'우리시대 희망찾기'의 연구결과에 대한 평가는 독자들의 몫이다. 우리는 독자들과의 다면적인 소통을 통해 연구결과가 평가되고 재해석되는 과정이야말로 이 연구의 마무리라고 생각한다. 독자들의 날카로운 질책과 비판을 기대한다. 마지막으로, 낯선 연구자들에게 마음을 열고 '나의 이야기'를 들려준 구술자들이야말로 이 프로젝트의 기본 동력이었음을 밝히며, 귀한 시간을 내어 경험과 지혜를 나누어주신 그분들께 진심으로 감사드린다.

2008년 7월

박원순(희망제작소 상임이사)

이희영(대구대학교 교수·사회학)

일러두기

1. 독자의 이해를 돕기 위해 당시의 구술자 인적사항을 본문 뒤 '구술자 소개'에 밝혔다.
2. 구술자 인용은 녹취록을 따르는 것을 원칙으로 하되, 가독성을 지나치게 해치는 부
   분만 일부 빼거나 다듬었다. 인용문에서 중략은 (…) 표시를 했으며, 설명이 필요할
   때는 [   ]안에 넣었다.

21세기 희망의 이정표, 시민

요즘 들어 신자유주의 세계화와 전지구적 생태위기가 결합되어 나타나는 현상들이 여간 심상치 않다. 기존의 관측기록이 무색할 만큼 기상변동이 급속히 진행되는가 하면, 끝 모르게 치솟는 석유와 식량 가격은 질(質)의 차원을 넘어 양(量) 자체가 문제가 되는 '생태학적 빈곤'의 시대로 우리가 들어서고 있음을 알려주는 듯하다. 인류가 물질적 풍요를 좇아 앞만 보고 달려온 결과일 터다.

게다가 갈수록 심각해지는 사회경제적 양극화와 고용불안에 더해 생활물가 급등으로 서민들의 살림살이가 점점 더 팍팍해지고 있다. 하지만 여전히 '성장이냐 죽음이냐'의 단순 선택논리를 앞세우는 '경제 살리기'가 만병통치약처럼 운위되는 것이 당면한 현실이다. 그 결과 가정과 학교, 직장은 물론 개인과 지역, 국가 할 것 없이 사회 전체가 낙오와 배제에 대한 불안감과 공포 속에서 사활을 건 경쟁의 대열에 나서고 있다.

이처럼 엄청난 변화 속에서 다가올 미래 사회에 대한 우려가 증폭되고 있는 가운데 최근 들어 우리사회의 새로운 발전 담론으로 '선진화'가 제시되고 있다. 지난 세기 압축적인 근대화 과정이 만들어놓은 민주주의와 시장경제의 병행 발전을 토대로 하여 경쟁에서 앞서가자는 것이다.

하지만 현실은 그리 녹록지 않다. '국가 부도'라는 사상 초유의 경제 위기를 맞아 선량한 시민들이 길거리로 내몰렸던 1997년 IMF사태의 충격이 10년이 지난 지금도 여전히 현재진행형이다. 또한 지난 1987년 시민의 힘으로 펼쳐진 민주주의의 새 장은 20년이 경과한 지금 사회 곳곳에 미완의 상태로 남아 생활 속에서 피부로 느껴지는 변화를 이끌어내지 못하고 있다. 분배와 보존, 자치를 통해 삶의 질을 높이려는 시민적 요구들이 20세기형 선(先)성장 논리로 제압되는 절망스러운 상황에서 시민이 실질적인 주체가 되어 희망을 꿈꾸고 함께 만들어가는 노력이 절실하다.

이런 상황에서 최근 미국산 쇠고기 수입 문제로 촉발되어 몇달간 지속되어온 촛불집회는 자발적 시민이 주체가 되는 새로운 운동, 새로운 정치의 가능성을 보여주고 있다는 점에서 의미가 크다. 사실 정부와 정당, 언론과 지식인은 물론 우리사회의 개혁과 변화를 이끌어온 사회운동 단체 어디서도 예상 못한 일이지만, 시민의 창조성과 역동성이 만들어낸 충격과 파장은 상당하다.

촛불을 들고 거리로 쏟아져 나오는 시민들은 자신의 실생활과 직결된 '먹고사는' 문제를 온전하게 책임지는 정치, 지속가능한 삶에 바탕을 둔 경제 살리기를 요구하고 있다. 또한 촛불집회는 화석화된 제도정치의 벽을 넘어 '정치적인 것'의 부활을 분명하게 확인해주었다. 나아가 낡은 '경계'를 넘어서 새로운 차원의 '관계'를 맺을 가능성도 보여주고 있다. 온라인과 오프라인의 경계, 대의제민주주의와 직접민주주의의 경계, 제도정치와 생활정치의 경계, 개인적 취미활동과 사회적 가치를 매개로 한 운동의 경계가 촛불집회를 통해 유쾌하게 무너져버렸다.

이처럼 개인들의 창조적 상상력과 역동적인 자기조직화 양식은 사회단체 지도부와 지식인이 주도해온 운동이 더이상 설득이 통하지 않고 감동도 주지 못하고 있음을 역설적으로 보여주었다. 또한 정보의 생산과 소비의 경계를 자유롭게 넘나들면서 즐기고 나누고 움직이는 '웹 2.0세대'의 등장으로 기존의 권위와 영향력의 기반이던 정보와 지식의 독점이 이제 가능하지도 바람직하지도 않다는 점이 분명해졌다.

하지만 아직도 진보와 보수를 막론하고 관성과 낡은 잣대로 촛불집회를 편의적으로 평가하고 예단하는 모습이 보인다. 한쪽에서는 촛불집회를 통해 확인된 '시민적 저항'을 결집하고 조직하여 문제 해결의 돌파구를 마련해야 한다고 주장하는가 하면, 다른 쪽에서는 '혼동과 무질서'로 규정하고 공권력을 동원해서라도 신속히 해체할 것을 주장하고 있다. 심지어 일각에서는 갈수록 어려워지고 있는 경제상황의 책임을 떠넘길 대상으로 촛불을 지목하고 있다. 하지만 이번 계기로 드러난 새로운 변화와 요구들을 더욱 조심스럽고 겸손한 자세로 섬세하게 읽어냄으로써 우리 시민사회가 한층 성숙하고 발전하는 뜻깊은 기회로 삼을 필요가 있다.

지금 우리 시민사회는 갈수록 거세지고 있는 안팎의 도전 속에서 중대한 전환기를 맞고 있다. 시민의 이해를 대변하고 요구를 실현하면서 변화와 발전을 위해 노력해온 시민운동 역시 여기서 자유롭지 못하다. 많은 경우 현실에서 무기력하게 파편화되고 있는 시민들의 지속가능한 삶을 책임지기는커녕 운동 자체의 지속(성)을 고민해야 하는 상황인 것이다.

하지만 변화를 촉발하고 책임져야 할 시민운동이 급속한 변화의 흐름에서 제 역할을 찾지 못하는 한 우리사회의 미래가 밝을 수는 없다. 신뢰가 기본이 되는 통합적 리더십이 부재한 상황에서 다가올 변화와 충격으로부터 시민들의 삶의 토대를 보호할 수 있는 완충영역과 안전망을 촘촘

하게 짜나가는 데 시민사회단체의 역할이 매우 중요하기 때문이다. 따라서 이번 촛불집회에서 드러난바, 국가와 시장의 조직화된 힘에 맞서는 집단적 창발성과 유쾌한 전복의 에너지를 온전하게 담아낼 수 있도록 시민사회단체 스스로 준비와 달라진 실천이 필요하다. 들고 있는 촛불에 스스로를 비추어보는 성찰과 함께, 중앙권력에 대항하기 위해 중앙광장으로 집중하던 방식을 넘어서 지역과 생활현장에서 새로운 형식의 촛불을 만들어가는 노력도 뒤따라야 한다.

현재에 대한 불만과 미래에 대한 불안이 커질수록 절망의 바다 속에서 희망을 건져 올리는 노력 또한 치열할 수밖에 없다. 어둠이 짙을수록 촛불이 밝히는 빛이 더 강렬하듯이, 맑은 눈과 따뜻한 마음을 가진 시민들의 존재 가치가 확연해지고 있다. 작년 뜻하지 않은 사고로 검은 기름덩어리로 뒤덮인 서해안에서 생명을 살리는 거룩한 일에 동참한 자원봉사자들, 그리고 올해 생존과 직결된 절박한 문제를 놓고 유쾌하고도 경이로운 방식으로 광장을 가득 채우며 촛불을 들어올린 이들이야말로 21세기를 열어가는 희망의 징표임이 분명하다.

이 책은 시민사회 현장에서 희망을 찾고 만들어가는 사람들의 진솔한 이야기들을 기록하고 재구성한 것이다. 필자들은 시민사회 각 영역에서 활동하는 사람들을 대상으로 한 심층인터뷰를 통해, 우리가 당면한 현실을 진단하고 희망을 꽃피울 영역들을 찾으려 했다. 이 과정에서 필자들은 지금 희망이 있느냐 없느냐라는 물음보다는 희망의 근거들을 어떻게 만들어낼 것인가라는 물음이 더 유효하다는 점을 확인할 수 있었다. 가능성이 있어서 운동을 하는 것이 아니라, 필요하기에 가능성을 만들어가는 것이다.

또한 필자들은 인터뷰를 진행하면서 '시민'이야말로 새로운 길을 모색하고 희망을 만들어가는 데 핵심이 되어야 한다는 사실을 새삼 무겁게 받아들여야 했다. '사람이 희망이다'라고 믿는다면, 이들이 들려주는 현장의 목소리에 귀를 기울이고 현실의 변화를 민감하게 읽어내는 낮은 자세와 섬세한 눈이 필요하다는 점을 깨달았다. 비록 작더라도 구체적이고 의미있는 변화를 만들어내거나 스스로 변화를 경험한 사람들은 여러가지 현실적 제약과 어려운 여건 속에서도 자신있는 목소리로 희망을 이야기했다. 주로 지역과 생활현장에서 운동과 삶을 밀접하게 결합시켜 활동하고 있는 이들이 사회변화를 위한 운동 과정 속에서 성장하고 치유된 경험들을 소중히 간직하고 있음을 알 수 있었다.

이처럼 연구의 대상에게 지속적인 자극을 받으며 배우기도 했던 이 연구는 다음 과정을 거쳐 진행되었다.

먼저, 인터뷰 대상을 선정하기 위해 한양대 제3섹터연구소에서 수행해왔던 '한국시민사회 지표' 연구결과를 참고로 해서 구조·환경·가치·영향을 기준으로 시민사회의 활동영역을 분류한 후 해당하는 단체들 중 대표적인 곳을 추출했다. 이어서 이들 가운데서 활동영역과 단체의 중복 여부를 고려해 심층인터뷰에 적합한 시민사회단체 활동가 총 30명을 선정하였다. 이들 중 여건이 허락되지 않은 두 사람은 예비 대상자들과 교체했다.

인터뷰 대상자 선정시 개별 단체의 입장보다는 시민사회 전체가 당면한 보편적이고 현실적인 문제에 대한 입장과 견해를 폭넓게 담아낼 수 있도록 가급적 10년 이상 현장에서 활동해온 사람들을 우선으로 삼았다. 특이한 점은 대상자들 중 다수가 중앙 시민단체에서 지역의 풀뿌리 단체까지, 환경·여성·평화 등 활동의 폭이 매우 넓다는 점이다. 이러한 경험의 다양성은 각자 활동하고 있는 현장이 다르더라도 시민사회의 현재와 미래를 진단하는 데 공통된 인식의 흐름들을 형성했다.

인터뷰 대상자의 성비(性比) 균형에도 신경을 썼으나 50대 50으로 엄격하게 적용되지는 않았다. 이번 조사에서는 남성 활동가 19명(63.3%), 여성 활동가 11명(36.7%)이 인터뷰에 참여하였다. 인터뷰 대상자 연령은 20~50대까지 다양하나 30대 후반과 40대 중반의 중견 활동가들이 다수를 차지하였다.

인터뷰 사전에 시민운동에 참여하기까지 과정과 동기, 시민사회를 둘러싼 변화에 대한 인식과 판단, 시민운동이 당면한 현실과 과제, 향후 전망과 희망의 근거 등 질문의 세부 항목들을 추출했다. 하지만 실제 인터뷰 과정에서는 구조화된 질문지를 제시하지 않고 구술자가 충분히 자유롭게 이야기할 수 있도록 했다. 세부 항목들은 보충 질문의 재료로 활용했다.

글의 구성 과정과 방식은 다음과 같다. 4명의 필자들은 수차례의 기획 회의와 녹취록 검토 회의를 통해 구성과 집필 방향을 논의했다. 그 결과 책의 전체 구성을 다섯 장으로 정하고 필자들의 전공 및 관심 분야를 살려 각 장을 책임 집필하기로 했다. 1장과 5장은 주성수, 2장은 조성미, 3장은 이선미, 4장은 정규호가 나누어 맡았다.

이러한 역할분담의 배경에는 연구의 대상인 시민사회의 특성을 살리는 데 필자 각자의 문제의식과 글쓰기 방식의 다양성을 있는 그대로 드러내는 편이 낫겠다는 판단도 작용했다. 물론 집필 내용을 점검하는 과정에서 중복 또는 누락을 방지하고, 다양성을 빌미로 개인의 성향이 지나치게 부각되지 않도록 주의를 기울였다.

이 책의 전체 체계는 우리사회에서 시민과 시민사회에 대한 인식이 어떻게 형성되었으며 그 의미는 무엇인지 살펴보는 '의미의 탐색', 활동가 개인의 삶에 녹아든 시대적 경험을 통해 우리 시민사회의 형성과정을 드러내기 위한 '삶에 대한 조명', 개인과 조직의 경계를 넘어 소통하는 사회를 만들어가기 위한 시민사회단체의 역할과 과제를 다루는 '관계에 대한 진단', 급속한 변화의 흐름 속에서 시민사회단체들이 처한 도전과 기회를 가려보는 '변화에 대한 성찰', 마지막으로 시민사회의 미래와 관련한 새로운 가능성과 과제들을 다루는 '희망 찾기' 순으로 구성하였다.

제1장 「시민, 시민사회, 시민사회단체」에서 주성수는 '시민'은 누구인가? '시민사회'란 무엇인가? '시민사회단체'는 어떻게 활동하나?라는 질문을 통해 우리가 이 책에서 살펴보고자 하는 대상들의 의미를 탐색하고, 그 다양한 모습들을 인터뷰 대상자 30명의 이야기를 엮어서 보여주고 있다.

제2장 「시대경험과 시민사회」에서 조성미는 활동가들의 개인적 삶에 녹아든 시대경험을 통해 우리 시민사회의 형성 및 변화 과정을 살펴보고 있다. 민주화 이전 단계에서 1987년 민주화 국면을 거쳐 지금의 신자유주의적 세계화 시대에 이르기까지, 일련의 흐름 속에서 개인이 사회적 관계에서 각성한 시민으로 성장하기까지 과정과 동기들을 다양한 측면에서 다루고 있다.

제3장 「사회적 소통과 시민사회」에서 이선미는 시민사회단체 활동가들을 통해 경계와 장벽을 넘어선 사회적 성찰과 소통의 문제를 다룬다. 평범한 시민에서 활동가로 성장하는 과정에서 개인과 개인, 조직과 조직의 소통이 중요함을 인식하고 그 기술을 습득함으로써, 우리 시민사회가 닫힌 사회에서 더 민주적이고 열린 사회로 나아가는 모습들을 드러내려 했다.

제4장 「전환기 속의 시민사회, 운동과 변화 사이에서」에서 정규호는 시민사회 안팎에서 진행되는 거대한 변화의 흐름들 속에서 시민사회단체들이 처한 현실의 문제와 운동의 과제들을 종합적으로 다루고 있다. 즉 운동과 변화의 상호작용을 매개로 하여 시민운동이 당면한 전환기적

진통의 원인과 과제들을 드러냄으로써 운동의 새로운 방향과 변화의 가능성들을 찾아보고 있다.

제5장 「시민사회에 싹트는 희망의 씨앗들」에서 주성수는 여러 어려운 여건 속에서도 시민이 보석처럼 빛날 수 있는 가능성의 영역들을 제시하고 있다. 시민운동이 세상을 지탱하기 위해 필요한 물질적, 사회적 조건들을 제시함으로써 희망 찾기가 결국 희망 만들기로 귀결되어야 함을 보여준다.

마지막으로 어려운 여건 속에서도 긴 호흡으로 치열하게 살아오면서 소중하게 쌓아온 경험과 고민, 지혜를 진솔하면서도 열정적으로 들려준 30명의 활동가들께 깊이 감사드린다. 지면 제한과 필자들의 역량 부족으로 이들이 들려준 생생한 이야기, 강렬한 감동과 여운, 방대하고 풍부한 정보들을 온전히 담아내지 못한 것이 아쉬울 뿐이다.

또한 시민사회 분야의 연구자들로서 이번 심층인터뷰를 통한 희망 찾기 과제에 참여하게 된 것은 매우 소중한 경험이었다. 현장 활동가들이 들려준 생생한 이야기들은 그 어떤 이론서보다 의미있는 자극이 되었다. 특히 이론의 틀에 근거한 규범적인 진단을 내려놓고 구술자들의 이야기를 해석하고 정리하면서 전체 구성을 세우고 채워나가는 그간의 과정은 향후 연구 활동에도 강한 여운으로 남아 있을 것이다. 뜻깊은 기회를 주신 희망제작소 여러분께 감사드린다.

2008년 7월

필자들을 대신하여 정규호

1장

시민, 시민사회, 시민사회단체

| 주성수 |

국민이 국가를 구성하는 제1의 요소라면, 시민은 시민사회를 구성하는 제1의 요소이다. '시민'이 있기 때문에 '시민사회'가 존재한다.

그렇다면 '시민'은 누구이며, '시민사회'란 무엇인가? 먼저 '시민'에 대해 살펴본 후 '시민사회'가 무엇인지 생각해본다. 다음에는, '시민사회단체'는 어떻게 생겨나 운영되고 있는지 활동가들의 구술을 통해 알아본다.

1. '시민'은 누구인가?

민중, 대중에서 '시민'으로

'시민'은 누구인가? 주민등록상 서울시에 거주하면 서울시민이 되지만, 그들 모두가 지금 우리가 얘기하려는 '시민'이라고 보기는 어렵다. 자신의 권리뿐 아니라 최소한의 의무를 실천하는, 자발적으로 참여하는 시민에 촛점을 맞추어야 비로소 시민사회를 이해할 수 있다.

어느 순간부터 우리는 '민중'이나 '대중'보다 '시민'이 더 가까이 있음을 발견하게 되었다. 민중이나 대중이란 말이 거의 자취를 감추게 되면서, 대신 '시민'을 많이 얘기하며 이에 친숙해져 있다. 시민들이 활기차게 활동 가능한 시민사회라는 공공영역이 점차 확보되면서부터라고 볼 수 있다. 바로 1987년 6월 민주화항쟁 무렵부터다. 시민이 민중이나 대중을 대체하는 시대, 즉 우리는 '시민의 시대'를 살고 있다.

시민이란 인물이 활자화되어 등장한 것은 언제부터인가? 객관적 사실을 하나 확인하려고 국회전자도서관과 학술데이터베이스에 들어가보았다. 한국인의 저서나 정기간행물 또는 학위논문의 제목에 시민이 언제부터 등장했는지 검색해보니, 1987년 이후에는 수천건이 검색되지만 그 전에는 수십건 정도뿐이었다. 오늘날 우리가 언급하는 현대적 의미의 시민을 가장 먼저 다룬 글은 1954년 서울신문사가 발간한 『신천지』 제9집 5호에 고재창이 쓴 「시민사회와 도서관」이다. 2년 뒤에는 김성근이 『사상계』 7월호에 「시민사회의 세계관」을 발표했고, 같은해 『자유세계』에 세편의 시민사회 관련 글이 실리면서, 서구와 일본에서 논의되던 시민과 시민사회가 한국에 처음 소개되었다. 학위논문으로는 1956년 김영준이 「시민사회와 개인자유」라는 주제로 서울대에서 석사학위논문을 발표한 것이 최초였다. 서울 YMCA가 1973년 『시민논단』을 발간하면서 시민사회단체 중 가장 먼저 시민을 사회의 주역으로 알렸으며, 오늘날 우리가 자연스레 받아들이는 시민과 시민사회에 관한 다양한 글을 소개했다.

우리가 오늘 이 운동의 주체를 '시민'이라고 표현할 때는 단지 '민중'과의 차이를 보여주기 위한 것은 아닙니다. 오히려 우리의 깊은 관심의 대상은 87년 6월 민주화대항쟁 때 길거리에 쏟아져나왔던 시민들입니다. (경실련 「취지선

1989년 7월 8일, 이후 한국 시민운동의 중심이 되었던 경제정의실천
시민연합(경실련)이 창립되어 '행동하는 시민'의 시대를 열겠다고 선언
한다. 발기인들은 "우리 사회에 정치적 기적을 가져다주었던 이 시민들
은 1987년말 대통령선거유세 이래로 줄곧 관망만 하고 있습니다. 우리
가 소망하는 바는 바로 이 시민들이, 바로 이 보통 시민들이 다시금 경제
정의를 위한 행동에 참여함으로써 이번에는 분배의 기적을 만들어내는
일입니다"라고 했다. 또 시민 중심의 시민운동을 펼치겠다는 포부도 밝
혔다. "이제 우리들 '보통시민'들이 나설 수밖에 없습니다. 시민들이 모
여 회비를 내고 단체를 꾸려갈 것입니다. 그리고 구체적인 삶의 현장에
서 경제적 부정의의 실상을 하나하나 파헤치고 고발할 것입니다. 뿐만
아니라 문제 하나하나에 대한 빈틈없는 대안도 학자의 머리에서보다는
시민들의 생생한 경험에서 더욱 확실하게 찾도록 할 것입니다."

한편 한국여성민우회는 경실련보다 2년 앞서 출범했지만 시민보다
대중을 사회운동의 주역으로 내세웠다. 가부장적 문화에서 억압받는 여
성의 해방이 운동의 목표가 되다보니 그랬을 것이다. 창립선언문에서는
"우리들은 일상적 삶을 매일매일 살아가고 있는 여성대중들이 함께 인
식의 지평을 넓히고 함께 실천하면서 여성해방의 길에 동참하는 공간을
지향할 것이다"라고 밝혔다.

이처럼 1980년대말 시민운동이 본격화되면서 시민은 민중뿐 아니라
대중의 자리도 대신하는 인물로 부각되었다. 원자화되어 무력한 무리의
부정적 모습을 지닌 대중과 달리 시민은 사려 깊고 자발적으로 행동하는
인물로 등장한다. 민주주의 이론가 바버(B. Barber)는 "대중은 소란을
일으키지만 시민은 심사숙고하고, 대중은 충돌하고 대립하지만 시민은

관여하고 공유하며 기여한다"면서 시민을 대중과 엄밀히 구분한다.[1] 따라서 대중도 관여·공유·기여하면 시민이 되는 것이다. '참여하는' 시민들이 있어서 시민사회단체들이 존재하고, 시민사회가 지속성을 갖게 된다.

'가장 영향력있는 시민사회단체'로 여러번 꼽혔던 참여연대는 1994년 9월 10일 창립하면서, "우리는 '참여민주사회와 인권을 위한 시민연대(참여연대)'가 여러 시민들이 함께 모여, 다같이 만들어가는 공동체의 조그만 밑거름이 되기를 바라마지 않습니다"라고 선언했다.

시민의 시대, 시민 탄생의 역사

경실련이 창립되던 1989년은 세계 역사가 뒤바뀌는 '혁명'의 해였다. 그해 11월 9일 동서독간 자유 왕래가 허용되면서 베를린장벽이 마침내 붕괴의 길로 내달렸다. 이런 사회주의 붕괴의 과정을 지켜봤던 독일의 사회학자 다렌도르프(R. Dahrendorf)는 『1989년 이후』(After 1989)에서 동구의 민주화혁명이 "제약받지 않는 토론, 평등 및 근본적인 민주주의의 새로운 세계"를 가져다주는 희망인지 아직 확신할 수는 없지만, 확실한 것은 "시민권과 시민사회가 선거나 시장보다 더 중대한 진전을 보여준다"는 점을 강조했다.[2] 또 미국의 쌜러먼(L. Salamon) 교수는 전지구적으로 '결사체혁명(global association revolution)'이 일어나고 있다는 논문을 발표했고,[3] 코피 아난(Kofi Annan) 전 UN 사무총장도 전지구적 'NGO혁명'을 얘기했듯이, 시민사회의 시대는 성큼 다가오고 있었다. 1999년 미국 씨애틀에서 열린 WTO회담이 NGO들의 저항으로 무산되는 사태를 지켜보던 아난 사무총장은 "NGO혁명의 파워, 새로운 지구촌 시민의 파워 또는 지구적 차원의 시민 관심의 폭발에 관한 어떤 표현이든, 그것은 과거 장기간 UN에서 일어난 일 가운데 최상의 일"이라고 평가했다.

사실 UN은 각국 정부간 협의를 중심으로 운영되어왔지만 1980년대 말 동구권의 붕괴 이후 불안한 세계질서의 극복을 위해 NGO와 빈곤, 노동, 인권, 여성, 환경 등 모든 지구적 이슈의 해결에 공조해왔다. 미·소 양국의 냉전체제가 붕괴하고 동구 등지에서 민족분쟁이 끊이지 않던 불안한 정세에서 UN은 세계질서의 정립을 위해 NGO를 든든한 파트너로 삼아 협력해온 것이다. 'NGO의 시대' '시민의 시대'는 이처럼 국제기구들과의 적극적인 협력 활동으로 개막되었다.

그 역사적 전환점은 1992년의 리우 환경개발회담이었다. UN은 최초로 정부 대표들뿐 아니라 시민사회단체 대표들도 공식 초청해 지구온난화 등의 환경위기를 논의하는 지구촌 공론의 장을 마련했다. NGO란 말이 언론을 통해 처음 한국에 소개된 것도 이 회담에 참여한 환경단체들을 지칭한 데서 비롯됐다.[4] 이 회담에 참석했던 환경운동연합은 창립선언문에서 이를 계기로 "한층 시야가 깊어지고 넓어진 한국의 환경운동은 새로운 변화를 추구하게" 되었고, 특히 "피해자 중심의 반(反)공해운동에서 시민으로 폭을 넓힌 환경운동으로, 지역에 국한된 활동에서 전국적 연대, 나아가 지구환경 보전을 추구하기 위한 연합체를 결성하게" 되었다며 그 역사적 의미를 주창했다. 이 단체는 1988년에 출범한 공해추방운동연합을 모태로 1993년 4월에는 지금의 전국조직으로 창립되었다.

리우회담으로 '지구시민사회' 논의가 한창 무르익던 즈음에 지구시민사회 연대조직인 세계시민단체연합(CIVICUS)도 "주제와 관심사는 장소에 따라 또 시간에 따라 다양하지만 시민운동이 이제는 지속적인 지구적 현상"이라고 말하며 '시민의 시대'를 밝게 내다보았다.[5]

지난 20여년간 다양한 계급, 종교, 인종의 배경을 가진 사람들이 민주주의와 인권을 수호하고 보다 균등한 개발과 안전한 환경을 위해, 또는 더 간단히 자신들의 이웃과 지역사회에서 도움이 필요한 사람들을 돕고 일상 삶의 질을 향상시키기 위해 조직들을 구성하였다. (…) 오늘날 두드러지게 나타나고 있는 특징은 이런 연대와 공공영역에 대한 책임의 미덕을 지구적 차원으로 확대해가고 있다는 점이다. (…) 더 광범위한 시민참여와 강한 시민의 영향력을 지향하는 대규모의, 거의 보편적인 운동이 하나의 새로운 현상으로 떠올랐다. 어떤 단일의 포괄적인 구조에 의해 조종되는 것도 아니고, 어떤 고정된 주소도 없으며, 어떤 종교적 개종이나 정치적 교전을 추구하는 것도 아니며, 또 국가권력에 목적을 둔 것도 아니다. 그 중심에는 시민이라는 인물, 다양한 얼굴과 다원적 관심사 그리고 오늘의 세계에서 영감의 원천을 찾는 무수한 시민들이 있다.

사실 '시민'은 이보다 훨씬 앞서 탄생한 역사적 인물이다. 다렌도르프는 "현대사에서 시민만큼 역동적인 사회적 인물은 없다"며, "시민은 지난 수세기 동안 새로 등장한 사회집단, 봉건사회에서의 도시 유산계급, 18~19세기 새로운 산업계급, 의존과 박탈에서 자신을 해방시켰던 농노와 신민, 식민지 국민, 여러 소수민족, 여성 등 집단에 속했던 구성원이자 시민사회를 건설한 원동력이었다"고 설명한다.[6]

시민 탄생의 역사는 시민사회 탄생의 역사와 같다. 시민혁명으로 일컬어지는 1688년 영국의 명예혁명과 1789년 프랑스혁명은 상공업자인 부르주아지들이 주도했다. 그들은 봉건적 신분제와 이에 기초한 정치제도적 폭압에서의 해방을 위해 투쟁했다. 이처럼 사적 이익의 추구가 봉건제 국가에 맞서선 투쟁을 낳았던 것과는 대조적으로, 현대의 시민들은 국가와 시장의 권력과 이익을 도모하는 세력들의 횡포에 맞서 투쟁하는 '공익 지향적' 인물이라는 근본적인 차이가 있다. 권력의 횡포에 대한 저항을 포함한 시민적 권리의 행사는 현대적 의미의 시민 개념의 핵심이다. 메리엄-웹스터(Merriam-Webster) 법률사전에서 시민은 "국가(정부)에 신의를 지키며 정부의 보호를 향유하고 시민적 권리의 행사를 누리는 자격을 가진 토착적 개인"이라고 정의된다.

시민적 권리의 행사는 시민이 주권자로서 행사하는 권리이다. 계간 『창작과비평』을 창간한 백낙청 교수는 과거 자신이 정의한 '시민'의 현대적 의미에 대해 이렇게 말한다.

> 첫째는, 일본학계의 영향을 받아 시민을 중산계급(부르주아지)으로 협소하게 이해하는 것에 대한 비판이었습니다. 나는 시민을 주권자로 이해해야 한다고 봤습니다. 가령 프랑스혁명 때의 시민이 여기에 해당하는데요, 당시 전 국민을 시민(씨뚜아앵)이라고 불렀습니다. 왕의 신하가 아니라 나라의 주인이라는 뜻이었습니다. 둘째는 프랑스혁명이 제창한 시민 개념 자체와 관련되는 것인데요, 200년 전에 만들어진 이 개념으로 시민을 고정시켜서는 안 되고, 시민의 상을 열어두고 새롭게 만들어가야 한다는 것이었죠. 이 열린 개념 안에 나는 지난 70~80년대에 민족, 민중 개념을 담았던 것이고.[7]

자발적으로 참여하는 시민

우리사회에는 각종 불의를 저지르고 불편을 주며 해를 끼치는 집단이나 세력들이 어디에나 있다. 사회적 약자의 인권을 침해하는 행위, 공직자들이 부정부패로 국가질서를 어지럽히는 행위, 위해식품을 생산해 시민들에게 피해를 입히거나 공기나 물을 오염시키는 비윤리적 행위들이 끊이지 않는다. 그럼에도 이에 맞서 행동하는 시민이 있고, 자발적으로 참여하는 시민들이 시민사회를 확고하게 뒷받침하고 있다.

그렇다면 자발적으로 참여하는 시민은 어떻게 탄생하는가? 인터뷰에 등장하는 구술자들이 경험한 시민 탄생의 순간은 언제인가? 평생 시민단체 활동가로 일해온 아름다운 재단의 윤정숙 이사는 "개인이 자기의 일상에서 '되게 부정의하다' 그리고 '이건 누가 봐도 내 삶을 억압하는 거다'라고 자각했을 때, 그래서 개인이 자기 문제를 사회적 아젠다(agenda)로 만드는 그 순간 많은 변화가 일어난다"고 말한다. 그는 지난 2004년 학교의 특정 종교 강요에 항의하며 1인시위를 벌인 당시 고등학생 강의석의 사례를 들었다. 이런 문제는 누구나 알고 있는 것이지만, 당사자가 자신이 겪은 고통을 이야기하면서 공감을 불러일으켜 사회적인 이슈가 되었다. 강의석처럼 자기 문제를 사회문제로 제기하며 많은 사람들에게 공감을 갖게 하고 공동 행동을 취할 수 있게 하는 인물이 시민의 전형적인 모습이다.

강의석처럼 일찍 시민으로 성장한 사람들이 주변에도 적지 않다. 구술자 중에는 인터넷뉴스 매체 '바이러스'의 김지훈 기자와 YMCA연맹의 이필구 정책실장도 그런 삶을 살았다고 한다. 이들은 각기 다른 가정과 교육 환경, 교우관계에서 성장했지만 중학생 때부터 벌써 시민의 눈과 귀를 갖추기 시작했다.

전라도 광주에서 성장한 김지훈은 여성이지만 비교적 자유로운 가정에서 성장한 덕분에 초등학교 때부터 시사 프로그램을 보며 사회문제에 관심을 갖기 시작했고, 중학교 때는 '희망'이라는 청소년 학교 프로그램에 참여하면서 사회 활동을 시작했다고 한다. 1990년대, 자신의 운명을 바꿔놓은 '미선·효순이 사건'을 겪으면서 대학입시를 뒤로 하고 시민운동에 뛰어들었다. 미선이와 효순이는 길을 걷던 중 미군 장갑차가 뒤에서 덮치는 바람에 안타깝게 희생된 꽃다운 나이의 중학생들이다. 김지훈은 그때 일을 생생히 기억하고 있었다.

두 학생이 제 또래였잖아요. 아무런 잘못도 없는 사람이 죽었다는 것이 너무

억울했어요. 그래서 청소년대책위 활동을 했어요. 7월 17일에 의정부역 광장
에서 '청소년 행동'의 날이라는 것을 진행했어요. 500~600명이 모여 발언도
하고 거리행진을 미군기지까지 하면서 빨간색 종이비행기도 날리고 그랬어
요. 그 이후로 사건을 알리기 위해 지하철 선전전, 버튼달기 캠페인을 벌이고
온라인 서명도 했지요. 그해 겨울까지 계속했습니다. 12월에 시청에서 10만
명이 모였던 날 연단에서 발언도 했어요. 그게 제일 기억이 남고요. 우스갯소
리로 그게 제 발목을 잡았다고 얘기도 하고 그래요. (김지훈)

이필구는 지방에서 YMCA 활동을 했던 아버님과 사회참여적인 교회
주일학교 교사들의 영향을 받으며 중학생 때부터 사회문제에 눈을 뜨기
시작했다고 한다. 그는 열댓명의 친구들과 집단으로 토론하는 일이 많았
다. "너무나 친해서 친구 집을 같이 돌면서 하루씩 잠을 자고 그러면 한
10일이 되거든요. 그동안 밤새워 같이 이야기했는데 그때 제일 큰 화두
는 교육이었습니다. 우리가 왜 이런 수업을 받아야 하는가. (…) 그때 같
이 계모임을 만들면서 우리가 민족학교를 세우자는 이야기도 했지요."

또 직장에서 공익을 해치는 불의를 목격하고 이를 바깥 세상에 알리
는 공익제보자 또는 내부고발자도 있다. 이들은 그 일로 강제 퇴직 등 불
이익을 받았지만 자긍심을 갖고 생활하고 있다. 이문옥 감사관은 1990
년 대기업의 비업무용 부동산 취득에 관한 감사원의 과세실태 감사가 해
당 기업의 로비로 중단된 사태를 언론에 공개함으로써 사회에 큰 충격을
주었다. 그런데 정작 자신은 30여년간 몸담아온 공직에서 파면되고 공
무상 비밀누설죄로 구속되는 등 고난을 겪었다. 그러다가 1996년 마침
내 무죄판결을 받아 복직함으로써 양심선언의 정당성을 입증했다.

시대가 바뀌고 인식의 전환이 일어나면 전에 보지 못한 새로운 시민
의 등장을 목격하게 된다. 예를 들면, 보육이나 자녀교육을 자기 문제로

인식하는 남성이 나타나는 것이다. 많은 신세대 남성들이 가부장적 가족
문화의 틀을 깨고 '행동하는 시민'으로 나서고 있다. 이에 대해 한국여성
단체연합의 이구경숙 국장은 이렇게 말한다.

사실은 육아문제도 그렇고, 자기 아이를 사랑하지 않는 사람이 없는데 사회
가 아이를 보기 어렵게 만들잖아요. 야근해야 하고 술자리 가야 하니까요. 남
자들이 아버지로서의 권리를 박탈당하잖아요. 제가 보기에는 그것에 대해
고민하는 남자들이 주변에 많은 것 같아요. (이구경숙)

남성들이 아이와 더불어 활동하는 미국 등의 파더쎈터(father center)
를 예로 들면서 남성이 변하니까 가족이 변하고 사회가 변하는 연쇄적
변화가 일어난다고 설명한다. 그녀는 한국 남성들이 보육의 책임을 분담
하는 시민으로 거듭나기 위해서도 파더쎈터를 개설할 필요가 있다고 주
장한다.

나아가 공공의 문제에 주저 없이 행동하는 시민들을 주변에서 어렵지
않게 만날 수 있다. 이른바 '개똥녀' 사건을 보면, 누가 행동하는 시민이
고 누가 양심 없는 사람인지를 쉽게 알 수 있다. 지하철에 한 여성이 데
리고 탄 애완견이 설사를 했고, 이에 당황한 여성은 배설물을 그냥 버려
둔 사건이었다. 이를 지켜본 사람이 배설물을 놔둔 채 앉아 있는 여성과
여성이 내린 후 한 할아버지가 배설물을 치우는 두장의 사진과 상황 설
명을 인터넷에 올렸다. 이에 누리꾼들은 그녀를 공공의 적으로 비난하
며, '개똥녀'라 부르고 신분을 추적하여 급기야 사생활 침해 논란까지 번
졌다. 인터넷 공간에서는 이런 공공의 문제를 제기하며 행동에 나서는
시민들이 부쩍 늘고 있다. 시민행동의 결과는 정부정책의 즉각적인 변화
로까지 나타나면서 더 폭발적인 '참여의 혁명'을 일으키고 있다.

　이처럼 자기 일이 아니더라도 공공의 문제를 제기하며 행동하는 시민들을 어디서나 발견할 수 있다. 누구나 잠재적으로 행동하는 시민인 것이다. 과천 한살림 서울생협에서 주부들과 함께 활동하는 이해정 조직국장은 '밥하다 나온' 평범한 아줌마들이 어떻게 수돗물 불소화 사업에 반대하며 행동하는 시민이 되었는지를 말해준다. 이 사업은 정부, 사회 명망가와 전문가들이 주도했고 사업의 필요성이나 과학적인 근거들도 많았지만, 주부들은 "그 위험한 것을 안하면 되는 거 아니냐"라며 나서기 시작했다. 이렇게 걱정하는 마음에서 시민운동에 첫발을 내디딘 주부들은 3년여 동안 열심히 공부하며 전문가와 공무원에 맞서 치열하게 투쟁했다. 과천시가 마침내 사업 중단을 발표했고 수돗물 불소화 반대운동은 어느새 전국적 시민운동으로 번져갔다. 이해정은 그 운동의 성과를 이해관계에 얽히지 않은 주부들이 논리로 얻어낸 게 아니라고 말한다. "끈기 있게 끝까지 하고, 이것 때문에 잠 못 자고 책임지려고 하는 사람들의 승리"라며, 주부들은 탁월한 시민운동가라고 평가한다.

　아름다운 재단 윤정숙 이사는 지역의 주부들은 돈도 없고 자원도 없는 열악한 상태에서 뭔가 해내려고 하며 '자신을 변화시키는 운동'을 하고 있는데 반해, 활동가들은 관념적이라고 말한다. 활동가들이 생각에 빠져 고민하는 동안에 주부들은 본능적으로 행동에 나선다는 것이다.

　평범한 아줌마의 활약상은 IMF 외환위기라는 시대상황에서 여러 형태로 나타났다. 그들은 어려운 집안 살림에 보탬이 되자는 뜻에서 아파트 공동살림에 관심을 갖고, 참여해보니 관리비 등에서 낭비를 줄일 수 있을 뿐 아니라 자신들이 아파트 단지를 변화시킬 수 있다는 사실을 발견하게 된다. 그러면서 적극적으로 '아파트 공동체운동'에 나섰다. 단지에서 시와 문학이 어우러진 음악회를 열고 마을축제를 하는 등의 공동체 만들기 운동은 전국으로 번져갔다. 시민사회단체들도 이 운동을 지원하는 사업들을 했으며, 이는 많은 지역에서 새로운 공동체문화로 정착되어 갔다.

민주사회를 위한 변호사모임의 김남근 위원장은 참여연대가 추진한 아파트 공동체운동을 다음과 같이 소개한다.

아파트는 입주자대표회의라는 주민 대표기관에서 관리를 해요. 그런데 비민주적으로 운영이 되다보니까 아파트 비리가 많았어요. 아파트 관리와 관련된 외부 회사의 리베이트를 받거나, 관리비를 횡령하거나, 부녀회가 수입금을 빼돌리는 등 여러가지 비리가 만연해서 2000년 전후로 큰 사회적 문제가 됐지요. 그런 걸 척결하자는 취지지요. 문제가 나타나는 이유 중 하나가 아파트 주민들이 아파트 관리에 무관심하다는 거예요. 입주자대표회의 분들도 주민의 관심과 참여를 끌어들이기 위한 활동을 고민해야 돼요. 아파트 신문을 만들자, 매달 반상회에 꼭 참여해서 아파트 관리 문제에 대해서 토론하자, 그다음에 아파트 공동체운동 같은 걸 하자, 부녀회 활동을 수익사업 위주가 아니라 여러가지 공동체운동을 하는 쪽으로 관심을 갖자 등을 말이죠. (김남근)

누군가의 길잡이 역할

자신에게 문제가 닥쳐야만 시민이 행동하는 게 아니다. 앞을 내다보며, 뭔가 새로운 세상을 만들어보려는 사람들이 시민으로 나서고 있다. 최근 부쩍 늘어나는 기부자나 자원봉사자가 단적인 예다. 기부방법을 몰라 참여하지 못했던 사람들이 ARS 전화나 휴대전화를 이용해 기부에 동참하고 있다. 또 서해 원유유출재앙을 수습하러 100만이나 되는 사람들이 자원봉사에 나섰던 것처럼, 이제 자원봉사는 시민의 자격요건이 되었다. 20세 이상 성인 가운데 지난 1년간 자원봉사를 한 인구는 1993년 6.9

퍼센트에서 2005년 20.5퍼센트까지 급증했다.[8] 자원봉사에 학생부터 주부, 직장인, 은퇴자, 공무원 등 누구나 참여하고 있다. 자원봉사에 나선 동기를 보면, '자신이 받은 혜택의 사회환원'이나 '적게 가진 자에게 도움을 주기 위해서'라는 이타주의도 있지만, '사회문제 해결'이나 '시민의 의무와 책임'이라는 의무감 때문이라는 사람도 있었다. 젊은층에서는 '다양한 경험'이나 '자기개발' 욕구에서 자원봉사를 희망하기도 한다.[9]

이처럼 행동하는 시민으로의 성장은 주변에서 이끌어주는 사람이나 단체가 있기 때문에 가능하다. 시민은 저절로 탄생하는 게 아니다. 주변에서 도움을 주는 역할을 해야 하는데, 친구나 동료, 가족, 직장, 시민사회단체가 일차적으로 중요한 조력자다.

사람들은 여러 동기에서 자원봉사 활동을 하고 싶어하지만 누군가 같이하자는 사람이 없어서 막상 실행하지 못한다. 미국의 경우 '누군가의 요청'으로 자원봉사에 참여한 비율이 무려 89.5퍼센트에 달할 정도다. 요청자는 친구가 절반이고, 이어서 교우, 가족, 직장동료 순이라고 한다.[10] 유럽도 자원봉사의 계기가 누군가 요청했기 때문이라는 답변이 53퍼센트에 달한다. 한국에서는 자원봉사 활동의 경로가 '단체나 직장을 통해서'가 49퍼센트로 가장 많고, '스스로 찾았다'는 23퍼센트, '누군가의 요청을 받아서'는 19퍼센트다.[11] 이처럼 단체나 직장이 사람들을 참여로 많이 이끌었다.

시민들의 자발적인 모임이나 단체들은 무수히 많지만 모두 효과적인 활동을 하는 것은 아니다. 그래서 지역 활동가나 전문가의 도움이 필요하다. 구술자들도 자신들의 단체가 어떻게 시민들의 참여와 활동을 돕고 있는지 구체적으로 들려준다.

안산 녹색소비자연대의 유미화 사무국장은 이렇게 얘기한다. "실천하는 조직, 지역의 소모임들 있잖아요. 교회, 아파트, 학교 소모임, 학부모임 등 활동하려는 모임들이 있는데, 이 사람들은 정보와 돈이 없는 거예요. 그리고 방법을 모르는 거죠." 그래서 정보와 노하우를 갖고 있는 시민사회단체의 역할이 중요하다. 녹색소비자연대는 시민들이 스스로 활동할 수 있도록 돕는 역할에 촛점을 맞춘다고 한다. 자신이 녹색소비자연대의 사무국장이 아니라 같은 학부모이자 주부로서 함께 활동하는 것이다. 유미화는 학부모회에 참여해 회장 역할을 했던 경험담을 들려준다. "학부모 회장으로 활동하는데 예를 들어서 한달에 한번씩 토요 체험일 날 아이들을 위해서 엄마들이랑 같이 봉사를 하는 거예요. 나눔장터하고, 엄마들은 생태교육 훈련받아서 아이들 생태교육 시켜주고. 그걸 부모들이 할 수 있도록 하는 거예요." 자신은 "엄마들이 할 수 있도록 그냥 쎄팅하고 지원하는 역할"을 하는 게 중요하다고 설명한다.

시민사회단체 회원이나 자원봉사자로 활동하다 지도자로 성장한 활동가들도 적지 않다. 과천의 '푸른 내일을 여는 여성들'은 아파트 단지 내 물품 재활용을 하던 주부들이 삼삼오오 알뜰시장을 시작한 것이 오늘의 시민단체가 되었다고 한다. 박헌미 사무처장은 한 단지에서 재활용 캠페인을 시작한 것이 주민들의 많은 호응을 얻었다고 한다. "집에서 안 쓰는 물건들을 가져오면, 그 물건의 중량에 따라서 폐지로 만든 휴지나 폐식용유로 만든 비누를 교환해주는 활동을 시작한 거예요. 그렇게 활동하다가 거기에 나오는 물품들이 버리기 아까우니까 재활용할 수 있는" 알뜰시장을 열었단다. 매주 토요일 벼룩시장 형태로 시작한 알뜰시장은 꽤 호응을 얻었고, 마침 1996년에 과천시민회관이 건립되면서 작은 공간을 얻어 상설시장으로 변모했다. 지하에 5평 공간을 얻어 시작한 것이 IMF 외환위기를 거치면서 더 많은 주민들의 호응을 얻자 지금의 25평 공간으로 확장해 1998년 '과천녹색가게'를 열 수 있었다고 한다. 박헌미는 그때 알뜰시장을 이용하다가 거기서 일하는 회원들의 모습이 밝고 좋아

보여서 주저 없이 가입해 활동해왔다고 한다. 과천녹색가게는 더 다양한 활동을 펼치기 위해 지금의 '푸른 내일을 여는 여성들'로 개칭했다.

희망제작소의 '지역희망찾기' 씨리즈 제3권에는 네명의 '커뮤빌더' 중 또다른 주부 지도자 두명이 소개되어 있다. 박혜연, 변희종은 우연한 기회에 시민운동과 인연이 닿아 활동을 시작했다고 한다. 박혜연은 학부모로 YMCA와 인연을 맺어 주부사진클럽, 청소년상담실 자원봉사자로 활동을 시작했다. 이후 1983년 생활협동조합 창립과 함께 운영 책임을 맡았고, 또 1998년부터는 '녹색가게'에서 활동하며 특히 9년째 교복 물려입기 운동을 벌여왔다. 녹색가게는 2006년에만 교복 1000여벌, 체육복 200여벌, 참고서와 문제집 200여권을 판매했다고 한다. 변희종은 광명 YMCA의 '광명Y등대생협' 회원으로 활동했다. 이곳은 촌지 없애기 캠페인, 러브호텔 방지를 위한 조례 개정, 북한에 쌀 100가마 보내기 등 많은 활동을 해왔다. 그는 활동 초기에 우여곡절을 많이 겪었다고 한다. 재미를 느끼기도 전에 사람들과 숱한 갈등을 겪었으나 이런 과정에서 갈등을 조정하고 해결하는 법을 배워가고 있다고 한다. 그는 갈등을 빚던 사람과 밤새 토론과 속이야기를 하면서 성장했다며, "한 사람 한 사람에 집중하고 따뜻하게 안아줘야 공동체가 된다"는 확신을 지니고 있었다.[12]

2. '시민사회'란 무엇인가?

이제 시민에서 시민사회로 관심을 옮겨보자. 시민사회란 무엇인가라는 질문에 사람은 어떻게 대답할까? 익숙한 시민사회단체를 떠올리며, 이들이 활동하는 사회 정도로 얘기할 것이다. 여기에서 시민사회단체란 신문이나 텔레비전에 자주 나오는 단체들을 가리키기 십상인데, 사실 시민사회는 이보다 훨씬 더 많은 단체들을 포괄하는 광활한 세계이다. 그곳에서 일하는 사람들의 육성을 통해 삶과 직결된 드넓은 시민사회 세계를 이해해보자.

시민사회단체라는 작은 시민사회

앞서 등장한 구술자들이 소속된 시민사회단체들은, 김지훈의 인터넷 뉴스 바이러스, 윤정숙의 아름다운 재단, 유미화의 안산 녹색소비자연대, 이구경숙의 여성단체연합, 김남근의 민주사회를 위한 변호사모임, 이해정의 한살림 서울생협, 박헌미의 푸른 내일을 여는 여성들 등이다. 그밖에 이 책의 곳곳에는 YMCA, 경실련, 한국여성민우회, 환경운동연합, 참여연대, 외국인노동자의 집, 풀뿌리자치연구소 이음, 아이들과 미래, 평화여성과 갈등해결쎈터, 볼런티어21, 열린사회시민연합, 행동하는 복지연합, 환경정의, 광산지역사회연구소, 에코붓다, 여성환경연대, 세계청년봉사단, 한국청년연합회, 원주의료생협, 사회연대은행 등이 소개되어 있다. 이들은 여성, 청년, 외국인노동자, 인권, 환경, 문화, 복지, 생협, 자원봉사 등 다양한 분야의 전문 시민사회단체들이다.

물론 이보다 훨씬 많은 시민사회단체들이 존재하는데, '시민사회단체연대회의'라는 전국조직에 2007년말 현재 전국의 445개 단체가 가입되어 있다. 연대회의의 정관은 회원단체가 되기 위한 요건으로, '비정부, 비영리, 비정당'이라는 것과 "1년 이상 활동한 시민단체로서 정관상에 명시된 활동 목표와 그간의 활동 내역이 시민사회를 위한 공익적 활동이라고 인정되는 단체"라 규정한다. 이 두 요건들이 사실 시민사회단체의 기본 개념이다. 무엇보다 시민사회단체의 설립이나 운영이 정부나 기업 또는 정당과 관련이 없고 영리를 추구하지 않아야 한다. 그리고 정관에 회원, 임원의 선출, 감사 등 민주적 조직운영의 공식체계를 갖추고, 일정기간 시민사회라는 공공영역을 위한 공익 활동을 해야 한다.

사실 시민사회단체는 누구나 자유롭게 만들 수 있다. 법인이나 정부의 재정지원을 받는 단체들은 일정한 요건을 갖춰야 하지만, 다른 단체들은 오히려 정부의 간섭을 꺼려 등록하지 않고 자유롭게 활동하고 있다. 미등록 시민사회단체들은 전국에 걸쳐 헤아릴 수 없을 정도로 많다. 또 정부기관에 어떻게 등록하는지도 모르고 묵묵히 소외층을 위해 또는 시민들과 더불어 지역사회를 위해 의미있는 활동을 하는 단체들도 무수하다.

한편 정부의 재정지원 등의 혜택을 받기 위해서는 공식 등록을 해야 한다. 2000년부터 시행된 '비영리민간단체지원법'에 따르면, 등록을 위한 자격 요건은 비정부·비영리·비종교이며, 여기에 '공익성'과 '공식성' 두 가지를 추가한다. 공익성이란 '사업의 직접 수혜자가 불특정 다수일 것' '최근 1년 이상 공익활동 실적이 있을 것' 등을 말하며, 공식성으로는 '상시 구성원 수가 100인 이상일 것'과 '대표자 또는 관리인이 있을 것'을 요구한다. 2007년 5월 현재, 전국에 6738개 단체들이 등록했고, 이 가운데 중앙의 32개 부처에 등록된 단체가 740개, 나머지 6000개는 시·도에 등록된 단체로 전체의 88퍼센트를 차지한다.

최근에는 온라인이나 지구촌에서 활동하는 시민사회단체들도 크게 늘고 있다. 함께하는 시민행동은 온라인, 오프라인 활동을 겸하지만 주로 온라인으로 정보제공, 시민운동을 하는 단체이다. 한편 김지훈이 설립한 인터넷뉴스 바이러스는 인터넷을 통해서만 활동하는 단체이다. 나아가 한반도 국경을 넘어 더 넓은 세상에서 활동하는 시민사회단체들도 적지 않다. 가까운 아시아나 아프리카 난민촌에서 또는 UN 산하기구의 회원단체들처럼 지구촌을 무대로 활동하는 단체들이 있다. 최근 가수 김장훈이 독도가 대한민국 영토임을 세계에 알리는 『뉴욕타임즈』(*NewYork Times*)에 전면광고를 내는 일을 도왔던 반크(VANK)는 '싸이

버 외교사절단' 활동을 하는 시민사회단체이다. 정부조직인 한국국제협력단(KOICA)을 통해 국제사회 봉사활동에 참여하는 시민사회단체들도 80개에 달한다. 이들은 빈민구호부터 교육, 농업 기술, 의료, 컴퓨터 기술 등 다양한 영역에서 이웃사랑을 실천하며 그간 한국이 받아왔던 국제원조의 빚을 갚아가고 있다. 또 UN의 경제사회이사회에 NGO로 공식 등록한 국제적 시민사회단체들도 적지 않다. 국제적인 구호봉사단체인 굿네이버스(Good Neighbors)는 UN에 가장 먼저 등록한 한국의 NGO이며, 경실련, 환경운동연합, 새마을운동, 자유총연맹 등이 뒤를 이었다.

국가, 시장 다음의 '제3섹터'

이처럼 시민사회에는 시민사회단체들만 있는 게 아니다. 이외에도 무수한 비영리, 복지단체, 의료기관, 교육기관, 문화예술기관 등이 있다. 또 스포츠, 레저 단체들도 시민사회의 주요 일원이다. 일반적으로 소외층이나 시민들을 위한 써비스 활동을 하는 단체들은 한국식 시민사회단체에서 제외되곤 한다. 최근 부쩍 증가한 전국의 자원봉사 조직들도 시민사회의 새로운 주춧돌 역할을 하고 있다. 대학마다 자원봉사쎈터가 있고 자체 자원봉사조직을 갖춘 기업도 수백곳에 달한다. 전국 16개 시도에 3만 3000여 자원봉사단체가 등록되어 있고, 여기에 174만여명이 자원봉사자로 활동하고 있다.[13] 또 전국 어디서나 찾아볼 수 있는 수천여 복지시설도 정부기관에 공식 등록해 정기적인 재정지원을 받고 있다.

시민사회단체들은 정부기관에 등록을 해야 하는지를 놓고 내부에서 많은 진통을 겪기도 했다. 정부가 공식적으로 시민단체를 지원하기 시작한 것은 김영삼정부 시절로 거슬러 올라가는데, 정부의 재정지원 요건은 정부기관에 등록하는 것이었다. 재정지원을 위해 시민사회단체들이 서둘러 등록했지만 기존에 강하게 정부를 비판했던 일부 시민사회단체들은 등록 여부를 두고 심각한 논란을 겪어야 했다.

열린사회시민연합의 박홍순 소장은 과거에는 "국가종합주의 아래에서 사회단체들이 키워졌고, 그런 측면에서 법인제도가 만들어지고 이용됐지만, 지금은 국면이 바뀌었으니 사회적인 법인격의 획득이라는 측면에서 접근해야 된다"라고 정리해 견해차가 좁혀질 수 있었다고 한다. 윤정숙에 따르면, 한국여성민우회는 법인 등록을 놓고 논쟁이 일어날 때만 해도 필요없다는 입장을 취했지만, 결국 그 필요성을 인정하게 되었다. 정부의 재정지원도 중요하지만 등록 법인이 되면 사람들을 모으고 활동하는 데 유리하기 때문이다.

결국 시민사회는 구술자들이 일하는 시민사회단체들과 다양한 사회복지나 자원봉사 영역뿐 아니라 무수한 전문영역에서 활동하는 단체들이 있고 이들이 합쳐져 거대한 비정부, 비영리 세계를 이룬다. 멋진 쌜러드 바에 각기 탐스러운 빛깔과 모양으로 사람들의 입맛을 돋우는 야채와 해물 등이 즐비한 식탁이 바로 시민사회의 모습이다. 쌜러드 바의 음식들이 무질서한 것 같지만 이들 이 어우러지면 영양이 풍부하고 맛난 식단이 된다. 마찬가지로 시민사회도 어떻게 보면 혼란스럽게 난립하고 있는 것 같지만 서로 어우러지며 일정한 조화와 질서를 이루고 있다. '무(無)통제의 북새통' 속에 민주적 질서가 자리 잡고 있다. 국가가 권력으로, 시장이 재력으로 횡포를 부리는 것과는 전혀 다른 민주주의 질서이다. 그래서 '시민사회 없는 민주주의'는 존재할 수 없고, '민주주의 없는 시민사회'도 상상할 수 없다. 시민사회단체들은 민주주의와 시민사회가 존재하고 유지하는 데 필요한 자양분인 것이다.

시민사회를 연구하는 학자들은 시민사회에 속한 조직들의 규모를 훨씬 넓게 잡는다. UN과 함께 시민사회의 국제 표준화 연구를 진행중인 쌜러먼 교수는 초중고 및 고등교육을 포함한 일체의 비영리 교육기관,

병원과 각종 의료기관, 심지어는 국가가 설립하거나 운영하지 않는 정치
조직들과 기업이 설립하거나 운영하지 않는 재단, 노동조합까지 '시민사
회' 세계에 포함한다.[14] 그가 설정한 시민사회단체의 요건으로는 앞에서
소개한 비정부, 비영리, 공식성, 공익성 등이다. 이런 기준에 따르면 정
치조직인 정당뿐 아니라 교회와 사찰 등도 모두 시민사회조직에 포함된
다. 한국의 각급 학교, 문화시설, 생활체육단체, 종교기관, 의료기관 등
은 수십만개에 이른다. 이러한 기준에서 보면 UN 산하기구에서 활동하
는, 사회주의 정당들의 연합체인 사회주의인터내셔널(SI)이나 각국 상공
인들의 국제협력조직인 국제상공회의소(ICC)도 각기 정부조직도 기업
조직도 아니므로 NGO로 인정받고 있다.

따라서 시민사회란 국가도 시장도 아닌 제3섹터(third sector)로 불리
며 그 개념은 다양하게 정의된다. 미국 UCLA 시민사회연구소장 안하이
어는 시민사회를 "사람들이 공동의 이해를 추구하기 위해 모인 가족, 국
가 및 시장 사이에 위치한 제도, 조직 및 개인들의 영역"이라 정의한다.[15]
민주주의 이론가 바버는 "정부도 사적 시장도 주권력을 미치지 못하는,
자유로운 사회생활의 독립적인 영역"이며, "경제적 생산자이자 소비자
로, 구체적인 개인성과 주권적 국민의 구성원으로, 추상적인 집단성 사
이를 중개하는 제3섹터"라고 정의한다.[16] 또 시민사회는 "사람들이 영리
나 정치권력을 위해서가 아니라 자신들이 공유하는 이해관계를 증진시
키기 위해 함께 모인 영역"이며, 그 영역에는 기업을 제외한 가족과 국가
사이에 있는 모든 네트워크와 결사체들이 포함된다고 볼 수 있다.[17]

이제 싸이버공간으로 시민사회 투어를 떠나보면 '.com'도 '.gov'도 아
닌 '.org'주소를 가진 조직들을 일단 시민사회단체들로 보면 된다. 참여
연대, 환경운동연합, YMCA, 여성단체연합, 모두가 '.org' 또는 '.or.kr' 주
소를 갖고 있는데, 시민사회단체연대회의처럼 일부는 '.net'로 끝나는 주

소를 갖고 있다. UN과 OECD, WTO, IMF 등의 조직들도 국가간 공동이해를 추구하는 연합체라는 의미에서 '.org' 홈페이지를 갖고 있다. 또 '.org'는 아니지만 '.edu' 또는 '.ac.kr' 주소를 가진 곳도 시민사회의 주요 기관들이다.

시민사회는 국가와 시장에서 구분되는 독립적인 영역으로 볼 수 있지만, 사람 중심으로 보면 누구나 참여하는 열린 공간이다. 일부 시민사회단체는 자격 제한을 두지만, 기본적으로 누구나 자유롭게 소통하고 참여하며 새로운 시민사회를 만들어가는 주체가 될 수 있다. 공직자나 직장인들도 시민사회의 시민이다. 소외층이나 지역사회를 위한 자원봉사자로 나서며 시민사회단체의 회원으로 참여한다. 이렇게 보면 시민사회는 어디나 존재하는, 유비쿼터스(ubiquitous) 성격을 띤다.

시민사회는 국가나 시장에서 독립적이어야 하지만, 국가나 기업이 설립한 것들도 있다. 과거 새마을운동, 바르게살기협의회, 자유총연맹은 국가가 특별법을 제정해 국고 지원으로 설립한, 이른바 관변단체 또는 국민운동단체였다. 또 기업들이 독립적인 복지재단이나 사회적 기업을 설립하는 경우도 흔하다. '아이들과 미래'는 벤처나 벤처 캐피탈 회사들이 돈을 모아서 만든 것이다.

국가나 시장 밖에서 '다른 사람들과 만나 공동의 문제를 서로 상의하거나 행동에 나서면' 거기에도 시민사회가 존재한다고 볼 수 있다. '다른 사람'이란 가족 구성원이나 친지가 아닌 동료나 이웃이다. 또 '공동의 문제'란 사적 이해를 추구하는 모임보다는 이웃이나 공동체, 사회 전체, 국가 그리고 국경을 넘어선 해외의 문제에 해당한다. 사익을 추구하는 이익집단들도 공동의 문제 해결에 동참해 시민사회 일원으로서 나름의 역할을 한다. '서로 상의하거나 행동에 나서'는 경우는 인터넷이나 오프라인 어디서나 가능하다. 쓰레기 분리수거 문제에서 아프가니스탄 난민을 위한 의료봉사 활동에 이르기까지 모두 시민사회가 관여한다.

이렇게 생각하면 시민사회는 우리 일상생활의 많은 부분을 차지하고 있다. 많은 사람들이 기업이나 공공기관에서 일하지만 시민사회를 직장으로 갖고 있는 사람들도 늘고 있다. 복지관이나 시민사회단체에서 일하는 사람들뿐 아니라 각종 교육기관, 의료기관, 방송사 등에서 일하는 사람들 모두 정부나 기업을 위해서가 아니라 비정부, 비영리 시민사회에서 일하는 사람들이다. 기업이나 공공기관에서 일하는 직장인들도 퇴근후 또는 주말에 반상회에 참여하거나 등산모임 등 동호회 활동으로 시민사회생활을 하고 있다. 전업주부라 하더라도 온라인으로 사회교육원이나 싸이버대학을 다니거나 학부모로서 학교운영위원회에 참여하기도 하고 아파트부녀회의 봉사 활동에 동참하는 등 시민사회를 경험한다.

시민은 시민사회에 참여하는가

지금도 '시민 없는 시민운동'이란 말을 자주 한다. 시민사회의 일부인 시민운동영역에 시민들이 참여하지 않고, 교수, 변호사 등 지식인만이 참여한다는 비판이다. 시민들이 단체에 회비를 내는 회원으로서 자원봉사자가 되어 활동할 때 진정한 시민사회단체가 될 수 있다. 박원순 희망제작소 상임이사는 "'시민 없는 시민운동'이라는 비판을 뼈아프게 그리고 겸허하게 들어야 한다"며, 시민단체 활동가들은 시민들 곁으로 가지 못하는 자신의 한계를 반성해야 한다고 충고한다.[18]

이에 김민영 참여연대 사무처장은 시민단체들이 조직에 기반한 운동이 아니기 때문에 실제로는 상당히 허약하다는 설명이다.

여론을 움직이는 방식, 여론의 정치라는 것이 사회적 지지여론이 높을 때는 유효한데, 퇴조기에는 허약해요. 그렇다고 시민단체들이 조직화를 통해 헤쳐나가기에는 어려운 구조이고요. 그게 상당히 어려운 부분인 것 같습니다. 다들 고민인 것 같아요. 저희도 그렇고. 지역단체는 직접 시민 조직화에 들어가고 그러는데, 서울에 있는 단체들은 어떻게 해야 할지 고민인 거죠. 시민들이 편하게 참여할 수 있는 방법이나 방향이 뭐가 있을까 늘 그게 고민입니다. (김민영)

이처럼 협의의 시민사회단체에는 시민들의 관심이 부족한 것이 사실이지만, 넓은 의미에서 시민사회 참여는 서구 수준과 비교해도 결코 뒤지지 않는다. 아직은 어떤 형식으로든 집단에 속한 생활이 한국인의 삶에서 중요하다. 이런 집단적 삶이 바로 시민사회라는 영역에서 활발히 이뤄지고 있다.

자원봉사조직 볼런티어21의 2005년 조사결과 시민사회 영역을 계모임, 사교단체, 종교단체, 스포츠 레저 단체, 봉사단체, 직장 관련 단체, 지역 시민단체, 전국 시민단체, 학교·학부모회, 정치단체, 노동조합, 재향군인회 등으로 구분해보면, 성인 인구의 85퍼센트가 이들 단체 중 하나 이상에 소속되어 있다고 나타났다. 비슷한 기준을 사용한 제3섹터연구소 조사에서는 89퍼센트로 조사되었다.[19] 계모임이나 사교모임 또는 종교모임은 가장 많은 사람들이 소속되어 활동하는 단체들이지만, 최근에는 동호회나 카페 또는 클럽 중심으로 온라인에까지 단체생활이 확대되고 있는 추세에 있다.

한국인의 시민사회 활동은 시민사회단체의 위기 논의가 한창 진행중인 최근까지도 꾸준히 늘고 있다. 시민운동 중심의 시민사회단체 활동이 침체 국면으로 바뀌는 동향과는 달리 시민들의 기부나 자원봉사 등의 활동은 꾸준히 성장하고 있다. 시민사회단체의 활동과 시민들의 다양한 사회활동이 균형을 이뤄가는 형국이다. 시민사회 전체로 보면, 시민사회단체 활동의 침체보다 시민참여가 활성화된 덕분에 사회자본은 꾸준히 증가하고 있다. 미국에서는 시민사회단체 회원이 감소하고 기부나 자원봉사를 하는 사람들도 줄어드는 등, 사회자본이 작아지고 있다는 우려가 높다. 그래서 하버드대학의 퍼트넘(R. Putnam) 교수는 이처럼 홀로 원자화된 사회적 분위기를 '혼자 볼링하기'라는 비판적 주제로 분석했고,[20] 많은 국가에서도 자국의 사회자본을 측정하는 시민사회 연구들이 진행되었다.

한국인의 시민사회 참여 활동을 보기 위해 통계청이 조사한 1999~2006년 자료를 참고해볼 만하다. 모든 참여 활동이 꾸준히 상승세인 가운데, 시민사회단체 활동도 10퍼센트대를 넘어선 것을 볼 수 있다(표 참조). 또 기부와 자원봉사 활동을 보더라도 시민의 참여도는 지속적으로 성장하고 있다. 볼런티어21의 자료에는 20세 이상 성인 자원봉사자는 1999년 14퍼센트에서 2002년 16.3퍼센트, 2005년 20.5퍼센트로 크게 늘고 있다.[21] 한편 최근 미국산 쇠고기 수입 반대 촛불집회처럼 일반 시민들뿐 아니라 중고생도 광장집회에 대거 동참했던 직접행동은 세계 어느 곳에서도 볼 수 없는 '다이내믹 코리아'의 특이한 '참여혁명'을 보여주었다.

한국인의 시민사회 참여 활동 (단위 %)

	1999	2003	2006
친목·사교단체	63.2	82.5	78.7
종교단체	21.6	20.2	21.7
취미·스포츠단체	21.2	28.6	27.9
시민사회단체	9.7	9.9	10.8
학술단체	1.8	4.4	3.8
이익단체	2.6	3.5	3.4
정치단체	1.3	0.8	1.1

출처 2007년 통계청 자료

3. 시민사회단체는 어떻게 활동하나?

이제 시민사회에서 시민사회단체로 좁혀 살펴보자. 우리의 시민사회단체는 '신사회운동'이라는 별칭을 갖고 있다. 1987년 이전 사회운동은 학생운동과 노동운동 중심의 '구사회운동'으로, 그 이후는 신사회운동으로 구분해 부른다. 시민사회단체들은 1990년대 중반까지는 민주화운동에 참여했던 인물 중심이었다면 이후에는 다양한 배경의 인물들이 활동가로 몸담아왔다. 이 책에 나오는 구술자 대부분은 구사회운동과 신사회운동 사이에 다리를 놓아주는 인물이다.

시민사회단체 활동가들

학생운동에 참여했다 감옥에 갔다오고 복학해서 공부를 계속하지만, "군대도 잘못해가지고 끌려가게" 된 신세가 되어 85학번이 1995년에 졸업하게 되었다. 경실련 고계현 사무처장의 프로필이다. 그런 그가 경실련에 동참하게 된 것은 90년대 중반 사회주의권이 붕괴되고 시민운동이 민주화운동을 이어받아 한창 성장하는 시기였다. 고계현은 운동권에서 한계를 느끼며, "더 실용적이고 좀더 중도적인 그리고 또 합리적인 운동이 필요한 것 아니냐"고 생각했다고 한다.

좀더 앞선 80학번들은 광주항쟁으로 인한 고통을 안고 살다가 결국 시민사회에 몸을 의탁한 사람들이 적지 않다. 80학번인 원기준 광산지역사회연구소장은 '광활'로 학생운동의 활로를 찾다가 태백시에 정착했고, 또 외국인노동자의 집 대표인 김해성 목사는 절친한 친구들이 광주에서 죽어갔던 끔찍한 기억을 지우려 경기도 성남의 공장에서 노동운동을 하다가 외국인노동자를 돌보는 활동가로 자리 잡았다. 또 민주사회를 위한 변호사모임의 김남근은 82학번으로 학생운동을 하다 구속되는 등 곡절 끝에 1989년에 졸업했다. 그는 전두환 군사통치에 맞서 '독재헌법을 철폐하고 국민 직선제로 대통령을 뽑자'는 운동을 하다 국가보안법 위반으로 옥살이를 했다고 한다.

수도권에서 풀뿌리 주민운동을 하는 박홍순은 자신이 속한 열린사회 시민연합이 어떻게 조직되었는지를 소개했다. 당시 서울의 풀뿌리 주민운동으로는 두 조직이 있었다. 하나는 1987년 대선 때 조직된 공명선거 감시단인 민주정치국민운동본부 서울지부인데, 여기에 참여한 사람들이 모여 지역별 시민회를 조직했다고 한다. 또다른 조직은 재야 인사들의 조직인 민주통일민중운동연합이다. 그리고 87년에 와서 이 두 조직들의 통합 논의가 시작되었고, "과거에 재야운동이나 민주화운동의 한계를 넘어서 지역 시민들, 평범한 사람들이 참여하는 시민운동으로, 지역운동으로, 풀뿌리운동으로서의 새로운 시민운동을 개척해보자. 이런 의견들이 모이고, 두 조직의 통합을 1년 동안 준비해서 98년에 만들어진 게 사회시민연합"이라고 한다.

의사 신분으로 의료계 시민운동을 해온 활동가도 있다. 최근 광우병 문제로 분주한 보건의료단체연합의 우석균 실장이다. 그가 참여했던 인도주의실천 의사협의회도 창설 당시에 운동권 출신 의사들과 실용적 의사들 사이에 심각한 이념 논쟁이 있었다고 한다. 우석균은 단체명을 놓고 민주주의를 내세울지 인도주의를 앞에 둘지 다투던 상황에서 "대중적으로 가야 된다는 파가 이겨서" 인도주의가 선택되었다고 한다. 의료계의 보수적인 분위기를 반영한 결과로 보인다. 그가 지금 일하는 보건의료단체연합은 인도주의실천 의사협의회를 포함해, 건강사회를 위한 약사회, 건강사회를 위한 치과의사회, 참의료실천 청년한의사회, 노동건강연대가 연합한 한국 최대의 의료시민단체이다.

이처럼 초창기에 출범한 시민사회단체들이 주로 운동권 인물들이 조직하고 운영했다면, 1990년대 중반 이후 창립한 단체들은 대부분 운동권과 무관하다. 지역에서 부녀회 모임을 통해 동아리 활동을 하다가 시민사회단체로 성장한 경우도 있고, 전국조직을 가진 중앙 시민사회단체에서 독립해 지역조직으로 탄생하는 경우도 있다.

서울 수유리에서 풀뿌리 여성운동을 하는 '녹색삶을 위한 여성들의 모임' 김미선 대표는 이 모임이 한두명의 열성 자원봉사자가 사람들을 모아 동아리 수준의 자기개발을 하면서 시작되었다고 말한다. 일본어를 잘하는 사람이 자원봉사 강사로 나서 공부모임을 시작했고, 그러다가 여성 특유의 상담에 관심을 가지면서 아동교육, 녹색가게도 하게 되었으며, 저소득 가정의 아이들을 위한 공부방을 하게 되었단다. 지금은 어린이 도서관까지 갖추었다며 흐뭇해한다. 이런 사업의 확장은 동아리 활동에 기인한다고 한다. 연극 모임, 영어 입문 모임, 동화 읽는 어른들의 모임, 또 NGO 학습모임 등 10개 정도의 동아리가 있었고, 한 동아리에 5~10명 정도가 활동했다고 한다. 김미선은 "내 아이를 잘 키우기 위해서 주변의 지역 아이들도 함께 행복하게 잘 자랐으면 좋겠다는 욕구들이 방과후 교실을 열게 된 거"라 말한다. 처음부터 참여했던 주부들이 자신의 아이를 양육해온 경험을 바탕으로 각자 잘할 수 있는 일로 프로그램을 짜고 시작한 지 벌써 10년이 되어 지금은 지역아동쎈터로 남아 있다고 한다.

자원봉사 전문조직인 볼런티어21은 1990년대 중반 새로운 시민운동의 지평을 열어주는 조직으로 출범하였다. 한국자원봉사협의회 이강현 사무총장이 주로 부산에서 활동하다가 그 무대를 서울로 옮겨 전국적인 운동으로 확장시켜 지금의 조직으로 성장한 것이다. 함께 일해온 박윤애 사무총장은 다양한 경력을 가졌다. 78학번으로, 결혼한 이후에 부평공

단에서 노동자를 위해 민중교회 활동을 하고 YWCA 활동도 했으며, 교
사생활도 했고, 그 뒤로는 미국 유학을 떠났다고 한다. 유학을 가서도 사
회복지 공부를 하며 보스턴 노동현장에서 시민운동을 했고, 귀국 후 줄
곧 볼런티어21에서 활동해왔다.

　이와 반대로, 중앙조직에서 분화하거나 지방조직으로 독립한 사례들
도 많다. 청주에 있는 '행동하는 복지연합'의 양준석 사무국장은 참여연
대의 사회복지위원회에서 3년여 동안 활동한 뒤 준비를 거쳐 이 단체를
만들게 되었다고 한다. 그는 친구의 영향으로 복지 문제에 눈을 뜨기 시
작했고, 마침 학생운동이나 노동현장 활동에 별 관심이 없던 차에 복지
라는 써비스와 운동을 접목하고 싶다는 생각을 하게 되었다고 한다. 안
산 녹색소지자연대의 유미화는 자신이 활동했던 YMCA의 시민중계실을
토대로 소비자 단체로 독립하자는 생각을 갖고 시민중계실에 녹색소비
자연대 프로그램쎈터 명패를 붙여 시작했다고 한다.

　이뿐만이 아니다. 자신의 딸이 성폭행을 당해, 또는 아들이 학교폭력
피해자가 되어, 부모가 시민사회단체를 조직해 활동하는 경우도 있다.
아동 성폭행 피해자들의 가족모임은 딸의 성폭행 피해에 정부나 시민사
회가 실질적인 도움을 주지 못하자, 평범한 주부가 직접 나서 수년간 법
정 투쟁에서 승소했고, 나아가 스스로 공부해가며 만든 단체이다. 지금
은 같은 고통을 겪은 피해자 가족들을 돕는 활동을 하고 있다. 또 학교폭
력에 시달리다 자살한 외아들을 둔 아버지가 더이상의 학교폭력을 막고
자 주변 사람들의 후원으로 만든 단체가 청소년폭력예방재단이다.

시민사회단체라는 직장

　활동가들이 시민사회단체를 직장으로 선택한 배경 또한 다양하다. 초
기 1세대가 대부분 친구나 선배의 소개로 알음알음 활동가가 되었지만,

1990년대 중반부터는 대부분 공채로 들어가게 된다.

사회연대은행의 최홍관 사무국장은 2003년에 공채로 일하기 전에 영리를 추구하는 기업에서만 일했다고 한다. 처음 사회연대은행에 들어갔는데 박봉에 그마저도 부정기적 지급방식이었으나 자신이 갖고 있던 경험이나 능력을 마음껏 발휘할 수 있다는 사실 하나만으로도 기뻤다고 한다. 초창기에 참여한 사람들은 대부분 자원봉사자 출신이었다. 사회연대은행의 사업은 UN이 2005년을 '세계 무담보 소액대출(micro financing)의 해'로 정할 정도로 중요한 사업이 되었고, 또 2006년에는 방글라데시의 그라민은행 총재인 유누스(M. Yunus) 교수가 노벨평화상을 받으면서 한국에서도 대단한 관심을 모으고 있다. 사회연대은행은 학자와 소수 기업가들이 의기투합해서 사무실을 마련해 시작했다고 한다. 마침 공동모금회가 활성화되면서 삼성사회봉사단이 모금회에 10억원을 기탁해 자활공동체 사업으로 출범할 수 있었다. 최홍관에 따르면 사회연대은행은 소액대출뿐 아니라 영리추구를 목적으로 하는 기업의 사후관리도 하며 소자본 사업들을 양성해왔다.

한국여성민우회의 정은숙 사무처장은 민우회 공채 1기다. 학생운동을 하고 인천에서 철거민 대상 빈민운동을 하다가 선배의 소개로 공채를 통해 간사직을 맡았다고 한다. 그녀는 당시만 해도 여자가 결혼을 하면 활동이 위축되고, 또 선입견이 있어서 취직하기도 힘든 상황이었으며, 시민단체 활동가가 된다고 하면 '개량주의'라고 비난받았다고 한다. 시민단체나 여성단체에 문외한이었지만, 단지 "나는 평생운동을 하고 싶다. 그 평생운동을 가까이에서 하고 싶은" 의욕에서 찾았던 곳이 여성단체이고 그래서 여성민우회에 들어오게 되었다고 한다.

비슷하게 철거민 지역에서 아이들 공부방 활동을 하며 학생운동을 했다는 '함께하는 시민행동'의 신태중 팀장도 배경이 특이하다. 전에 제조업, 금융, 벤처 등의 회사를 다녔는데 어느 곳에서도 만족이나 보람을 느끼지 못했다고 한다. 그는 스스로 사고하고 자유롭게 행동할 수 있는 지금의 일에 아주 만족해 하며 이렇게 말한다.

각자 자기 인생을 위해 사는 건데, 저는 이곳에 있어서 사회적으로 기여한 것도 개인적으로 배운 것도 많아요. 지금 생각건대〔일반 기업에 다니는〕그 친구들이 마냥 편하고 좋을 것 같지는 않아요. 경제적으로는 좀더 좋은 조건에 있겠지만 자기한테〔그곳이〕얼마나 만족감을 줄지는 모르겠어요. 오히려 불안하지 않을까 생각해요. 물질적으로 얻는 것이 있으니 더 불안하지 않을까요? 부럽진 않아요. 저는 이곳에서 많이 즐거워하며 일했으면 좋겠어요. (신태중)

참여연대의 경우 불과 몇년 전만 해도 공채 경쟁률이 수십대 일이 넘을 정도로 인기있다가 지금은 활동가 충원에 큰 어려움을 겪고 있다는 게 김민영 사무처장의 말이다. 계속 충원은 하는데, 조기에 퇴직하는 사람들 때문에 빈자리가 항상 있다고 한다. 그는 중진급 활동가들이 부족한 게 문제라고 본다. 전체 활동가 40여명 가운데 1996년 이전에 들어온 활동가가 10여명인데 그중에는 안식년에 해당하는 사람들도 많고, 1~2년차 간사들이 대부분이니 '허리'가 취약하다는 것이다. 또 초기에 들어왔던 사람들이 공부하러 떠났다가 다시 돌아와야 하는데 그러지 않는다며 고충을 털어놓는다. "조직 안에서 자기 전망을 못 찾겠다, 자기 역량을 키워나갈 수 있을지 모르겠다는 것이 가장 큰 이유"라고 그는 판단한다. 새로운 활동가 충원도 쉽지 않지만, 자원봉사나 인턴을 했던 사람들이 활동가로 다시 들어오는 추세여서 앞으로 그들을 키워나가는 데 주력할 예정이라고 한다.

세계청년봉사단의 이창호 사무총장의 경력도 특이하다. 그는 사회복지학과를 나와 신문기자로 일하다가, 전두환정권 시절 언론 통폐합의 희생자가 되어 유학을 떠났고, 귀국한 뒤로 사회복지와 자원봉사운동을 해왔다. 처음에는 '이웃돕기'의 운영국장을 맡았고, 중앙일보 자원봉사 캠페인을 지휘하는 전문위원으로 활동했다. 그후 중앙일보의 시민사회연구소 창설 책임을 맡아 부소장으로 활동하다 이제는 세계청년봉사단에서 사무총장으로 활동한다. 이창호에 따르면, 8년째 우리의 청년들이 세계 각지의 시민사회단체에 가서 땀흘려 일해왔는데, 그수가 1999년부터 2007년까지 600명 이상이라고 한다.

권력과 재력에 맞선 '작은 거인들'

어느 누가 권한을 위임하지도, 자격을 검증받지도 않은 시민단체가 사회의 정의를 재단하고 있다.[22]

2000년 총선에서 낙선운동으로 시민사회단체들의 위력이 정치권에 도전할 정도로 높아졌던 시기에, 시민사회단체가 '제5의 권부(權府)'라는 주장까지 등장했다. 입법, 사법, 행정, 언론에 이어 권력을 지녔다는 얘기다. 시민사회단체들은 국가(정부)의 권력뿐 아니라 재벌기업을 포함한 대기업들의 횡포에 대해서도 거침없이 저항하고 고발하고 소송하는 활동을 해왔다.

그러나 시민사회단체 활동의 '정당성'에 의문을 제기하는 것은 민주주의 원리를 잘못 이해한 것이다. 정치활동은 헌법이 보장하는 표현·집회·결사의 자유에 기초한 기본권이다. 박원순의 말대로, "아무리 일부 소수의 시민들이라 하더라도 시민단체를 만들어 자신의 입장을 주장하고 국민들에게 전파할 자유가 있다."[23] 세계적으로 보편화된 민주주의 원리를 연구하는 학자의 말을 빌리면, "시민사회단체에 정통성을 부여하는 것은 이들이 자신들 회원들을 대표한다는 사실뿐 아니라 이들이 갖고 있는 아이디어의 정당성, 추구하는 가치들, 그리고 중시하는 이슈들이다."[24]

> 정치권력은 하나의 권력일 뿐, 진정한 의미의 권력은 시민사회에서 나온다. (…) 대통령을 퇴임하는 나는 권력으로부터 떠나는 것이 아니라 진정한 권력 속으로 다시 들어가는 것이다. 시민사회 속으로.[25]

'권력은 국민으로부터 나온다'라고 헌법 제1조에 쓰여 있지만, '권력은 시민사회에서 나온다'는 노무현 대통령의 발언은 어쩌면 다소 이해하기 어려울 수도 있다. 그러나 2000년 총선시민연대 활동으로 시민운동의 위력이 정치권력에 도전할 정도로 높아진 것도 사실이다. 이런 시민운동의 '혁명적' 진전을 지켜보는 정치권과 대기업들, 그리고 일부 언론들은 시민운동이 정권과 밀착된 '홍위병'이라 비난했다.

재정적으로 어려운 시민사회단체들이 정부지원을 받는 문제도 심각한 논란을 불러일으켰는데, 사실 정부가 공식적으로 재정지원을 한 것은 김영삼정부 때였다. 당시 정무 제2장관실이 신설되면서 시민사회단체가 국정 파트너가 되길 바라던 정부가 시민사회단체에 약간의 공식적인 재정지원을 하기 시작했다. 이후 김대중정부에서는 '비영리민간단체지원법'을 제정해 연간 150억원 규모의 예산이 시민사회단체의 공모사업에 투입되었다. 이는 새마을운동, 자유총연맹, 바르게살기협의회 등 특별법에 의해 매년 재정지원을 받았던 이른바 '관변단체' 지원금이었다. 그런데 새로운 법에 의해 모든 시민사회단체들이 공개적인 '사업' 경쟁인 공모를 통해 예산을 나눠 갖게 되면서 2000년부터 공모사업비로 투입되었다. 지금은 그 규모가 150억원에서 100억원으로 대폭 줄었다.

이처럼 법에 의한 것뿐 아니라 정부 각 부처가 다양한 사업을 공모하는 경우가 많고, 여기에 시민사회단체들도 참여하고 있다. 그렇지만 시민사회단체들은 조직과 전문인력을 확보한 일반 기업체나 대학과 경쟁하기 어려운 약점이 있다. 독일에서 박사학위를 마치고 돌아와 환경운동연합에서 활동하는 안병옥 사무총장은 정부가 공모하는 걸 보면 시민단체연구소는 도대체 할 게 없다며 불만을 토로한다. 정부는 그간의 실적을 중요시하는데, 사실 실적은 인력이나 재정적인 기반이 튼튼한 회사들이 많을 수밖에 없다. 그래서 안병옥은 이중 연구의 필요성을 제안한다.

각기 입장을 대변하는 쪽에서 연구를 하게 해서 연구자들끼리 사실관계를 확인하도록 하고, 거기서 공통점을 다 제해버리고 쟁점이 나오면 연구를 더 할수도 있고, 연구로 될 부분이 아니고 가치와 관련된 것은 또다른 영역에서 하도록 만들고 그렇게 가야 되지 않을까. (안병옥)

뒤에서 살펴보겠지만 시민사회단체의 가장 심각한 문제는 재정이다. 활동가로 일하는 간사들의 급여를 제때 주지 못하는가 하면 사업비가 없어 주요 사업조차 포기해야 하는 경우도 적지 않다. 그래서 정부가 공모하는 사업에 열심히 참여해 돈이 없어 포기했던 사업들을 일부 해나가고 있다. 정부는 시민사회단체를 지원하는 게 아니라 시민사회단체가 '하는 일'을 지원하고 있다.

시민사회단체들이 회비만으로 독립성을 확보한 경우를 서구에서는 거의 찾아보기 힘들다. 세계적으로 유명한 환경단체인 그린피스(Greenpeace) 정도가 재정자립을 이루고 있고, 대개는 정부나 기업 등의 재정지원을 받는다. 32개국의 시민사회단체 재정수입원을 보면, 자체수입에 의존하는 경우는 53퍼센트, 정부 재정지원이 35퍼센트를 차지하고, 나머지는 기업 후원금 등이다.[26] 이 국제 자료에서 한국은 시민사회단체 자체 수입이 71퍼센트로 비교적 높으며, 정부 재정지원은 24퍼센트로 서구에 비해 의존도가 훨씬 낮다. 서구에서는 정부가 못하는 일들과 정부가 해도 효과적이지 못한 일들을 시민사회단체가 대신하기 때문에 국민이 내는 세금으로 지원하는 것은 당연하다고 본다.

이런 새로운 정부–시민사회 관계에 관한 시각에서 최근에는 거버넌스(governance, 협치) 개념이 등장하고 있다. 국가의 주요 정책에 대한 의사결정에서 과거에는 정부가 독단적으로 했지만, 정부 역량의 한계, 정부에 대한 불신의 팽배 등으로 다양한 이해당사자들이 광범위하게 참여해서 함께 결정하고, 권리와 의무도 공유하는 국정 파트너십이 필요하다는 취지에서다. 20세기말부터 학자들은 '거버먼트(정부)의 시대는 가고, 거버넌스의 시대가 오고 있다'며 시대의 전망을 내놓았다.

이렇듯 많은 시민사회단체들이 다양한 분야에서 정부와 정책을 협의하고, 자문하며 '거버넌스'에 참여해왔다. 그런데 거버넌스에 참여하면서 동시에 권력에 대항하거나 경쟁하기는 힘들다는 게 구술자들의 입장이다. 원주 의료생협의 최혁진 이사는 권력을 바꾸려는 시도, 운동 자체가 무의미한 일이 될 수 있다고 본다. 그는 오히려 권력이 바뀌지 않으면 세상을 못 바꾸느냐며 의문을 제기한다. "권력이라는 것은 하루아침에 바뀌는 것이 아니며 그 안에 다양한 중심적인 구조들이" 있기 때문에 기나긴 시간 싸움이라고 이야기한다. 그래서 "실질적으로 근거리 안에서도 실종되어가는 민주주의의 가치들을 어떻게 지켜낼 것이며, 파편화되어 있는 시민들이 어떻게 삶의 주체가 될 수 있는 장(場)들을 만들 것"인지에 역량을 집중할 필요가 있다고 말한다.

사실 지금도 정부와 시민사회단체가 대립하며 경쟁하는 영역은 존재한다. 자원봉사의 경우, 순수한 시민들의 자발적인 활동영역인데, 민간 자원봉사조직이나 시민사회단체들이 재정적으로 취약하다보니 여전히 정부의 권력 행사가 지나쳐 시민사회영역을 침해하고 있다. 서울시 25개 자치구 가운데 21개 자원봉사쎈터가 구청이 직접 운영하는 직영체제이다. 인천도 이와 비슷한 실정이지만 부산과 대구, 광주는 모두 시민사회조직들이 직접 운영하는 민간형 자원봉사쎈터들을 갖고 있다. 세계청년봉사단의 이창호는 시민사회가 '운동' 쪽으로 치우치다보니 '써비스' 영역인 복지나 자원봉사에서 정부의 입김이 강해진 것으로 본다. 그는 시민사회 NGO운동과 자원봉사운동이 사실은 같이 가야 하는데 우리나라는 따로 가고 있다며, 아주 특이한 사례라 본다.

지구시민사회 연대조직인 씨비쿠스(CIVICUS)의 쿠미 나이두(Kumi Naidoo) 사무총장도 2002년 서울을 방문했을 때 필자와의 대화에서 시민운동과 자원봉사가 연계되지 않고 독자적으로 활동하는 것을 보고 정말 특이하다고 말했고, 이를 자기들 매체에 기고했다. 시민운동이 자원봉사에 관심을 갖지 않게 되니 정부가 적극적인 역할을 하고 있는 실정이다. 이창호는 "관이 지원하고 개입하고 예산 도와주고 법 만들고 기본계획도 만든다. 예전의 새마을운동 같은 형태는 아니지만 관이 음양으로 개입하는 운동이 되어버렸다"고 주장한다.

또 시민사회단체들은 권력뿐 아니라 재력에 맞서 대립하고 갈등하는 경우가 다반사다. 시민사회단체의 주요 임무가 주창(advocacy) 활동이기 때문이다. 이런 주창 활동에 대해 구술자들은 유연한 방식이 필요하다며 한목소리로 이야기하면서도, 핵심적인 역할이므로 할 건 해야 한다는 입장이 대다수이다. 미국 시민사회 지도자 오커넬(B. O'Connell)이 힘주어 말했듯이, 시민사회는 "써비스를 제공하고 정부가 공공 책임을 수행하도록 만드는 매개체 역할을 하는 것을 포함하지만, 가장 커다란 기여는 혁신, 비판, 그리고 필요한 경우 개혁을 지향하는 독립성이다".[27] 사실 한국 시민사회는 주창에 강하고 써비스에 취약한 특징이 있다. 민주주의, 반부패, 양성평등, 환경보호 등 주창 활동에 두드러진 반면 소외계층 보호, 시민의 욕구충족 면에서는 미약하다.[28]

시민사회단체의 주창 활동이 왕성해지면서, 이에 피해의식을 갖고 있는 사람들, 특히 공무원이나 기업인에게는 성가신 존재로 인식되기 쉽다. 2000년 서울시 공무원을 대상으로 한 한양대 제3섹터연구소의 설문조사는 관청과 시민사회단체가 협력자가 되어 사업을 하기 어려운 한계를 잘 보여준다. 시민사회단체의 존재에 대해, '시정의 파트너'로 생각하는 공무원은 32퍼센트에 지나지 않았고, 오히려 '멀리하기 어려운 경쟁자'(47퍼센트), 심지어는 '말썽만 일으키는 골칫거리'(11.5퍼센트), '아무 도움이 안되는 허깨비'(7.4퍼센트)로 나타났다.[29] 또 2006년 전경련이 기업 사회공헌이나 윤리경영 담당자와 구조본부 담당자를 대상으로 실시한 설문조사는 시민사회단체들이 기업을 지나치게 견제하고 감시한다는 의견이 지배적이다. 이런 활동에 대해 '꼭 필요하다'는 24퍼센트에 지나지 않았고, '필요하지만 지나치다'는 53퍼센트, '기업 활동을 위축시키므로 자제해야 한다'와 '전혀 필요없다'가 23퍼센트로 나타났다.[30]

시민의 십시일반에 의존하는 살림

시민사회단체들은 시민들이 자발적으로 참여해 회비를 내고 자원봉사 활동에 참여함으로써 운영된다. 그러나 이런 원리는 현실에서 잘 지켜지지 않는 이상이다. 많은 단체들이 심각한 재정적 어려움을 겪고 있는 까닭은 무엇보다 시민들의 자발적인 참여가 부족하기 때문이다. 재정 문제를 잘 극복하고 있는 단체들은 회원들의 회비납부와 봉사활동을 의

무로 규정해두었다.

　자원봉사 활동을 하는 사람들을 회원으로 받아들여, 이들의 회비 납부에 많이 의존한다는 게 한국청년연합회의 기본방침이라고 한다. 정보연 대표는 기본적으로 매년 새로운 자원 활동가를 모집하는데, 시민들이 자원 활동에 참여하려면 회원가입을 해야 한다고 말한다. 매년 10퍼센트 정도 회원이 늘어나면서 재정적 어려움을 차츰 극복하고 있다.

　특이하게 수행과 운동을 겸하고 있는 에코붓다의 경우, 회원들의 의무는 매우 엄격히 이행된다고 한다. 유정길 대표의 말에 따르면, 3000~4000명에 이르는 정토회의 중심 회원이 되려면 최소한 일주일에 두시간 이상 경전, 법회 등 수행과 함께 사회활동을 해야 한다고 한다. 그는 회원의 자발적인 회비 납부에 대해 다음과 같이 말한다.

최소한 두시간 이상씩 지속해서 자기 시간을 내어 자원 활동을 하다보니까, 그런 부분에서 중요성을 인식하게 돼요. 보통 시간을 내는 사람이 돈도 내요. 또 돈을 내본 사람이 계속 내거든요. 그리고 자기가 활동하는 과정 속에서 중요성과 의미와 크기, 이런 것들을 절실하게 느끼기 때문에 이런 사람들이 돈을 더 많이 내요. (유정길)

　그러나 대부분의 시민사회단체들은 궁핍한 살림을 꾸리고 있다. 활동비가 없어 운영이 어려울 지경이다. '시민 없는 시민운동'이란 말에는 시민들이 단체 회원으로 참여하지 않아 회비로 운영할 수 없다는 문제도 있다. 시민들의 회비만으로 운영되는 시민사회단체는 한군데도 없으며, 회비가 전체 재정의 절반을 넘는 단체도 찾기 어렵다. 2000년 총선시민연대 활동 당시에 '정부의 재정지원에 의존하지 않겠다'고 선언한 참여연대나 경실련도 어렵사리 살림을 꾸리고 있다.

경실련과 참여연대의 경우, 전체 재정에서 회비 수입이 차지하는 비중이 각기 64와 67퍼센트다. 경실련 홈페이지는 2006년 회비와 후원으로 모금한 돈이 13억 2000만원이며, 이중 회비 수입이 64퍼센트, 모금 수입 19퍼센트, 잡지 수입 7퍼센트, 사업 수입 8퍼센트라 소개한다. 지출 내역은 인건비 34퍼센트, 일반관리비 13퍼센트, 사업비 49퍼센트, 기타 4퍼센트이다. 또 참여연대의 홈페이지는 2005년 결산 자료에서 회비 수입 67퍼센트, 부정기 후원 17퍼센트, 정기 후원 2퍼센트, 사업 수입 12퍼센트, 기타 4퍼센트로 소개한다.

경실련의 고계현 사무처장은 지금 회원은 과거와는 아주 다르다며 시대 변화를 들려준다. 그는 예전에는 한번 회원이면 평생회원이었는데, 이젠 빠져나가는 회원들이 많아 안정적으로 회원관리를 하기 어렵다고 한다. 그는 이유를 이렇게 설명한다.

개인들이 처한 위치나 상황이 달라서 어느 하나로 볼 수 있는 사회적 이슈는 존재하지 않다는 거죠. 사회 자체가 복합화되고 다양화되고 분화되다보니까 이런 것 같아요. 그러니까 회원기반 조직이 되어야 하지요. 회원관리나 마케팅하기가 쉽지 않습니다. 사실은 회원 한명 모집하는 것도 정말 어렵고요. 설령 가입을 했다 치더라도 안정적, 지속적으로 활동을 해줄 수 있는 분들이 많지 않습니다. (고계현)

주요 단체들보다 살림이 더 어려운 환경정의의 경우, 회비수입이 25퍼센트밖에 안된다고 한다. 그러다보니 정부의 사업공모에 수시로 신청해서 다른 단체들과 경쟁해야 하는 어려움이 있다고 오성규 사무총장은 말한다. 또 기업 후원도 기획하지만 잘 안되는 상태라, 『차라리 아이를 굶겨라』『아토피를 잡아라』 등의 책을 발간해 얻는 인세 수입이 그나마 도움이 된다고 한다. 그래도 오성규는 회비를 꼬박꼬박 내는 회원들이 3000명 정도 되는데, 5000명 수준만 되면 프로젝트 제안서를 쓰고 이런 대외의존적인, 불안한 구조에서 벗어날 수 있다는 희망을 갖고 있다.

함께하는 시민행동도 어렵기는 마찬가지다. 2000년부터 수입과 지출을 투명하게 공개해온 홈페이지 자료를 보면, 2006년 결산에서 회비 수입은 43퍼센트, 후원금은 40퍼센트를 차지한다. 단체 운영비의 70퍼센트가량이 회비와 후원금으로 충당되고, 나머지는 사업수입이나 후원행사를 조직해서 보충할 수밖에 없다고 한다. 그럼에도 신태중 팀은 선배들이 무급으로 있다가 30만원 받기도 했는데, 지금은 상황이 정말 좋아졌다고 한다.

'신뢰'를 먹고사는 사람들

시민사회단체들은 비록 재정적으로 열악한 환경에서 활동하지만, 이들에게 특히 필요한 게 있다. 바로 시민들이 보내주는 지지와 신뢰이다. 바꿔 얘기하면, 재정적 여유를 누리지는 못하지만 시민들이 보내주는 믿음을 먹고산다고 말할 수 있다.

시민사회단체가 설립된 배경이나 최근 위기의 배경에는 모두 시민의 신뢰라는 절대적인 기준이 있다. 시민사회가 왜 필요한지는 시민의 신뢰 수준으로 가늠해볼 수 있다. 시민들이 바라기 때문에 시민의 이름으로 시민사회단체가 탄생하며, 반대로 시민들이 신뢰하지 않는 운동은 더 이상 추진하지 못하는 한계에 부딪히게 마련이다. 경실련은 창립 이념으로 '비폭력 평화운동'을 내세우며, 그 이유를 '시민들이 가장 편안하게 참여할 수 있기 때문'이며, 또 비정치적 시민운동을 고집하는 이유는 '시민들의 깊은 신뢰를 받을 수 있기 때문'이라고 밝혔다.

시민사회단체에 대한 시민의 신뢰 조사는 최근까지 여러번 실시되었다. 먼저 2003년 갤럽 인터내셔널이 한국을 포함한 45개국에서 조사한 결과를 참고해보자. 45개국 평균을 보면, 정부와 의회, 대기업과 노동계에 대한 신뢰도는 각기 50퍼센트와 38퍼센트, 42퍼센트와 48퍼센트로 낮은 편이지만 NGO에 대해서는 58퍼센트라는 높은 신뢰도를 보여준다.[31] 한국에서 차이가 가장 큰데, NGO 신뢰도가 77퍼센트로 세계 최고 수준인 반면에 정부 25퍼센트, 의회 11퍼센트, 대기업 35퍼센트, 노동계 57퍼센트로 나타났다.

그러나 최근 들어 NGO에 대한 신뢰도는 점차 떨어지는 추세다. 한국종합사회조사에 의하면 각종 사회기관 중 시민사회단체에 대한 신뢰도가 2003년 1위에서 2005년 5위, 2006년 6위로 추락하고 있다. 동아시아연구원의 2005, 2006년 조사에서는 가장 높은 신뢰를 받고 있는 시민사회단체들이 기업들보다 낮은 것으로 나타났다.[32] 또 한겨레신문사가 2007년 6월에 조사한 여론조사에서 국민들은 1987년 이후 20년 동안 우리사회 발전에 가장 많은 기여를 한 집단으로 시민단체(41.4퍼센트, 복수응답)를 꼽았다. 이와는 대조적으로, 절반 이상은 시민단체들이 '현실적인 대안을 제시하지 못한 채 비판만 한다'며 부정적으로 평가하고 있다. 그래서 시민단체의 주장에 공감한다는 국민은 절반이 채 안되며, 국민의 40퍼센트만이 시민단체가 '우리사회가 나아가야 할 바람직한 대안을 제시하느냐'는 물음에 '그렇다'고 답했다.

정말 한국의 시민사회단체는 위기인가? 1987년 민주화항쟁 이후 각계각층에서 새롭게 등장하는 무수한 시민들과 함께 국가(정부)와 시장(기업)을 강력히 견제·비판하여 확보한 시민사회의 영역은 위축되고 있는 것일까? 한겨레신문이 2007년 3월에 전국의 시민단체 30곳의 상근 활동가 114명을 대상으로 설문조사를 벌인 결과, 절반이 현재 상황을 시민운동의 위기로 보았다. 위기가 아니라는 답은 그 절반밖에 안됐다. 또한 응답자의 60퍼센트는 '시민운동을 그만두려고 고민한 적이 있다'고 답했다. '기회가 주어진다면 전직을 하겠다'는 응답자도 34퍼센트가 넘었다.

시민단체는 분명 심각한 침체의 수렁에 빠져 있다. 구술자인 활동가 대부분이 같은 생각을 한다. 그렇다면 이런 변화의 소용돌이는 어디에 연유한 것일까? 한겨레신문 인터뷰에서 경실련 고계현 사무처장은 "참여정부가 들어서면서 정치개혁, 부패방지법, 공직자윤리법 같은 의제들이 제도권으로 흡수됐다"고 보며, 김유진 민주언론시민연합 사무처장도 "시민운동에서 다루던 영역을 정당정치가 가져가고 관련 국가기관도 생기는 등 상황이 변한 것"이라 생각한다.

이런 정치·사회적 변화도 중요하지만, 더 결정적인 요인은 IMF 외환위기 이후 사람들의 의식을 바꿔놓은 신자유주의의 영향에서 찾아볼 수 있다. 참여연대 김민영 사무처장은 정치사회의 보수화도 한 요인이지만 더 무서운 것은 시민들의 의식변화라고 평가한다. 그는 "상층의 정치체제보다 보통사람들의 의식이 경쟁, 효율, 시장만능주의에 경도되어 더 어려운 지경"이라고 이야기한다. IMF 외환위기 10년 사이에 일어난 끔찍한 일은 경쟁력 키우기를 진리처럼 받아들이고 있는 것이라며, 공공의 이익이나 더불어 산다는 말을 딴세상 이야기처럼 듣는 것 같다고 말한다.

환경정의 오성규 사무총장도 사람들의 보수화 또는 개인주의화가 시민운동을 가장 어렵게 만드는 요인으로 본다. 그는 IMF가 국민의식을 크게 바꿔놓은 사건이 되었다며, 이를 입증할 만한 객관적 근거도 보여준다. 그에 따르면, 90년대의 조사에서는 환경보전을 위해 경제를 희생해도 된다는 의견이 85퍼센트를 차지했지만, IMF 위기 이후 2005년 들어서는 정반대로 경제개발을 위해서 환경을 희생해야 된다는 생각이 60퍼센트를 차지했다는 것이다. 국민의식이 정반대로 바뀌어버린 셈이다. 환경운동도 딜레마에 빠져 있다고 말한다.

정부나 기업에 비판적인 주창 활동을 하는 시민운동에 위기 논란의 촛점이 맞춰진 것으로, '시민사회' 전체의 문제로 확대 해석할 필요는 없다. 주창 활동에 주력하는 단체들과는 달리 시민들의 권리나 편익을 위해 활동하는 소비자권리 찾기, 사회적 일자리 만들기, 실업자 구직훈련, 자활공동체사업, '사회적 기업' 운영, 소자본 대출사업, 자원봉사운동, 기부와 모금 운동, 상조회와 생활협동조합운동, 기업과의 공익 파트너십 등의 많은 시민단체들은 어느 때보다 분주하게 활동하고 있다. 경제가 중시되어 경쟁이 심화될수록 이들의 역할은 늘어나게 마련이다. 그럼에도 미국사회 분석에 나오는 것처럼,[33] 우리사회도 '공동체' 중심에서 '개인주의'로 급격히 이동하는 추세 속에서 시민사회의 입지가 점차 좁아지고 있다. 시민사회 전체가 경제 우선의 시대를 맞아 어려움을 겪는 가운데, 삶의 무게를 견디지 못해 고통받는 시민들을 위해 무엇을 어떻게 해야 할지 고민하며 '새로운 변혁'을 탐구해야 할 싯점이다.

2장

시대경험과 시민사회

| 조성미 |

이 장에서는 시민사회단체 활동가들의 시대경험과 개인적 체험에서
출발해 한국 시민사회의 형성과 발전, 변화의 과정을 재구성해보려 한다.

역사적 시간은 개인의 경험에 녹아내리고, 그 기억이 소급되는 현재
의 맥락에 따라 끊임없이 재구성된다. 모리스 알박스(Maurice Halbwachs)
는 이를 가리켜 개인 회상은 집단의 자화상에 부합되는 것으로 구성된다[1]
고 지적한다. 기억은 불변하는 고유한 경험적 사실이 아니라 회상하는
순간의 맥락과 회상 주체가 속한 집단의 인식 가운데 조율되고 재해석된
다는 뜻이다. 그러한 맥락에서 우리는 개인적 회상을 경유하여 집단적
기억, 집단적 의식에 가닿을 수 있다.

인터뷰에 응한 시민사회단체의 활동가들이 한국 시민사회 일반의 의
식과 삶을 대표한다고 하기는 어렵다. 이들은 나름의 '관점'과 '가치기
준'이 분명하고, 자신의 경험을 정확하게 표현할 줄 알며, 시민의 의무와
책임을 구체적으로 실천하고 있는 사람들이라 할 수 있다. 그렇다고 이

들이 '체험을 회상하는 어느 개인'의 일반적인 속성을 뛰어넘을 수 있는 것은 아니다. 이들의 이야기는 시기적으로 1970년대말에서 2000년대에 걸쳐 있으며, 내용적으로는 활동을 시작하게 된 시기와 분야, 활동에 뛰어든 내면적인 동기와 계기, 활동과정에서 경험한 개인적인 고민과 갈등, 성숙과 변화의 경험, 지금의 가치지향 등을 망라한다. 그리고 이 모든 이야기들은, 자신의 체험을 털어놓는 개인이 그러하듯이, 개인적이거나 역사적 사건에 대한 관점에 따라 자신의 해석을 거쳐 발화된 것들이며, 우리는 그 이야기 속에서 개인의 결정과 행동뿐 아니라 한국 시민사회의 집단적 기억과 의식을 이해하는 실마리를 찾을 수 있을 것이다.

1. 모든 이야기의 출발점: '광주', 그리고 80년대

"사회적 기억은 도덕적 질문들과 가장 깊숙이 연결되어 있다."

—바르부르크

역사와 기억의 장소, 광주

"어떻게 활동을 시작하게 되었나?" 이 질문에 거의 대부분의 활동가들은 같은 지점에서 이야기를 시작했다. 80년대, 그중에서도 특히 '80년 광주'는 모든 이야기의 시작이자 가장 무겁게 가라앉은 '기억의 장소'였다.

그 친구, 유동원이라는 친구가 전남 광주에서 도청을 사수하다가 사살당했어요. 현재 망월동에 묻혀 있고, 그 와중에 저도 시위문제 때문에 도피생활을 시작했고. 5·18 과정에서 경찰에 잡혀가고 나중에 조사도 받고 했지만, 그때 비겁하게 도망을 치고 목숨을 부지했던 자책감을 가지고 살기 시작했던 거죠. 친구는 죽는데 나는 살아 있다는 것…… 그런 데다가 엎친 데 덮친 격으로, 1980년 당시 국보위 상임위원장 전두환 소장을 역사의 전면에 부각시킨 것이 기독교의 내로라하는 목사들이었어요. 당시 조찬기도회를 열고 텔레비전에서 생방송, 재방송을 해가면서 학살자를 역사의 전면에 부각시킨 것이 기독교 목사들이었죠. 어떻게 기독교 교회가 그것도 목사들이 이런 일을 할 수 있는지…… 제 자신에 대한 자책감에 더해 한국 교회나 기독교 인사들의 행태, 이 두가지가 오버랩된 거죠. (김해성)

외국인노동자의 집의 김해성은 현재 노동상담과 의료지원 등 이주노동자들을 돕는 여러가지 활동을 하고 있다. 그런데 언제 어떻게 이 활동을 시작하게 되었는가에 대한 그의 이야기는, 이주노동자와는 아무 연관이 없는 친구의 죽음에서 시작된다. 그의 친구 유동원은 1980년 5월 광주항쟁 때 마지막까지 남아 전남도청을 지키다 계엄군에게 사살당했다. 독실한 기독교 집안에서 자라 신학교에 진학했던 김해성은 다니던 대학의 분위기가 매우 진보적이었음에도 불구하고, '사회문제를 해결하기 위한 가장 좋은 길은 기도하는 것'이라고 생각하던 사람이었다. 그러나 친구의 죽음은 그의 삶을 바꾸어놓았다. 친구의 죽음을 변곡점으로 하여 그의 삶은 이제 "친구는 죽(었)는데 나는 살아 있다"는, 역사적 채무자의 삶으로 전환된다. 더욱이 광주에서 학살을 자행한 전두환 국보위 위원장을 "기독교의 내로라하는 목사들"이 조찬기도회를 열어 정당화해주는 것을 보고 그는 이전까지 한점 의심도 없이 신뢰했던 한국 기독교와 교회에 깊은 회의와 환멸을 품게 되었다. 이후 철거민과 노점상을 지원하는 활동을 하다가 공장에 생산직 노동자로 취업하게 된다.

행동하는 복지연합의 양준석 사무국장 역시 광주에 대한 기억으로부터 이야기를 시작했다. 그는 전남 나주에서 김해성보다 어린 나이에 광주를 '목격'했다.

시민군이 광주를 벗어나서 나주파출소를 습격하던 것을 봤어요. 창문 너머로 시민군이 버스 위에 걸터앉아 있는 모습이었어요. 몸에서 피가 나고 있었고 머리띠 두르고 총 들고 있는 모습을 봤어요. 그때 동네 소문이 "저놈들 빨갱이들이다. 나가면 다 잡혀간다"고 그랬어요. 연탄불 때면 연기난다고 밥도 안해먹고 있었어요. 그날 아침에 제가 아버지랑 낚시 갔다가 부랴부랴 돌아왔어요. 아버지가 나가서 그 사람들한테 음료수를 주고는 나쁜 사람이 아니라고 그러셨어요. 나가서 박수치고 응원하고 그랬어요. 그런데 그 사람들이 음료수를 안 먹더라고요. 폐 끼친다고. 그런 기억이 있죠. 간접 학습이 된 거죠. (양준석)

계엄군의 발포가 있은 뒤 광주 시민군은 인근 지역 경찰서와 파출소 무기고를 습격해 무장한다. 그즈음의 어느날, 양준석은 아버지와 낚시를 하러 갔다가 돌아와 "창문 너머로" 시민군을 목격했다. 광주에서 벌어지는 일을 정확히 알지 못했던 주민들은 민간인이 피 묻은 옷을 입고 총을 들고 있는 것을 보고는 겁을 먹었다. 그러나 그의 아버지는 그들이 "나쁜 사람이 아니"고, 훌륭한 사람들이라고 설명해주었다. 그들은 오히려, 응원의 뜻으로 건네준 음료수조차 "폐 끼친다"고 받지 않았다. 그들의 모습은 양준석에게 '훌륭한 사람들', 다시 말해 부당한 일에 목숨을 걸고 항거하는 의인의 모습으로 각인되었다. 직접 총을 들고 싸우지는 않았지만 양준석은 시민군에게서 "간접 학습"을 받은 것이다.

김해성이나 양준석과는 달리 광주를 직접, 혹은 가까이에서 체험하지 못한 동년배 활동가들, 나아가 그저 '광주에 대한 이야기'를 전설처럼 전해 듣고 자란 젊은 활동가들도 광주를 빠짐없이 언급했다. 80년 광주는 그들에게 현실의 문제에 관심을 가지게 되거나, 무엇이 옳은 것이며 어떻게 살아야 할 것인지를 고민하게 한 사회적 각성의 배경이자, 학생운동이나 노동운동을 비롯한 반독재민주화투쟁에 열성적으로 참여하지 않을 수 없게 만들었던 '역사적 명령'이었다. 학살의 무자비함은 5공화국이 불의한 권력임을 전혀 의심치 않게 했으며, 시민들의 유혈과 죽음이 낳은 압도적인 비극성은 민주주의 투쟁에 절대적인 도덕성을 부여했다.

이와 관련하여 특별히 주목되는 것은 김해성이 말한 '자책감'이다. 김해성뿐 아니라 당시에 청년기를 보냈던 구술자들 거의 모두가 '살아남은 자의 슬픔'과 자책감을 드러냈다. 구술자들에게 '광주'는 '시민의 권리와 책임'을 묻는 '도덕적 질문'과 같았고, 그로 말미암은 슬픔과 자책감은 이후 민주화 투쟁의 가장 강력한 동력으로 전환된다. 이는 서구의 시민계급이 자신의 이익을 지키기 위해 봉건적 억압체제에 맞서면서 시민사회가 성장한 것과 대비되는 한국 시민사회의 주요한 특징이다. 즉 한국 시민사회는 계급적 이익보다는 민주주의에 대한, 그것도 거의 도덕적 층위에 가까운 역사적 경험에서 출발했으며, 이 특징이야말로 시민사회를 언급할 때 우리사회가 아직도 '저항적' '비판적' 이미지를 떠올리는 근원이라고 할 수 있다.

학생운동, 투사를 낳다

사회 활동에 뛰어든 시기를 기준으로 분류하면, 우리가 만난 활동가들은 크게 80년대에 활동을 시작한 경우와 1990년대 들어 활동을 시작한 경우로 나눌 수 있다. 80년대에 활동을 시작한 사람의 경우, 지도부였던 사람도 있고 시위대의 일원이었던 사람도 있는 등 참여의 강도에는 차이가 있지만 어떤 수준에서든 학생운동을 경험한 것으로 나타났다.

너 안기부 갈래? 안 가려면 여기서 다 불어라. 안기부 가면 너 죽는다. 그거를 경찰관들이 흔하게 입에 올릴 정도였으니까. 〔안기부 보낸다는〕 협박도 필요 없었어요. 실제로 죽은 사람들이 광주에서 있었다는 걸 다 알고 있었기 때문에. (우석균)

보건의료단체연합의 우석균은 의대에 재학중이던 80년대 초반에 시위를 하다 몇차례 잡혀간 경험이 있다. 시위 학생들을 취조하면서 일선 경찰서의 정보과 형사들은 '지금 여기서 실토하지 않으면 안기부 간다'는 협박을 일삼았다. 이때의 안기부는 단순히 정보기관이 아니라 국가가 휘두를 수 있는 폭력 전체를 상징하는 말이었고, 인용문에 드러나듯이 광주에서의 학살과 긴밀히 연관되어 국가폭력에 대한 공포를 환기시키는 역할을 했다. '광주'는 그곳에서 일어난 학살의 진상을 알고 있는 사람들에게 한편으로는 분노와 죄책감을 불러일으키고, '내가 무엇을 할 수 있을까?' '내가 무엇을 해야 하는가?'를 자문하는 도덕적인 질문이었으나, 다른 한편으로는 스스로 행동을 통제하고 조절하게 하는 억압의 기제로도 작용했다.

5공화국 아래서 대학은 국가폭력이 가장 체계적이며 일상적으로 행해지던 억압의 장소였다. 이는 당시 학생운동이 가장 조직적이고 강력한 저항세력이었다는 사실과 동전의 양면을 이루고 있었다. 쿠데타를 일으켜 권력을 장악한 5공정권에게 학생들의 저항은 그 자체로 태생적 한계를 흔드는 위협이었다. 학생회관과 식당 등 학생들이 많이 모이는 장소는 물론이고 때로는 강의실에까지 사복형사가 들어왔고, 정보과 형사와 안기부 요원이 대학본부에 상주하며 대학의 동정을 파악하고 감시했다. 학내든 학외든 시위라도 한번 일어나면 학교 정문, 시위 장소 주변에서 대대적인 검문이 벌어졌고, 시위 주동자들은 많은 사람이 지켜보는 가운데 무차별 구타를 당하며 끌려가곤 했다. 광주는 도처에, 일상으로 편재했다.

당시를 회상하며 대부분의 활동가들은 쓸쓸하고 회한 어린 표정을 지었으며, '암울' '절망' '암흑' 같은 단어들을 사용했다. 80년대는 그들의 청춘시대였으나 거기에는 청춘의 고유한 권한이라 할 낭만, 희망, 자랑스러움 같은 것은 들어설 자리가 없었다. 많은 활동가들이 당시의 상황을 "그때는 그런 때였다"는 말로 요약했는데, 이 표현은 시대 상황을 설명하는 말이자 동시에 말하는 주체인 자신의 선택과 행동을 포괄적으로 설명하는 말이기도 하다. 역사학자 마르크 블로흐(Marc Bloch)의 '회상의 관점'은 과거 그 사건이 유일하게 가능했던 사건처럼 다루어야 한다는 점을 상기시킨다. 활동가들은 "그런 때"라는 회상의 관점[2]을 통해 과거의 사회분위기를 설명하면서, 자신의 경험이 당시에 가능했던 사건 중 가장 개연성있는 씨나리오였음을 표현했다고 볼 수 있다. "그런 때"였기 때문에 수많은 고민과 갈등에도 불구하고 학생운동을 할 수밖에 없었다는 것이다.

민주사회를 위한 변호사모임의 김남근은 대학시절 초기에 몸이 쇠약해질 정도로 고민하고 방황했다고 한다. 명백히 부정의하고 부도덕한 현실 앞에서 '내가 무엇을 할 수 있는가?' '내가 무엇을 해야 하는가?'라는 질문은 격심한 긴장과 번민을 초래했다. 그러다 그는 1982년 학내에서 벌어진 일본의 역사왜곡 규탄집회를 계기로 학생운동에 본격적으로 참여하게 되었고, 1986년에는 급기야 '파쇼헌법 철폐투쟁위원회' 사건에 연루되어 악명 높은 남영동 대공분실에 잡혀가게 된다.

제가 잡혀갔던 곳이 남영동 대공분실인데 저를 담당했던 강모 형사가, 이름

도 다 기억하고 있는데, 그분이 제 다음다음 (맡은) 사건이 박종철군 사건이
었어요, 서울대 담당팀에서 했었죠. 나중에 박종철군도 고문치사한 담당형
사였는데, 거기서 한달을 지내고 보니까 '아 다음에 여기 들어올 땐 죽을 각
오를 하고 들어와야 되겠구나, 일단 여기서 살아나가는 것도 다행이다' 그런
생각을 많이 했었죠. 실제로 제 다음다음 사건에선 박종철군이 죽기도 했었
고. 여기에 잡혀와 있는지 가족들도 모르는 상태였고, 나중에 구속영장도 거
의 조사 다 끝나고 십여일이 지난 다음에 영장 청구하더군요. 기본적인 인권
조차도 지켜지지 않았었죠. 오자마자 이틀밤을 꼬박 하면서, 각목 같은 거를
담요를 감아 와가지고 치면, 뻥뻥 소리가 나고 그랬었는데. 그런 고문 같은
게 비일비재 했어요. 그렇게 겪고 나오니까 오히려 마음의 정리가 되더라고
요. 맘이 편해지고, 노동운동을 할 때는 뒤로 물러설 데가 없다고 생각하니까
굉장히 집중해서 운동을 할 수 있었다라는 생각도 들고요. (김남근)

김남근은 영장도 없이 잡혀가 남영동 대공분실에서 한달 동안 취조를
당했다. 잠을 안 재우고 각목으로 구타하고, 체포된 뒤 열흘이 지난 뒤에
야 구속영장을 발부받는, 최소한의 법률적 절차도 지키지 않고 "어떤 기
본적인 인권"에 대한 고려도 없는 그 과정을 거치며 김남근은 오히려 "마
음의 정리"를 하게 되었다고 한다. "여기서 살아나가는 것도 다행이다"는
생각이 들게 했던 극한의 경험이 오히려 그동안의 번민을 정리해주었다
는 뜻으로 이해할 수 있다. 그는 폭압적인 국가권력의 실체를 직접 경험
하면서 '저항'의 정당성과 도덕성을 확신하게 되었고, "뒤로 물러설 데가
없다"는 결론을 내리게 된다. 더욱이 나중에 알고 보니 그를 취조했던 형
사는 박종철을 고문치사에 이르게 한 취조팀의 일원이었다. '어쩌면 나
도 그렇게 죽을 수 있었다'는 공포는 거꾸로 그동안의 고민이나 방황을
청산하고 운동에 "집중"할 수 있는 동력으로 전화되었다. 구속되어 6개

월간 수감생활을 하고 나온 뒤 그는 이른바 위장취업을 통해 노동운동에
뛰어들게 된다.

그런데 학생운동을 거쳐 노동현장으로 가는 이 경로는 80년대 운동권
의 가장 전형적인 활동수순이었다.

85년 4학년 때 수배가 됐죠. 학생운동을 하다가. 그 당시엔 학사경고가 굉장
히 강했기 때문에 제적됐어요. 당시 우리세대들은 노동현장에 노동자로 취
업해서 노동운동을 조직하거나 아니면 데모를 주동해서 감옥을 들어가거나,
대개 이런 선택의 기로에 서게 되었죠. (박홍순)

열린사회시민연합의 박홍순 소장이 밝히듯이 학생운동을 하던 사람
들은 졸업이 가까워오면 대개 두가지 길, 즉 시위를 주동해서 감옥으로
가거나 노동현장에 노동자로 취직을 하거나 선택해야 했다. 그들이 노동
운동을 중요하게 여긴 이유는 "사회를 근본적으로 바꾸기 위해서"였다.
이는 당시의 학생운동이 자본주의체제를 불의의 근원으로 보고, 노동자
의 집단적이고 조직적인 투쟁이야말로 사회변혁의 동력이라고 생각했
기 때문이었다.

80년대 초반에 시작된 이런 흐름은 중반에 접어들면서 더욱 강화되었
고, 대우자동차 파업이나 구로연대투쟁 등에서 실제로 위장취업자, 즉
학생운동 출신 활동가들이 노동운동의 핵심으로 떠올랐다. 노동운동에
비해 수는 적었지만, 농민운동이나 도시빈민운동으로 진출한 사람도 많
았다. 요컨대 학생운동은 그 자체로 가장 전투적인 저항조직이었을 뿐
아니라 노동운동, 농민운동, 도시빈민운동 등 다른 사회운동으로 '투사'
들을 공급하는 생산지이기도 했다.

'민중 속으로': 유예된 고민

　학생운동 출신자들이 다른 계급이나 계층으로 진출한 것은 민중[3]을 사회변혁의 중심역량으로 설정한 이론의 영향력 때문이었지만, 현실을 객관적으로 보자면 학생운동에 비견할 만큼 체계적으로 조직된 계급·계층 운동이 없어서이기도 했다. 그래서 학생운동 출신자들은 민중 속으로 들어가 스스로 민중의 일원이 되고자 했다. 학생운동을 하다가 공장이나 농촌, 혹은 도시의 빈민촌으로 들어가는 이 흐름을 당시 학생들은 '존재 이전(移轉)'이라 불렀다. 문자 그대로, 학생이라는 예비 지식인에서 민중으로 스스로의 존재를 바꾼다는 뜻이었다. 그러나 '존재'를 '이전'하는 일은 생각처럼 간단한 문제가 아니었다.

　공장으로 위장취업하는 게 유행이었죠. 민중 속으로 들어가야 한다는. 저도 한편으로 대학원 다니면서 그 준비를 했어요. 무척 섣부른 거였는데, 하여튼 민중, 저 자신이 민중의 아들이었지만은 실제로 민중을 잘 모르는 거였지요. 또 노동자들의 삶, 공장에서 일한다는 게 뭔지에 대해서도 잘 모르는 상태에서 당위성만 가지고 준비를 했는데, 하면 할수록 보통일이 아닌 거예요. 군대 끌려가거나 구속되는 거는 차라리 쉬운 일이었죠. 그건 너무 간단하잖아요. 근데 생활 속에서 노동자들과 함께 일을 한다는 게 굉장히…… 하여튼, 엄청난 일이더라고요. (원기준)

　학생운동의 조직적 기반이 허약했던 보수적인 신학대학에서 어렵게 학생운동을 했던 원기준은 1985년 대학원에 다니면서 위장취업을 준비했다고 한다. 신학대생들은 목사가 되려고 으레 대학원에 진학했지만, 그는 "학부생들이 너무 약하니 대학원에 머물면서 계속 후배들을 돌보아야" 했다. 즉 학생운동 후배들이 그다지 든든하지 못해 학교를 떠날 수 없었던 것인데, 그러면서 "후배들에게 본을 보여야 하니까" 한편으로 공장에 취직할 준비를 했다. 그런데 그 과정에서 그는 "생활 속에서 노동자들과 함께 일을 한다는 게" 강제징집을 당하거나 구속되는 것보다 더 "엄청난 일"임을 깨닫게 된다.

강제징집이나 구속은 견디면 되는 "간단한" 일이었으나, 신학대학원생에서 노동자로 변신한다는 것은 달랐다. 단순히 신분을 위장하는 것을 넘어 말투, 취미, 생활방식, 심지어 사고방식을 모두 바꾸어야 하는, 다시 말해 '존재'를 '이전'해야 하는 일이었던 것이다. 그리고 그러한 이전은 내면의 요구나 개인의 선택이 아니라 민중 속으로 들어가 민중을 의식화하고 조직해야 한다는 "당위성"에 의한 것이었다.

원기준에게는 공장에 취업하는 것이 후배들에게 본을 보이려면 반드시 수행해야 할, 반론을 허락지 않는 절대적이고 당위적인 과제였다면, 지식인으로서의 허위의식을 벗기 위한 내면의 과제로 그것을 수용한 사람도 있다. 김해성이 그런 경우였다.

위장취업을 많이 할 땐데 저도 평생을 노동자로 살겠다고 생각했죠. 근데 그렇게밖에 할 수 없었던 것은 도시빈민, 철거민, 노점상, 노동자 들을 지원하고 돕는 활동들을 하는데, 나는 노동자도 도시빈민도 아니면서 〔도우려 하는 것은〕 지식인의 허위의식 아니냐. 불쌍해서 동정심으로 도와주는 정도 가지고는 안된다, 내 삶을 바쳐서 어쨌든 노동자로 평생을 살면서 내가 꿈꾸던 새로운 세상에 대한 실천운동을 해야겠다 해서 (…) 내가 직접 살지 못하면서 누구를 위해서 산다, 불쌍하니까 도와준다, 이런 것은 지식인들의 허위의식이라는 거죠. 당사자도 아니면서, 민중도 아니면서 민중인 것처럼. 그런 고민 때문에 공장도 가게 됐지만 자신이 없어서 사실 고민을 많이 했어요. 공장 다녀본 경험도 없고 막연한 두려움도 있고요. 그 과정에서 어쨌든 나 자신을 면

저 극복하고 이겨야 했어요. 왜냐면 편안하게 살려고 하고, 안일하게 살고자 하는 끊임없는 유혹 속에서 어쨌든 나 자신을 먼저 극복해야지, 내 주요 적이 군사독재나 미제국주의가 아니다 싶었죠. (김해성)

김해성은 가난한 동네의 교회에서 빈민, 철거민, 노점상, 노동자 들을 지원하는 일을 하다가 "내가 직접 (민중으로) 살지 못하면서" 지원이나 하는 것은 결국 "불쌍해서 동정심으로 도와주는" 허위의식밖에는 안된다는 생각을 하기에 이른다. 그래서 자신 없고 두렵기도 했지만 직접 공장에 취직하게 되는데, 그 선택의 의미를 편안하게 살려는 '자신과의 싸움'으로 규정한다. 지식인이라는 자신의 '실존'과 자신이 '헌신하는 대상' 사이에 가로놓인, 당위와 의지만으로 섣불리 건너뛸 수 없는 간극을 개인적인 차원으로 소급하여 '극기'라 이름 붙인 것이다. 김해성은 그 고민을 자기만의 방식으로 해결하려 했지만, 사실 그것은 그렇게 간단한 문제가 아니었다.

요컨대 민중 속으로 들어가는 것과 민중이 되는 것은 다른 일이었고, 민중 속으로 들어간 많은 활동가들이 둘 사이에서 고민하고 방황하고 고통스러워했다. '민중은 누구인가?' '나는 민중인가?' '어떻게 민중과 관계를 맺어야 할 것인가?' '왜 내가 매일 만나는 민중은 책에서 읽은 민중과는 다른 모습인가?' '내가 이제까지와 전혀 다른 사람이 될 수 있을까?' 원기준과 김해성을 포함해 학생운동을 하다 민중운동의 현장으로 자리를 옮긴 많은 활동가들이 마음속에 품었던 이 질문들은 잠시 모두 유예되었다. 적이 너무나 분명했고(그들은 주권자인 국민을 학살하지 않았는가), 싸워야 할 이유도 너무나 분명했고(민주주의는 피를 먹고 자란다), 다수의 민중들이 싸움에 나서지 않는 이상 승리가 불가능하다는 것도 너무나 분명했다(군부독재정권을 그 밖의 무엇으로 무너뜨릴 수 있을 것인가). 모든 것이 1980년 5월 광주에서 뿌려진 피만큼이나 너무도 분명했기에, 이 질문들은 발화되지 못한 채 유예되었다. 분명한 것들 앞에서 꺼내기에 그 질문들은 '한가하고 사치스러워' 보였다.

주목할 점은 그러한 질문들을 유예하고도 민주화운동은 가능했다는 것이다. 이를테면 앞서 인용한 원기준의 경우, 지인의 제안을 받고 광산 지역으로 내려가 교회 울타리 안에서 광부와 지역주민을 지원하는 다양한 프로그램을 개발하고 광산노동조합의 민주화에도 관여하게 된다. 그 과정에서 보안대에 잡혀가 고문을 당하기도 했지만, 1987년 6월 태백에서 광산노동자들의 대투쟁이 벌어질 때까지 물러서지 않고 그 자리를 지켰다. 이는 달리 보자면, 활동가들이 머릿속으로 어떤 사회를 그리고 어떤 변혁이론을 신봉했든, 또한 자신의 정체성을 두고 마음속으로 어떤 갈등과 회의, 번민을 겪었든 적어도 운동의 가장 명확하고도 당면한 목표(군부독재의 종식)와 대의를 손상시키지는 않았다는 뜻이다. 그런 맥락에서 민주화운동의 주력군이었던 학생운동, 그리고 학생운동을 경유하여 민중 속으로 들어간 활동가들이 주관적으로 어떤 '최대목표'를 가지고 있었는가와 상관없이 1980년대의 운동은 '민주화운동'이 되었다고 할 수 있다.

그러나 발화되지 못하고 유예된 질문들, 대표적으로 '민중'으로 호명된 운동의 당위적 주체와 활동 현장에서 만나는 구체적 '민중' 사이에서 발견되는 간극, '민중과 나'의 관계, 스스로의 정체성을 둘러싼 의구심과 고민들은 사회운동의 방향성과 개인의 진로 등과 연관시켜 볼 때 그대로 묻힐 수 없는 중대한 질문들이었고, 군부독재의 종식이라는 운동의 최소 목표가 달성되면서 곧 모습을 드러내게 된다.

2. '비로소' 하는 이야기와 '새로운' 이야기
: 1987년의 승리와 시민사회의 팽창

1987년, 승리 혹은 좌절

활동 이력을 기준으로 보면 구술자들은 크게 두 부류로 구분된다. 1980년대에 학생운동이나 노동운동을 경유한 뒤 지금의 활동영역으로 들어온 경우와 1987년 이후 활동을 시작한 경우이다. 전자의 경우 1987년 이후, 특히 1990년대 들어서 거의 예외없이 '고민과 모색'의 시기를 거쳤다고 이야기했다.

한국여성민우회의 정은숙 사무처장은 학생운동과 철거민운동을 거쳐 여성운동을 시작했다. 그가 대학에 다니던 1980년대말과 1990년대 초만 해도 87년 이전처럼 왕성하지는 않았지만 80년대의 전통적인 경로, 즉 학생운동을 거쳐 사회운동으로 진출하던 경로가 아직 남아 있던 때였다.

제가 철거민운동을 할 때 여러가지 고민이 많았죠. 아직 학생운동 경험밖에 없고 선배들은 이제 현장에 간다고 하던 세대들이었고, 저희는 딱 과도기 세대였어요. 현장에 가는 것에 대한 꿈을 꾸다가 나름대로 현장에서 빈민 쪽으로 갔었으니까요. 근데 역사의 주인들이 영 시원치가 않은 거예요. 당시 어린 나이에 교과서적으로 해석을 하다보니까 실망도 하게 되고요. 거기에 융화되는 식의 운동을 한 것이 아니라 그들을 대상화시켜서 평가하는 작업을 했던 거 같아요. 그러니까 실망도 많이 하고 너무 힘들고. 거기다 이제 돈이 결합이 되거든요. 그렇게 같이 싸웠던 사람들이 하룻밤 사이에 갑자기 싹 돌려서 나가게 되는 것을 한 2년 동안 겪으면서 '왜 내가 여기서 이러고 있을까'

라는 회의가 많았어요. 고민을 되게 많이 했었고. 그러면서 사실 시민단체로
의 전환은 저한테 획기적인 거였거든요. 여성운동단체로 들어온 거는 당시
만 해도 여자가 결혼을 하면 뭔가 활동이 축소되고 뭐 이런 의식이 있었죠,
저한테도. 그래서 취직하기도 힘들고 '시민단체 활동 한번 해보고 싶다' 생각
했어요. 우리 때만 해도 그런데 가는 것을 개량주의라고 욕하고 그랬었거든
요. 그래도 나는 평생운동을 하고 싶다, 그 평생운동을 가까이에서 하고 싶다
그러면서 나름대로 살길을 찾았던 게 여성단체이고 그런 인연으로 민우회에
들어오게 된 거죠. (정은숙)

정은숙이 철거민운동에서 '철수'한 가장 큰 이유는 철거민운동을 하
면서 "실망도 너무 많고 힘들기는 너무 힘들어서"였다. 그는 철거민들이
변혁의 주체, 즉 '역사의 주인'이라고 배웠다. 그런데 철거 현장에서 마주
친 철거민들의 모습은 학생운동 시절에 배운 "교과서"에 나오는 모습과
일치하지 않았다. '도시빈민들의 주거권 확보' 같은 대의를 내세우고 함
께 싸우던 사람들이 "돈이 결합"되면, 즉 '이 정도면 받아들일 만하다' 싶
은 보상금을 받으면 하룻밤 사이에 대열을 이탈했다. 한마디로 "역사의
주인들이 영 시원치가 않았"고, 고민과 회의 끝에 그는 여성운동으로 활
동영역을 옮기게 된다.
위의 인용문에서 특별히 눈여겨볼 점은 철거민운동을 할 때 느꼈던
실망과 회의를 구술자가 사후적으로 해석하고 있는 부분이다. 정은숙은
실망이 "어린 나이에〔현실을〕교과서적으로 해석"한 데서 비롯되었으
며, 당시 "〔그들을〕대상화시켜서 평가하는 경향이 있었다"고 평한다. 그
가 말하는 교과서는 민중을 역사의 주체로 설정한 변혁이론, 요컨대 '이
념'이었으며, 이러한 이념이 오히려 철거민들—현실의 구체적인 민중
들—을 대상화시켜 보도록 했다는 뜻이다. 이는 교과서에서 규정한 '민

중으로서의 정체성'만으로는 구술자가 현실의 철거민을 제대로 이해할
수도, 받아들일 수도 없었던 데서 잘 드러난다.

어쨌든 한동안 고민과 회의를 하다가 그는 "그런 데 가는 것을 개량주
의라고 욕하고" 그러던 시기에, 그때까지는 이른바 '현장'에 포함되지 않
던 영역, 즉 여성운동으로 옮겨갔다. 내적인 동기를 "평생운동을, 가까이
에서 하고 싶은" 욕구로 설명하고 있다. 이때 '평생운동'은 젊은 시절 한
때 하는 운동에 대비되는 것으로, '가까이에서 하고 싶은 운동'은 '특별
한 결단을 요구하는 운동'과 대비되는 것으로 읽을 수 있다. 정은숙이 하
고 싶었던 운동은 자신이 진심으로 동의하고 헌신하고 싶은 가치에 입각
해, 생활 속에서 평생 실천할 수 있는 운동이었다고 볼 수 있다.

그런데 '개량주의'라는 비난을 받으면서까지 정은숙이 여성운동으로
옮겨갈 수 있었던 동력은 무엇이었을까? '가까이에서 할 수 있는 운동을
평생 하고 싶다'는 자신의 내적 요구를 정직하게 바라보고 그것을 인정
했기 때문이라고 할 수 있다. '스스로의 내적인 요구', 이것은 '교과서'로
공부하던 시기에는 들여다보거나 경청하지 못했던 요구, 대개는 억압되
기까지 했던 요구였다. 그는 '민중 속으로 들어가 근본적인 사회변혁을
조직해야 하는 운동가'라는 당위적이고 단일한 정체성을 넘어 자신의 마
음속에서 우러나오는 요구에 응답했던 것이다.

한편, 자신은 교과서에 기대 현실을 바라보는 어리고 미숙한 활동가
였다는, 철거민운동 시기에 대한 구술자의 '해석의 관점'은 그러한 응답
이후의 활동과정에서 형성된 것이라고 볼 수 있다. 이는 당위성의 세계
에서 벗어나 스스로의 요구를 인정한 '전환'이 결국은 세계를 인식하는
관점의 전환으로 이어졌음을 의미한다.

또하나 눈에 띄는 점은 많은 구술자들이 1987년을 언급했으나, 그때
를 감동이나 희열, 승리감으로 이야기한 사람은 거의 없었다는 점이다.

'1987년의 민주화'는 '오늘 내가 여기 있게 된' 서사의 주요한 전환점으로 주로 언급되었으며, 특히 1989년부터 시작되는 동구 사회주의의 몰락과 연결되는 사건으로 회상되었다.

90년에 사회주의가 붕괴하고 소련이 붕괴하는 것을 보면서, 당시 같이 활동했던 사람들이 굉장히 많이 정신적인 혼란을 겪었죠. 우리가 지향하는 기본적인 방식이 정서적으로 약간 맑시즘적인 느낌이랄까, 사회주의의 영향을 많이 받았다고 볼 수가 있는데, 꼭 사회주의와 똑같은 것은 아니라 할지라도 그런 방향에서 희망의 쏘스가 좀 있지 않을까라고 생각을 많이 했던 사람들이, 동구가 무너지고 사회주의가 붕괴하는 것을 보면서 우리가 지향할 목적이나 비전 같은 것들이 사라지는 것들을 보고 많은 이념적인 혼란에 빠졌죠. 노동운동을 하거나 사회운동을 하는 사람들에게 우리가 지향해야 할 사회가, 하려고 하는 사회의 적(籍)이 없어져버리니까. 자기 신념이 없다보니까 남을 설득하거나 의식화시키거나 그럴 수 있을 만한 그런 에너지가 없어지는 거죠. (유정길)

에코붓다 대표인 유정길은 학생운동을 하다 구속되어 수감생활을 한 뒤 노동운동을 준비하던 중 불교의 사회참여운동과 연을 맺어 오늘에 이르렀다. 그는 1988년 정토회 설립에 참가했는데, 1989년부터 약 3년 동안, 함께 활동했던 사람들과 함께 "사회변화에 대해서 나름대로 신념을 갖고, 일정한 자기완결성을 갖고 주장하고 활동하던 사람들"을 수없이 만났다고 한다. 물리학자, 남북문제 전문가, 경제학자, 맑스 전공자, 환경운동가, 생태론자, 심지어 "무슨 도사"까지 만났는데, 그 이유는 "새로운 방향성을 찾기 위해서"였다.

위의 인용문은 유정길과 그의 동료들이 새로운 방향성을 찾으려 그토

록 애썼던 이유를 분명히 밝히고 있다. 80년대의 학생운동과 노동운동
은 사회주의에 "희망의 쏘스"을 두고 있었는데, 그 현실태라 할 사회주의
국가들이 실상을 드러내며 무너지고 만 것이다. 그들이 지향하던 "목적
이나 비전"이 적(籍), 즉 현실적인 근거를 잃어버리게 되자 더이상 "남을
설득하거나 의식화"시키는 활동을 하기가 어려워졌고, 많은 활동가들이
혼돈에 빠졌다. 이전의 생각과 이념으로는 더이상 운동이 어려워진 것
이다.

1987년 6월의 승리는 누가 뭐라고 해도 민주화운동이 거둔 빛나는 성
과였다. 그러나 이 승리는 다른 한편으로는 좌절이었다. 군부독재 종식
이라는 운동의 최소목표에서는 승리했으나, 승리 이후 우리가 건설해가
야 할 사회의 모습, 즉 최대목표를 두고 승리 싯점에서부터 균열이 드러
나기 시작하였다. 직선제 개헌을 수용한 6·29선언이 발표되면서 6월 투
쟁의 열기는 급속히 가라앉았고, 7월부터 시작된 노동자대투쟁은 중산
층의 지지를 받지 못했다. 6월의 승리가 직선제를 넘어 '구시대'를 근본
적으로 개혁하는 데까지 진전되기를 기대했던 세력들은 최대목표의 관
점에서 새로운 요구와 프로그램을 내놓았다. 야당 후보를 단일화해 민주
정부를 수립하는 데 힘을 쏟은 민주통일민중운동연합(민통련)에서 사회
주의를 공공연하게 주장한 남한사회주의노동자동맹(사노맹)에 이르기
까지, 이들이 내놓은 요구와 프로그램은 그 스펙트럼이 다양했다.

그런데 유정길이 밝혔듯이 당시 학생운동과 노동운동은 대부분 "사회
주의와 똑같은 것은 아니더라도 그런 방향에서" 근본적인 개혁 청사진
을 그리고 있었다. 구술자들이 1987년을 승리보다는 좌절과 모색의 맥
락에서 언급한 것은 바로 그 때문이라고 볼 수 있을 것이다. 즉 최대목표
라는 관점에서 보면 1987년은 그동안의 투쟁이 일정한 성과를 거둔 '종
착지'가 아니라 근본적 개혁을 위한 '출발지'인데, 그로부터 얼마 지나지

않아 길을 잃어버리게 된다. "희망의 소스"였던 현실 사회주의가 무너진 것이다.

승리가 허락한 것들: 성찰과 전환

좌절은 성찰과 모색을 낳게 마련이다. 앞서 인용한 정은숙과 유정길을 포함해 80년대 민주화운동에 직접 참여했던 활동가들은 대부분 1987년부터 1990년대 전반에 이르는 시기의 특별한 사연들을 털어놓았는데, 바로 성찰과 모색, 발견 그리고 전환에 관한 이야기였다.

'무엇이 옳다'라는 생각들을 명확하게 잡고 있었고, 그것들로 모든 것을 판단하고 (…) 그걸 통해서 정세분석도 하고, 활동의 전략과 방향을 결정하기도 했던 시절이 있었잖아요. 오히려 그런 유일한 척도를 내려놓고, 그밖의 다른 것들에 대해서 하려다보니까 환경문제가 단순한 환경문제가 아니죠. (…) 경제씨스템 같은 경우 자본주의도 사회주의도 아닌 협동조합 방식 같은 것이나, 어떤 공동체운동에 대한 것들이죠. 사회를 변화시키는 방식이 과거처럼 권력을 획득하는 것이 아니라 바닥을 중심으로 한 풀뿌리네트워크를 통해서, 아니면 전략의 변화 또 전향적인 관점이라든가 나아가서 차별화된 전략, 더 나아가서 특히 우리가 몸담고 있었던 불교에 대한 새로운 발견이 있었죠. (…) 우리 운동했던 사람들 거의 대부분의 정서가, 대부분 나 이외의 것들에 대해서, 끊임없이 비판하고 반대하고 분석하는 데 익숙할 뿐이지 나에게 조망해보는 데에는 익숙해 있지 않아요. (…) 자기를 변화시킨다고 하는 것. 또 스스로가 정말로 편견 없이 사회를 있는 그대로 투명하게 바라볼 줄 알고, 이념적인 잣대로 사회를 일정하게 바라보거나 그걸 통해서 어떤 전략을 함부로 내지 않고, 정말로 투명하게 사회를 바라보면서 '어떻게 사회를 건강하게 만들 수 있을까'에 대한, 자기변화에 대한, 또 수행이라든가 깨달음이 사회운동

유정길은 90년부터 3년 동안 "나름대로 자기 세계관을 구축하고 있다
는 사람들은" 다 찾아다니며 새로운 길을 찾았다고 한다. 그 결과 몇가지
중대한 변화를 겪는다. 우선 그는 가치판단, 정세분석, 전략과 방향 등
자신의 생각과 판단, 행위 양식을 전일적으로 지배했던 "유일한 척도"를
내려놓게 된다. 그러자 그 이전에는 비본질적이거나 부수적인 문제로 보
였던 것들, 이를테면 환경문제도 "단순히 환경문제"가 아니라 그 길을 통
해 사회 전체를 볼 수 있는 길이 될 수 있음을 알게 되었고, 우리가 선택
할 수 있는 길이 꼭 자본주의나 사회주의의 양자택일이 아님을 깨닫게
되었으며, 사회를 변화시키는 방식에도 예전에 자신이 믿었던 것처럼
"정치권력을 획득하는 방법"만 있는 게 아니라는 것을 인정하게 되었다.

특히 그는 자신이 몸담고 있던 불교에 대해서도 "새로운 발견"을 하게
된다. 아마도 세계관의 전면적인 변화를 담고 있을 그 발견의 내용을 철
학적으로 자세히 밝히고 있지는 않지만, 어쨌든 그 발견은 유정길로 하
여금 "나 이외의 것들"을 향해서만 열려 있던 눈을 "나"를 향해 돌리게 하
였다. 그리고 그러한 성찰은 '사회의 변화'가 '나 자신의 변화'와 맞물려
있으며, 자기성찰 없는 운동은 자칫 "이념적인 잣대로" 타인과 세계를 재
단하거나 "함부로" 자기중심적인 전략을 내놓는 위험에 빠지게 된다는
결론에 이르게 된다. 그래서 그는 정토회에서 운동과 수행을 결합한 독
특한 활동방식으로 "비판하고, 파괴하고, 저항하고, 반대하는" 운동이 아
니라 "무언가를 창조하고, 건설하고, 모으는" 운동을 실천하게 된다.

열린사회시민연합의 박홍순은 학생운동을 거쳐 십수년을 전국민족
민주운동연합(전민련), 민주주의민족통일전국연합(전국연합) 등 재야
민주화운동단체에서 활동하다가 1997년부터 지역운동으로 활동영역을

바꾸었다. 박홍순은 스스로 전환 동기를 이렇게 설명한다.

> 그 이전까지 운동을 하던 사람들한테 지배적인 철학적 영향이란 사실 맑스-
> 레닌주의였는데, 그것에 대한 비판과 반성으로 출발한 측면도 컸어요. 특히
> 저희 젊은 세대들은 이른바 주체사상의 영향을 많이 받았죠. (…) 재야 민주
> 화운동이란 게 계급적 관점에 섰으니까 사회를 갈등적으로 보고 결국 정치권
> 력의 획득을 통해서 진보를 이룩하는 것을 중심으로 했기 때문에 그 한계를
> 보고 (…) 시민사회의 중요성에 대해 발견하게 되는 거죠. (…) 저같은 경우
> 는 시민사회라는 게 굉장히 폭넓고 다양한 측면이 있지만 아주 구체적인 사
> 람들의 삶의, 생활의 현장은 결국 지역사회에 관심을 가져야 하지 않을까 해
> 서 접근을 했던 거였죠. (박홍순)

박홍순은 유정길이 "유일한 척도"라 명명한 것의 실체를 구체적으로
적시하고 있다. 기본적으로 맑스-레닌주의, 거기에 80년대 중반부터는
주체사상도 보태진다. 80년대의 학생운동과 노동운동이 맑스-레닌주의
와 주체사상 같은 사회주의 이론의 영향력 아래 있었다는 사실은 1980년
대 당시 운동 주체세력이 '공식적으로는' 인정하지 않던 '비밀'이었다.
'운동권'은 공개적 투쟁 현장에서는 언제나 최소목표에 준거한 요구와
구호를 내걸었다. 그러나 공개되지 않는 학습과 토론의 자리에서는 최대
목표에 준거하여 논의가 이루어졌으며, "계급적 관점"이 모든 현상을 판
단하는 근본적 기준이었다. '대외적으로' 하는 이야기와 '우리끼리' 하는
이야기의 차이는 최소목표와 최대목표의 거리와 조응하는 것이었다. 이
런 이중화는 것은 말할 것도 없이 한국사회의 역사적 특수성 때문이었
다. 그런 점에서 박홍순을 포함해 일부 구술자들이 80년대 운동권의 사
상적 경향을 전환의 배경으로 언급한 것은 '비로소 하는 이야기'에 해당

한다(이른바 '후일담 소설'도 이에 속한다고 볼 수 있다).

아쉬운 것은 '비로소 하는 이야기'가 아직도 전면적으로 전개되지는 않고 있다는 점이다. 맑스-레닌주의는 학생운동이나 노동운동의 비전이나 전략뿐 아니라 운동권 조직문화에도 심대한 영향을 끼쳐 많은 활동가들이 이와 관련된 '상처'를 안고 있었으나 그것은 '고민'이라거나 '회의' 같은 추상적인 단어로만 언급되었다. 이는 1987년 이후 저항세력 안에서 최대목표를 둘러싸고 광범위한 회의와 혼란이 빚어졌으나, 조직 차원에서 그것을 공유하거나 성찰하지 못하고 대부분 개인 차원에서 모색과 전환이 이루어졌다는 사정과 관련있다고 판단된다.

'민중'에서 '시민'으로, 이념에서 생활로

전환은 내면적 성찰에서 오기도 했으나 근본적으로는 '현실'이 가르쳐준 것이라고 할 수 있었다. 동구 사회주의의 몰락도 그러하지만, 민주화 이후 한국사회에 일어난 변화는 활동가들로 하여금 예전의 척도로는 더이상 현실에 대응할 수 없음을 깨닫게 했다.

하나의 모순이 이분법처럼 쫙 그어지는 게 아니라 그 안에 여러가지 모순이 중첩되어 있어서, 어떨 때는 이게 옳은 것 같기도 하고 또 어느 싯점이 되면 동일한 이슈와 내용들이 상황에 따라 굉장히 잘못된 입장이 되는 것 같아요. 세상이 이렇게 변해가는 것 같고, 그래서 오히려 더 실용적이고 중도적인 그리고 합리적인 운동이 필요한 것 같은데 기존의 재야단체운동으로는 (…) 굉장히 한계가 있겠다 싶어서 그때 비로소 시민운동을 고민하게 됐죠. (고계현)

경실련 고계현 사무처장은 85년에 대학에 입학해 학생운동 지도자가 밟는 전형적인 경로를 밟았다. 수배와 투옥, 복학을 거쳐 1993년 대학원에 입학한 그는 대학원을 졸업할 무렵 시민운동에 관심을 가지게 되었다. 이런 관심은 어떤 모순이라도 "이분법"으로 쫙 그을 수 있을 만큼 단순하지는 않다는 깨달음, "기존의 재야단체운동"보다는 좀더 실용적이고 중도적이고 합리적인 운동이 필요하다는 생각 때문이었다. 그런데 그가 이런 판단을 내리는 데 결정적인 영향을 미친 것은 대학원생으로 학교를 다니면서 목도한 학생운동의 모습이었다.

그러니까 정세, 상황에 대한 능동적인 대응, 투쟁이나 학우들에 대한 지도를 할 수 없는 상황이고, 학생 대중으로부터 철저히 고립되어 있는 자기들만의 자족적 운동을 하고 있었어요. (…) 학생회선거에서 일반 학우들에게 막 떨어지기 시작하더라구요. (…) 저희 때는 수업 듣는 학생들하고 질적인 차이랄까, 거리가 없었어요. 운동을 열심히 해서 수업을 안 들어오면 친구들이 시험 볼 때 복사물을 나눠주고 하는 동료의식이 굉장했는데, 그냥 딱 분리되어 있더라고요. 공부 열심히 하는 친구들이 챙겨주지도 않고 아주 철저히 고립되어 있더라고요. (고계현)

고계현이 학생운동을 할 때만 해도 시험준비 못한 운동권을 위해 공부 잘하는 학생들이 복사물도 나눠줄 만큼 운동권과 일반 학생들 사이에 거리가 없었다. 직접 운동을 하지 않더라도 많은 학생들이 심정적으로 운동권을 지지했다. 그런데 군복무를 마치고 다시 학교로 돌아와보니 학생운동은 일반 학생들에게 "철저히 고립되어" 있었다. 이론과 노선에 따라 수많은 계파가 난립해 있었고, 학외투쟁은 "자기들만의 잔치 비슷하게" 진행되었다.

바로 그 시기에 대학시절을 보낸, 한국YMCA 전국연맹 이필구 정책실장의 이야기는 그러한 '고립'이 어디서 비롯되었는가를 짐작케 한다.

운동권 핵심간부들이 너무 상징화되는 것이나 일방적으로 주입되는 것들에 대해서 약간의 거부감이 있었어요. 어릴 때부터 자아의식이나 주체의식이 상당히 중요하다는 훈련을 받아가면서 성장했는데, 선배들이 책 한권 던져주면 읽고 학습하는 식의 일방적인 과정에 대해서 상당히 부정적이었죠. (이필구)

1989년에 대학에 입학한 이필구는 학생운동에 참여하지 않고 졸업 뒤 1년 정도 기자로 일하다 지역 YMCA에서 시민운동을 시작했다. 역설적이겠지만, 그가 학생운동에 참여하지 않은 배경에는 보다 민주적인 환경에서 성장했다는 점도 작용했을 수 있다. 그는 진보적인 교회공동체 안에서 주일학교 교사나 또래 모임을 통해 어릴 때부터 다양한 생각을 접했고, YMCA운동을 오래 했던 아버지의 영향으로 사회의 여러 문제들에 대해 스스로 생각해야 한다는 자극을 받으며 자랐다. 관심있는 문제는 자유롭게 말할 수 있었고, 가족이나 교회공동체의 친구나 선배들과 어울리며 세상을 보는 눈을 키울 수 있었다. 그에게는 '금기'도 '유일한 척도' 같은 것도 없었다.

그런 그에게 학생운동은 너무나 "일방적"이었다. 90년대 중반까지도 학생운동은 80년대 학생운동의 관성과 방식을 답습하고 있었는데, 학회나 써클에서는 신입회원들을 일정한 결론으로 유도하는 학습 커리큘럼이 정해져 있었다. 선배들은 후배들에게 "책 한권 던져주고", 정해진 결론을 주입하려 들었다. 커리큘럼도 결론도 80년대로부터 내려온 것이었고, 거의 변한 것이 없었다. 또 운동권 핵심간부들은 "상징화", 즉 특별한 존재로 '신화화'되고, 조직은 상명하복의 권위적인 체계로 움직였다. 군부독재라는 적이 눈앞에 있었을 때는 조직 내부의 이런 문제가 상황논리로 유예될 수 있었다. 그러나 이필구의 이야기는 1987년 이후에는 그러한 상황논리가 설득력을 잃어가고 있었음을 보여준다. 요컨대, 고계현이 목도한 '철저한 고립'은 변화된 현실에 응전하지 못하고 과거의 생각, 과거의 방식을 답습한 결과였던 것이다.

더 '실용적이고 합리적인' 방법을 찾던 고계현은 이후 경실련에 몸담게 되는데, 참여연대 김민영 사무처장도 거의 비슷한 시기에 참여연대 활동을 시작했다.

군대를 갔다온 뒤에 무작정 인천에 있던 선배들을 찾아가 현장활동을 하겠다고 말했습니다. 선배들이 받아줘서 2,3년간 노동현장에서 굴렀습니다. 운동을 했다기보다(웃음) 굴렀습니다. 천성이 안 맞는 것 같다는 생각을 했어요. 당시 많은 활동가들이 떠나는 상황이었고, 제가 있던 조합도 굉장히 강성조합이었는데 활동가들이 떠나고 사회적 변화가 급속하게 진행되던 92~93년이었습니다. 동구권 몰락이라든지 등의 사건들로 방향을 못 잡고 있던 시절이었습니다. (…) 커다란 운동이었지만 별다른 운동은 아니었다고 생각해요. 별다른 실천을 하지 못하는 커다란 운동이 아니라 작은 거라도 바꿀 수 있는 실용적인 운동을 하고 싶었습니다. 실사구시라고 할까요. (김민영)

김민영은 광주 출신으로 어릴 때 경험한 광주민주화운동의 영향으로 1987년 대학에 입학하여 자연스럽게 학생운동에 참여했다. 큰 고민 없이 학생운동을 했던 그는 군대를 다녀온 뒤 역시 자연스레 노동현장으로 들어갔다. 그러나 노동현장은 이미 변해 있었다. 87년 이후 노동자들의 역량이 상당히 성장해 있었고, 기존 운동이론에 회의를 느낀 학생운동 출신 활동가들은 혼란 속에서 황망히 현장을 떠나고 있었다. 그런 가운데 김민영 역시 "커다란 운동"보다는 "작은 거라도 바꿀 수 있는 실용적인 운동"을 하고 싶다는 마음으로 활동 현장을 시민운동단체로 바꾸게 된다. 여기서 "커다란 운동"이란 사회변혁이론, 즉 거대담론에 근거한 운동을 가리키는 것으로 이해할 수 있다.

고계현과 김민영이 운동현장의 현실에서 배웠다면, 삶의 조건이 바뀌면서 새로운 관점을 갖게 된 활동가들도 적지 않다.

> 결혼이라는 것이 살아가는 방식 전부를 바꿔야 하는 건지 몰랐어요. 모르는데, 아무런 준비도 안되어 있는데 하여튼 정체성을 다시 정립해야 하는 시기가 온 거예요. (…) 처음에 제가 이런 거 한다 했을 때 선배들이나 이런 분들은 뭐 "그렇게 한가한 운동도 있냐?" 뭐 그런 반응?(웃음) 그랬는데 내 삶의 모습에서 출발할 수 있는 운동이 뭘까,라는 그런 극한 고민에서 지금까지 온 것 같아요. 제가 아이의 엄마가 되고, 지역사회에 이렇게 계속 있어야 되고, '이러한 존재다'라는 것을 인식하기까지 되게 힘들고 오래 걸렸어요. (이해정)

한살림 서울생활협동조합 이해정 조직국장은 88년에 대학에 입학해 "학생운동 언저리에 좀 있다가" 졸업 뒤 짧지만 직장생활을 했다. 그러나 "사회의 분위기를 못 견뎌" 나온 뒤, 노동자 문예운동 단체에서 노동조합 내에 풍물패나 노래패 같은 문화동아리들을 조직하거나 그 활동을 돕는 일을 했다. 그러다 생활이 안정되면 활동을 더 잘할 수 있지 않을까 하는 생각에 결혼을 했는데, 결과적으로 결혼이 그의 "살아가는 방식 전부"를 바꾸는 전환점이 되었다고 말한다.

이해정은 결혼 뒤에 과천에 살게 되었는데 집 가까이에 한살림이 있어서 갔다가 송전탑 건설 반대운동을 벌이고 있는 걸 알게 되었고, 집회에 풍물패가 필요하다는 얘길 듣고는 알고 지내던 풍물패를 섭외해주었다. 그 일을 계기로 그는 과천지역 시민사회와 만나게 된다.

당시 그는 결혼과 출산, 육아가 가져다준 생활상의 변화로 정서적으로 매우 힘든 상태였다. 그러면서도 노동현장에 취직해 "엄청난 투사가 될 줄 알았던" 친언니가 생협운동을 시작해 자신에게 생태 관련한 책을 읽어보라고 권하자 "어쩌면 저렇게 한가한 이야기를 하고 있나" 하는 "배신감"을 느꼈다고 한다. 운동가로서의 정체성과 생활인으로서의 정체성이 충돌하면서, 그의 말대로 "정체성을 다시 정립해야 하는" 혼란에 빠진 것이다.

그런데 송전탑 건설 반대운동에 약간 조력한 것을 시작으로 그는 자연스레 수돗물 불소화 반대운동을 비롯해 과천 지역을 기반으로 한 여러 시민운동에 참여하게 되었고, 한살림운동에도 적극 나서게 된다. 고민과 혼란 속에서도 그가 중심을 잡을 수 있었던 것은 그것들이 생활인으로서의 자기 삶과 구체적으로 연계되어 있었기 때문이라고 할 수 있었다. 머릿속으로는 "여기[과천]는 내가 잠자는 곳이고 얼른 예전에 일하던 곳으로 돌아가 노동자들과 결합해야지"라고 생각했으나, 지역 시민사회가 제기하는 환경이나 식품안전 관련 문제들은 엄마로서, 지역주민으로서 당장의 선택을 요구했다. 이해정은 삶의 환경이나 조건이 달라졌음을 인정하고, 결국 "내 삶의 모습에서 출발한 운동"을 택하게 된다.

반핵운동 한답시고 왔다갔다했지만, 지역주민들을 많이 만나게 됐는데, 〔그들은〕관심사항들이 다르죠. 제가 고민했던 거하고요. 생활의 문제들로 얘기하는데 언어가 안 통하더라고요. 남자인 측면도 있지만, 예전에 고민했던 환경운동이나 반핵운동, 생태운동 이런 데서 쓰는 언어라든지, 학생운동 이후 죽 이어져왔던 언어로 사람을 만난다는 게 잘 안되더라고요. 다르다는 것을 계속 느끼면서 활동을 하다가 결혼을 하게 되고 아이가 생기고, 완전히 생활 자체가, 당장 부딪친 게 '아이를 어떻게 키울 거냐!'였거든요. 그러니까 자연스럽게 이전의 운동은 어떤 면에서는 추상적인 거였고, 내 문제와 관련된 삶

의 문제가 중요하다는 것을 그때 많이 느꼈죠. (김현)

풀뿌리 자치연구소 '이음'의 김현 연구위원은 대학시절을 환경운동연합 대학생회 활동을 했다. NL(민족해방)과 PD(민중민주)로 나뉜 주류 학생운동에 문제의식을 느껴 '새로운' 운동에 관심을 가졌고, 그러다 선배의 소개로 환경운동과 생태주의에 눈을 돌리게 되었던 것이다. 이후 그는 굴업도 핵폐기장 반대운동을 비롯해 환경운동의 상징이 되다시피 한 다양하고 기발한 시위용 퍼포먼스를 개발하면서 환경운동연합에서 상근 활동가로 일했다. 그런데 96년, 중앙조직에서 과천의 지역조직으로 활동무대를 바꾸면서 전환을 맞이하게 된다.

과천 환경운동연합은 95년도 지방선거에 시민후보를 출마시켜 선전했던 과천 시민운동 진영이 중심이 되어 구성된 지역조직이었다. 그런데 시간이 흐르면서 그는 무언가 벽에 부딪치는 느낌을 받게 된다. 지역주민들과 "언어가 안 통하는" 걸 느끼게 된 것이다. 이는 그때까지의 환경운동이 반핵이라든가 기후변화협약 같은 전국적인 의제를 중심으로 활동했던 것과 연관이 있다. 환경운동은 사안으로 봐서는 80년대의 민주화운동과는 구분되는 '새로운' 운동이었으나 '중앙 중심적'이라는 운동방식이라는 면에서는 그다지 다를 바가 없었던 것이다. 그러다보니 활동가들이 쓰는 말은 그들만의 '전문용어'였고, 지역의 생활문제 중심으로 모인 주민들과 소통하는 데 한계가 있을 수밖에 없었다. 관심사나 소통방식에서 지역이라는 토대와 동떨어져 있었던 것이다.

이런 문제의식을 느끼던 차에 그는 결혼을 하고 아이를 낳았다. 그런데 대부분의 사람들이 거치는 인생의 이 보편적인 경험이야말로 그를 결정적으로 바꾸어놓게 된다. "당장 아이를 어떻게 키울 것인가?" 하는 문제가 원자력발전소 폐기물 문제보다 더 시급한 '현안'이 되었고, 집 근처에 마음 놓고 아이를 맡길 수 있는 육아시설이 없다는 현실이 눈에 들어오기 시작한 것이다. 이런 변화를 김현은 "이전의 운동은 어떤 면에서 추상적인 거였고 내 문제와 관련된 삶의 문제가 중요하다는 것을 느꼈다"고 표현하고 있다. 평범한 사람들의 보편적인 생활세계 안에 수많은 '문제'들이 있고, 그런 문제를 생활 단위에서 해결해나가는 것도 중요한 운동이라는 데 생각이 미친 것이다. 이후 그는 주민자치와 풀뿌리 민주주의로 관심을 돌려 오늘에 이르고 있다.

강원도 태백에서 활동했던 원기준은 더 극적으로 지역운동과 결합하게 된다. 원기준은 1985년말 태백으로 내려간 뒤 10년 가까이 교회와 직간접적으로 연관된 단체를 오가며 노동운동을 지원하는 역할을 했다. 워낙 거친 지역이라 군 보안대에 끌려가기도 동료가 분신하는 걸 지켜보기도 했고, 89년 동원탄좌에서 대규모 파업이 벌어졌을 때는 지원연설을 하다 제3자개입금지 위반으로 구속되어 1년 반 동안 수감생활을 하기도 했다. 그런데 출소 뒤 그는 노동운동을 접고 지역운동으로 눈을 돌리게 된다. 탄광이 문을 닫으면서 노동운동의 기반 자체가 소멸하고 있었을 뿐 아니라 "내가 잘할 수 있는 일들을 해야 하는 거 아니냐"는 생각 때문이었다. 동료들은 그러한 전환을 '노동운동에 대한 배반'으로 질타했으나 그는 광산지역사회연구소를 차려 지역을 열심히 공부하기 시작했다. 그러자 머지않아 지역주민들이 그를 새롭게 '발견'해주었다.

93년도 이때부터 지역살리기운동이 본격적으로 벌어지는데 제가 그나마 80년대부터 데모를 주동했던 노하우, 그다음에 광산지역사회연구소라고 하는 연구소로서의 정책개발 역할. 그 둘이 묘하게 결합돼서 지역사회로부터 그제야 요청을 많이 받았어요. 그전까지만 해도 빨갱이로 배척받았었는데 지역이 몰락 위기에 처하자 저를 필요로 했던 거죠. 그래서 구사대를 이끌었던 번영회 회장님들하고 제가 같이 머리를 맞대서 사람들 동원해서 데모를 하고 플래카드를 만들고 성명서를 쓸 것인지 고민하게 된 거죠. 상황이 바뀐 거죠. '아, 이게 내가 해야 할 중요한 역할이겠다!' 생각했어요. (원기준)

90년대초부터 탄광이 폐쇄되기 시작하면서 태백과 정선 사람들은 생존을 위협받는 처지로 몰렸다. 일자리가 없어지니 인구가 급속히 줄어들었고, 산림법이나 환경법상 개발이 제한된 지역이 많아 그나마 잠재력있는 관광산업 유치도 어려웠다. 지역문제를 해결하기 위해서는 우선 주민들을 조직해야 했다. 정부를 상대로 지원을 요청하려면 실현 가능한 구체적인 대안을 만들어내야 했다. 지역을 위해 일해줄 유능한 리더십을 찾던 주민들은 원기준이 그에 합당한 경험과 능력이 있음을 알아냈고, 먼저 도움을 청했다. 그래서 그는 예전에 노동운동 할 때 노동자들을 해산시키기 위해 구사대를 이끌었던 번영회 회장들과 머리를 맞대게 되었다. 그렇게 열심히 노동운동을 해도 그를 "빨갱이로 배척" 했던 주민들이 비로소 그를 같은 지역민으로 받아들인 것이다. 계급적 관점에서는 적이었던 사람들이 지역이라는 기준을 세우자 동지가 되었고, 이는 완전히 새로운 경험이었다.

활동가들이 1987년부터 90년대 중반까지 겪은 다양한 전환의 이야기들은 80년대의 저항적인 민주화운동이 민주화 이후 어떤 변화의 경로를 밟아 시민사회의 팽창으로 이어지는가를 잘 보여준다. 군사독재정권이라는 '절대악'이 무너지면서 적대적 공생의 관계에 있던 "유일한 척도", 즉 사회변혁론에 기반한 당위적이고 유일한 관점도 무너지기 시작했다. 학생운동과 노동운동의 방향과 전략, 조직문화를 둘러싸고 그동안 유보한 회의와 비판, 성찰이 시작되었고, 그 결과 다양한 욕구와 차이들이 조직되기 시작했다. 활동가들은 이제 '무엇을 해야 하는가'가 아니라 '무엇이 필요한가' '무엇을 하고 싶은가'를 생각하기 시작했다. 유일한 정체성으로 개인이나 집단을 설명하려 했던 이념성 대신 구체적 삶이 이루어지는 생활세계를 새로이 발견했다. 그리고 이 과정에서 계급주의적 호명이던 '민중'이란 용어가 '시민'이라는 용어로 급속히 대체되기 시작하였다. 이때 시민은 정치철학자 샹탈 무페(Chantal Mouffe)가 말하듯이 "여러 의제나 모순을 둘러싼 운동 또는 분쟁과정 속에서 차이나 이질성, 타자성을 끌어안으면서 분절되어 가는 행위자",[4] 즉 다양한 정체성을 지닌 주체로 모습을 드러내고 있다.

새로운 시민의 등장: 공간과 주체의 확산

사실 여기 들어왔을 때도 일주일만 지내보자는 거였어요. 여긴 좀 달랐던 것 같아요, 일반 회사랑. 조직문화도 달랐고 일이 딱 짜인 것이 아니잖아요. 워낙 변동도 많고 자기 생각, 자기 고민이 중요한 것이어서 내가 고민해서 내가 할 수 있는 일이 있겠다는 생각이 들어 남게 된 거죠. 원래 27~28세 때 고민은 단체에 대한 생각이 전혀 없었고, 심지어 시민단체가 뭔지도 잘 몰랐어요. 당시는 뭔가 '하고 싶은 일'을 하고 싶다고 생각했고 〔시민단체가〕 뭔가 공익적인 일을 하지 않을까 막연히 느낄 뿐이었죠. 저는 시민단체가 뭐하는 데인지도 모르고 뭐하는 곳인지도 전혀 모르고 들어왔어요. (신태중)

함께하는 시민행동에서 좋은기업 만들기 팀장을 맡고 있는 신태중은 2001년에 공채로 들어와 활동을 시작했다. 그는 대학을 졸업한 뒤 제조업, 금융, 벤처 등 여러 회사를 옮겨다니다가 시민사회단체에 '취직'을 했지만 뭔가 공익적인 일을 하지 않을까 하는 막연한 느낌 외에는 별로 아는 게 없었다. 그래서 일주일만 지내보고 괜찮으면 계속 다니고, 아니면 그만두자는 생각으로 발을 들여놓았다. 그는 일반 회사는 "이미 다 정해진, 시키는 일을 잘하는 게 중요하지만", 이 단체에서는 "내가 고민해서 내가 할 수 있는 일이 있겠다"는 판단을 내렸다. 그리고 무엇보다 일을 재미있어 했다. 국회에 전자투표를 도입하는 안, 예산낭비를 조사하여 최악의 사례에 '밑 빠진 독' 상을 주는 일 같은 것이 그가 처음에 한 일들이었다. 월급은 '50만원＋α'밖에 안돼서 생활은 빠듯했으나 스스로 사고하고 자유롭게 일할 수 있는 장점이 그 단점을 상쇄해주었다.

이는 여러 면에서 새로운 이야기이다. 그는 대학시절 "아이들과 노는 걸 좋아하고 정말 재미있어서" 가난한 동네의 공부방에서 2년 가까이 자원봉사 활동을 한 적이 있다. 그러나 학생운동에는 참여한 적이 없다. 또 그는 군대를 다녀와서 이 회사 저 회사를 다녀보다가 우연히 시민단체를 접하고 이제껏 다닌 회사와는 다를 것 같아 지원했을 뿐, 사회에 기여하겠다는 특별한 사명감이 없었을뿐더러 시민단체라고 해서 도덕적 가산점을 주지도 않았다. 또, 함께하는 시민행동이 "참여연대처럼 이미 성장해 있는 단체였더라면" 일주일만 일해보고 떠났을지도 모른다. 시민단체라도 틀이 짜이면 "관리자급에서 지시하고 아래 단위에서 수행하는 체계가 있는 것은" 일반 회사와 비슷한데, 마침 그가 선택한 단체는 생긴 지 얼마 안되는 단체라 자유와 재미가 있었다. 그가 남은 이유는 단체가 표명하는 '대의'도 월급 '액수'도 아니었고 '내가 하고 싶은 일을 내가 좋아하는 방식으로 할 수 있다'는, 어떻게 보면 자신과의 '궁합' 때문이었다.

신태중 외에도 90년대 중후반에 활동을 시작한 사람들의 이야기는 80년대 민주화운동을 경험한 세대와는 뚜렷이 구별되는데, 가장 두드러진 것은 우선 활동의 동기와 경로가 매우 다양하다는 점이다.

시민운동 판에는 과거 학생운동 했었던 사람들이 대부분이었는데 저같은 경우, 대학에서도 별로 접할 기회가 없었어요. 졸업 즈음에 교수님과 프로젝트를 했습니다. 지역의 정보쎈터 운영을 정통부와 함께하는 거였죠. 지역의 시민단체들이 많이 참여했고요. 포럼을 만들고 소통공간을 통해 활동하려는 찰나 결혼을 하게 되었습니다. 막상 결혼을 하려고 하니 가부장구조가 너무 강고하게 느껴졌어요. 남편 집에 갔는데 "차 한잔 끓여 와라"는 말에도 눈물이 났었습니다.(웃음) 손님이 와도 차 한잔 끓여줄 수 있는데, 뭐랄까, 억압적 분위기를 많이 느꼈던 것 같아요. 그러면서 여성문제에 관심을 갖고 공부를 하던 중 충북 여성민우회가 정보쎈터에 공간을 하나 만들려고 온 거예요. 그때 딱 꽂힌 거죠. 그래서 바로 가입하고 활동을 시작했습니다. (이구경숙)

한국여성단체연합의 지역여성운동쎈터 국장으로 일하고 있는 이구경숙은 결혼을 앞두고 우리사회의 가부장구조를 절실하게 체감하면서 여성운동과 인연을 맺게 되었다. 어려서부터, 오빠에겐 시키지 않는 청소 같은 일을 딸인 자기에게 시킬 때면 "왜 나만 하냐?"고 따질 정도로 성인지(性認知) 관점이 강했던 그로서는, 결혼을 앞두고 벌어지는 이런저런 절차와 관행의 불평등함이 억울하기 짝이 없었다. 그는 대학의 지도교수가 정통부와 함께 진행하고 있는 지역정보쎈터 운영 프로젝트에 참여하고 있었다. 그런데 때마침 충북 여성민우회가 정보쎈터에 공간을 확보하려고 찾아왔고, 평소 가부장 구조에 분개하고 있던 그는 여성민우회의 취지와 활동을 보고는 한눈에 "딱 꽂혀"버렸다. 자신이 가장 절실하게 느끼고 있던 문제를 토로하고 함께 개선해나갈 수 있는 공간에 '접속'한 것이다.

그런가 하면 '녹색삶을 위한 여성들의 모임' 대표인 김미선은 지역 정보지를 통해 길을 찾았다. 그는 수학교사로 일하다 결혼하고 아이를 낳으면서 일을 그만두었고, 이후 "오로지 내 아이들, 가족, 남편만 챙기는"

생활을 했다. 특히 세 남매 중 막내가 초등학교에 들어간 뒤로는 "엄마의
치맛바람이 좀 필요하겠다 판단이 들면서" 학부모로서 학교 일에 적극
적으로 참여했다. 그전까지 집에서 아이들 모아서 가르치는 일을 하는
바람에 막내를 알뜰히 보살피지 못해 아이가 한글을 모른 채 입학한 게
마음에 걸려서였다. 명예교사도 하고, 학습교구도 직접 만들어 교사한테
갖다주고, 학부모들과 어울리면서 즐겁게 한 학기를 보냈다.

어느날 집에 들어갔는데 굉장히 가슴이 공허하더라고요. '이게 뭔가?' 하는
생각이 들었어요. '내가 지금 뭘 하고 있는 건가' 생각이 들면서 (…) 좀 다른,
의미있는 활동을 해야겠다는 생각이 불현듯 들었어요. 구체적으로 뭔지는
모르겠지만. 녹색삶〔을 위한 여성들의 모임〕에서 그때 처음으로 공부방, 방
과후 교실을 많이 시작하는 그런 싯점이었어요. 그러면서 자원봉사자를 모
으더라고요. 그 공고를 지역정보지에서 봤어요. (…) 내가 할 수 있는 일이고,
경험도 있고 그리고 남는 시간을 잘 이용하고 싶은 욕구가 있었고요. 딱 그
세가지가 맞물리면서 그 일을 선택했어요. (김미선)

김미선을 자원봉사로 이끈 것은 "의미있는 활동"을 하고 싶다는 욕구
였다. 그 욕구가 생겨난 것은 '엄마' 혹은 '학부모'로서의 정체성에 준거
한 생활이 왠지 공허하게 느껴지던 시점이었는데, 이때 "의미있는 활동"
이란 엄마나 학부모가 아닌 개인 김미선의 욕구, 나아가서는 결혼과 육
아로 인해 극도로 축소된 그의 사회적 자아가 느끼는 결핍감의 표현으로
볼 수 있을 것이다. 그래서 아이들을 가르친 경험을 자원으로 삼아 의미
있는 일에 나서게 된다. 김미선은 이후 10년간 공부방 활동에서 재활용
쎈터인 녹색가게, 지역 어린이도서관 건립, 청소년 공부방 등 여러 활동
을 경험하면서 단체의 대표로 성장했고, 그 과정은 녹색삶을 위한 여성

들의 모임이 지역주민들의 신뢰를 받는 튼튼한 풀뿌리단체로 성장하는 과정이기도 했다. 90년대 중반 이후 시민사회는 활동주체와 영역이 다양하게 확산되고 팽창하는데, 특히 자원봉사, 지역을 단위로 한 생활운동, 풀뿌리조직 등에서는 김미선처럼 다시 '사회'로 나온 주부들이 눈에 띄는 역할을 했다.

앞서 인용한 활동가들의 '새로운 이야기'는 활동의 동기나 계기, 즉 서사의 출발점이 다르다. 그들도 '광주'와 '80년대'를 알고는 있지만, 그것의 규정성은 80년대에 학생운동이나 노동운동으로 출발한 활동가들에 비해 압도적이지도 직접적이지도 않다. 또 활동을 시작할 당시 그들의 신분, 나이, 이력도 80년대처럼 단일하지 않다. 이야기가 시작되고 전개되는 공간도 다르다. 80년대는 대학, 써클, 학습이나 활동을 위한 소모임, 시위현장, 공장, 경찰서, 교도소 같은 공간이 주로 등장하지만 이들의 이야기에는 집, 학교, 회사, 동네 같은 제도적이거나 일상생활 가까운 공간이 등장한다. 80년대 민주화운동의 주체세력이 운동권으로 통칭되었다면, 90년대 중후반에 등장한 새로운 이야기들의 주체는 통칭할 수 없을 만큼 다양하다.

이처럼 활동가들이 자신의 다중적 정체성을 '도덕적 부채감' 없이 인정하고, 다양한 욕구 위에서 하고 싶은 일을 선택하는 서사는 시민사회 전체의 서사로 이어져 여성과 평범한 시민(이 용어는 운동권과 대조되는 뉘앙스를 지닌다), 나아가 장애인, 청소년, 성소수자, 이주노동자 등 다양한 주체가 시민사회의 새로운 동력을 구성하게 된다. 그리고 그들에 의해 여성, 생태·환경, 지역, 일상의 민주주의 같은 새로운 가치들이 등장했다. 그리하여 90년대 중후반, 한국의 시민사회는 80년대와는 완전히 구분되는 새로운 시기로 접어들었다.

3. 새로운 진로: 1997년 경제위기 이후의 시민사회

IMF사태는 아직도 진행중이다

1987년 민주화 이후 10년 동안 한국의 시민사회단체들은 양적·질적으로 크게 성장했다. 특히 1993년 김영삼정부가 들어선 이후에는 중앙의 정치무대에만 국한되었던 제도개선이 여러 영역으로 확산되어 시민사회단체들도 제도화에 따른 혜택을 받고 있었다. 그런데 바로 그 시기에 외환위기로 촉발되어 한국경제 전체를 뒤흔든 소위 IMF사태가 일어났다. 30년 가까이 유지되어온 국가주도 개발경제의 취약점이 '신자유주의'로 통칭되는 세계 금융자본주의 흐름에 그대로 노출되면서 한국사회는 미증유의 혼란을 겪게 되었다. 부도와 파산, 정리해고와 명예퇴직 등으로 삶의 토대가 무너지면서 '경제위기'는 이제껏 믿어온 가치, 삶의 방식을 흔드는 '사회적 위기'로 확산되었다.

그로부터 10년이 지난 지금, 시민사회는 그때의 충격을 어떻게 기억하거나 해석하고 있을까? 그것은 느리지만 조금씩 성숙하고 있던 우리 시민사회에 어떤 영향을 미쳤으며, 시민들의 의식과 정서, 삶의 방식을 어떤 식으로 변화시켰을까?

우리가 만나본 활동가들에게 그것은 아직 '기억'으로 저장할 수 없는, 여전히 진행중인 사건이요 현실이었다. 그들은 대부분 활동의 현황과 앞으로의 진로를 이야기하는 중에, 시민사회의 앞날을 규정할 중대한 상황과 조건, 즉 시민운동이라는 텍스트를 제대로 읽을 수 있는 컨텍스트로서 외환위기 이후의 10년을 언급했다. 요컨대 1997년 경제위기는 우리 시민사회에 1980년대와는 다른 질문과 과제를 던졌고, 그것이 제기한 문제들을 시민사회가 사유하고 답을 찾아나가는 중이라는 점에서 IMF사태는 아직도 진행중이다.

상층의 정치체제보다 보통사람들이 가지고 있는 의식이라는 것이, 경쟁, 효율, 시장만능주의에 경도되기 더 쉽다고 생각합니다. 저는 그게 느껴져요. 누구나 쉽게 그런 이야기를 하는 거죠. '경쟁력을 키워야 한다'는 것을 진리처럼 받아들이고 있다는 것입니다. 예컨대 공공의 이익이라든지 더불어 산다는 말을 딴세상 이야기처럼 듣는 것 같습니다. 그게 참 어렵습니다. (김민영)

참여연대의 김민영은 소액주주운동 등 참여연대가 그동안 거둔 성과를 평가하던 끝에 "전투에서는 승리하였으나 우리사회는 점점 더 어려워지고 있다"는 말을 덧붙였다. 한국사회의 미래에 대한 예측도 이어졌는데, 정말로 힘든 것은 "상층의 정치체제", 즉 대선과 총선에서 보수정당이 정치권력을 장악한 것 같은 그런 변화가 아니라 "보통사람들이 경쟁, 효율, 시장만능주의에 경도되는" 현실이라는 것이다. 아직도 한국사회는 사회안전망과 공공영역이 허약하며, 개혁해야 할 낡은 틀과 습속들이 곳곳에 많이 남아 있다. 그런데 그런 것들을 고쳐나가야 할 주체인 시민들이 "공공의 이익이라든가 더불어 산다는 것"을 나와는 상관없는 이야기로 치부하는 경향이 있다. 즉 시민사회의 공공성이 오히려 약화되고 있는데, 거기에는 97년 경제위기 이후의 사회적 변화가 작용하고 있다는 설명이다. 시민사회단체 활동가들은 이런 현실을 위태로운 상황으로 느끼고 있다.

97년 경제위기의 충격은 많은 시민들에게 비효율, 경쟁에서의 탈락, 낙오에 대한 공포와 불안을 극대화했고, 세계적 경쟁체제에서 살아남아야 한다는 미명 아래 진행된 지난 10년간의 구조조정은 심각한 양극화를 낳았다. 그 과정에서 탈락과 낙오에 대한 공포와 불안은 경쟁과 효율, 살아남기와 부의 축적에 대한 강박으로 내면화되었다. 경쟁과 효율을 최고로 여기는 시장 원리가 시민사회 내부로 깊이 스며든 이런 현실을 성공회대 김동춘 교수는 '기업사회'[5]라 이름 붙였다.

한국여성민우회의 정은숙은 그런 변화가 시민운동에 미친 영향을 이렇게 전한다.

IMF 이후 여성운동이 많이 후퇴를 했죠. "아빠, 힘내세요" 그러면서 부성애를 자극하는, 가족들 안에서의 힘든 가장의 모습, 그래서 여태까지 10년 동안 쌓아왔던 여성운동의 내용을 일순간에 무너뜨리면서 감성적으로 확 접근해버리니까요. 그러니까 여성운동은 헤쳐나가기가 굉장히 힘들었어요. (정은숙)

여성운동은 민주화 이후 다른 어떤 분야보다도 눈에 띄게 진전하고 또 구체적인 성과를 올린 분야로 평가받는다. 군가산점제 폐지나 여성할당제와 성매매특별법 제정, 호주제 폐지 등 제도적 개선에서 괄목할 만한 성과를 거두었을 뿐 아니라, 젊은 페미니스트 그룹, 문화예술 분야, 생활상의 여러 요구에 기초한 다양한 여성단체와 모임들이 기존의 가부장적이고 성별 분업적인 의식과 문화에 문제를 제기하여 사회전반에 성인지적 관점을 확산시켰다.

그런데 정은숙의 지적처럼 경제위기 이후 몇년간 여성운동은 거의 '반동'에 가까운 어려움에 직면해야 했다. 당장 정리해고와 실직을 걱정해야 하는 상황에서 생계부양과 가사노동으로 성별 분업화된 가부장제에 대한 문제제기는 일종의 '사치'나 '배부른 소리'로 밀려났고, 가족을 지켜내는 일이 곧 힘들고 고달픈 '아빠'의 자리, 아빠의 권위를 지켜주는 일과 동일시되는 정서적 흐름이 형성되었다. 그 속에서 남성보다는 여성을 먼저 정리해고하는 불평등도 묵인되었으며, 양성평등을 둘러싼 담론의 정당성이나 설득력이 전반적으로 약화되었다. 치열한 경쟁에서 살아남는 것이 가장 절박한 문제가 되면서 다른 가치들은 후순위로 밀리는, 이른바 '생존지상주의'가 형성된 것이다. 2007년 대선에서 '경제 살리기'가 다른 모든 정책공약을 압도한 것도 같은 맥락으로 이해할 수 있다.

> 예전보다 요즘 무관심해진 것이 신경이 쓰이죠. 운동이라는 게 좀 신나서 하는 맛이 있어야 하잖아요. 잘했다고 박수도 쳐주고, 하다못해 욕이라도 해주면 좋은데 무슨 조사를 하든 누구 하나 거들떠보지 않는 분위기가 좀 걱정이 되기도 하고 스스로 지치기도 하고 그렇습니다. (신태중)

함께하는 시민행동의 신태중은 돈을 잘 버는 대학동창을 봐도 부럽다기보다는 '얻는 게 있으니 더 불안하지 않을까' 싶고, 활동가라고 해서 지나친 소명의식이나 책임감을 가질 필요는 없다고 생각하며, '늘 배우면서 즐겁게 일하는 것'을 인생의 비전으로 삼고 있는 활동가이다. 그런데 경제위기 이후 10년이 흐른 지금의 시민사회 분위기는 그런 그조차도 지치게 한다. "하다못해 욕이라도 해주면 좋은데" 시민들이 여러 공적 의제들이나 그를 둘러싼 시민사회단체의 활동에 아예 무관심한 듯해서 시민사회의 앞날이 걱정되기도 하고 개인적으로도 힘이 빠진다는 것이다.

그러나 삶은 계속된다

과천에서 활동하고 있는 '푸른 내일을 위한 여성들'은 1992년 과천 아파트 단지의 재활용 캠페인에서 시작된 단체이다. 친환경적인 삶에 관심이 있던 주부들이 모여, 집에서 쓰지 않는 물건을 가져 오면 폐지로 만든 휴지나 폐식용유로 만든 비누를 주는 활동을 시작했다. 그런데 주민들의 호응이 좋아 2년 뒤에는 이것이 벼룩시장 같은 알뜰시장으로 발전했다.

그리고 또다시 2년 뒤에는 당시 준공된 과천시민회관 지하 2층에 상설
공간을 마련하게 되었고, 다시 2년 뒤에는 '녹색가게'란 이름으로 시민회
관 2층에 20평 공간을 확보하게 된다. 그런데 지하 5평 공간에서 지상 20
평 공간으로 올라올 수 있었던 결정적인 계기가 IMF 사태였다.

이듬해 97년에 IMF가 발생하면서, 경제적으로 굉장히 힘든 상황이 닥쳐오니
까 재활용 매장이 많은 주목을 받게 됐어요. 갑자기 이용객 수가 엄청 불어난
거죠. 조그마한 매장에서 이 많은 물품과 이용객들을 수용하기에는 부족해
서 시에 다시 더 넓은 공간이 필요하다고 요청한 거죠. 그래서 마련된 게 지
금의 2층, 녹색가게로 올라오게 됐어요. (박헌미)

경제위기로 재활용 매장을 이용하는 주부들의 수가 폭증하면서 시에
공간 확장을 요청할 수 있었고, 이는 다시금 활동 반경을 넓히는 토대가
되었다. 매장운영으로 수익금이 생기면서 수익금을 지역사회에 환원하
는 후원회 분과가 생겨났고, 자원봉사자들의 공부 모임은 자녀들이나 주
민들의 생태교육 프로그램을 기획하는 교육분과로 발전했다. 회원수가
늘면서 마을별 모임을 꾸리는 마을분과도 구성되고, 쓰지 않는 물품을
새로운 것으로 재창조해내는 수준, 즉 한복천으로 주머니를 만드는 재사
용분과도 생겨났다. 활동이 이처럼 다양해지면서 2004년에는 단체 이름
을 '과천 녹색가게'에서 '과천 푸른 내일을 여는 여성들'로 바꾸게 된다.
　이처럼 지역을 기반으로 하는 풀뿌리단체들은 경제위기 이후 오히려
더욱 조직되고 발전했다. 지역 공부방처럼 저소득층을 위한 복지 써비스
를 제공하는 단체와 자원봉사운동도 이때를 기점으로 본격화되었다. 경
제가 어려워진다고 해서 시민사회가 반드시 보수화하거나 퇴행하는 것
은 아니라는 뜻이다. 사회적 환경과 삶의 조건이 바뀌면 예전에는 못 보

던 것들도 볼 수 있게 되고, 없던 길도 개척하게 된다. 시민들의 삶이 계속되는 한, 상황만 바뀌는 게 아니라 희망의 진로도 바뀌기 때문이다.

> 환경운동의 문제는 (…) 여유를 갖고 할 수 있는 문제다보니 굉장히 어려운 상황이죠. 그래서 이런 문제를 어떻게 극복할 수 있을지 생각해본 끝에 이 환경문제, 환경운동을 실제 경제, 삶의 문제에 연결해서 희망을 주는 쪽으로 가야 한다고 생각했어요. (…) 개개인을 변화시키기는 굉장히 어렵기 때문에. 그래서 환경을 살리는 일자리운동, 환경문제하고 경제문제를 같이 가면서 희망을 주는 쪽으로. 물론 비판적 운동도 해야 되겠지만요. (오성규)

환경정의 오성규 사무총장의 지적처럼 환경운동은 "여유를 갖고 할 수 있는 문제", 다시 말해 '삶의 질'을 고민할 때 비로소 시야에 들어오는 운동이다. 당장 하루의 생계가 어려운 제3세계에서 환경운동이 일어나기 어려운 것, 지역개발 문제를 놓고 환경운동단체가 지역주민으로부터 자주 비난과 비판을 받는 것도 그런 까닭이다. 민주화 이후 이해관계를 둘러싼 갈등이 첨예해지고 다양한 가치들이 경합하면서 '환경을 보존해야 한다'는 당위적 주장으로는 더이상 시민들을 설득하기 힘들어졌다. 거기다 경제 형편이 어려워지면서 환경운동은 설 자리가 더 좁아질 수밖에 없다. 그래서 지금 환경단체들은 "환경문제를 삶의 문제와 연결시키는" 방도를 고민하고 있다. 이를테면 환경을 살리면서 일자리도 창출할 수 있는 프로젝트를 모색하고 있는 것이다.

경제위기 이후 10년, 특히 최근 몇년 사이에 우리사회에 형성된 분위기, 이를테면 "부자 되세요!"가 최고의 덕담이 되고, 인문학은 시들어가는데 재테크와 처세술에 대한 책과 정보는 넘쳐나고, 사교육비가 엄청나게 증가하는 현실은 건강한 사회의 징표가 아니다. 그러나 이것을 시민사회의 보수화나 퇴행으로 섣불리 단정지을 수는 없다. 개인으로서 시민은 그들의 의지와는 상관없이 사회 전반의 구조적 변동에 편입될 수밖에 없기 때문이다. 그런데 바로 그러한 점 때문에 개인이 무력해지는 시기일수록, 다시 말해 구조적 변동이 일어나는 때일수록 시민사회단체의 역할이 중요하다. 현실의 냉엄함과 압박에도 불구하고, 삶이 계속되는 한, 함께 어울려 사는 공동체가 존속되는 한, 더 안전하고 평화로운 삶, 더 평등하고 정의로운 공동체를 향한 시민들의 꿈도 지속될 수밖에 없다. 그것을 한데 모으고 묶어 집단이성으로 조직하는 것이 시민사회단체의 몫이다.

힘은 어디에서 오는가

최근 몇년간의 사회 분위기를 두고 많은 사람들이 걱정을 하며 '시민운동 위기론'도 등장했다. 시민사회단체를 바라보는 시민들의 시선이 예전에 비해 호의적이지 않고, 회원 모집이나 활동, 시민단체들이 제기하는 의제에 대한 관심도 덜하다는 평가이다. 정도의 차이는 있지만 많은 활동가들이 그러한 현상을 지적하고 우려나 걱정을 덧붙였다. 그러나 그렇지 않은 활동가들도 많았다.

정토회의 유정길은 그중에서도 가장 낙관적이고 희망적인 견해를 피력했다.

어떤 사람이 고아원에 가서 계속 아이들을 씻겨줍니다. 이런 것을 운동적인 관점에서 바라보면 '그래가지고 언제 정권이 바뀌나'라고 생각해서 저건 운동도 아니라고 하잖아요. 하지만 자본주의적이고 비도덕적인 사회를 비자본주의적인 사회로 확장해나가는 것들을 다 의미있는 운동이라고 한다면 그런 분들도 다 소중한 거죠. 이것들을 굉장히 소중한 것으로 바라보게 되면, 또

운동이라고 바라보게 되면, 시야가 달라진다고 생각해요. 이런 운동이 굉장히 늘고 있거든요. 그런데 전통적인 운동 있잖아요, 소수의 사람들을 중심으로 타격을 가하고 감시하고 비판하는 이런 운동들만을 운동으로 생각한다면 운동이 축소되고 있는 것이 사실이죠.(…) 제가 예전부터 이 일을 했다고 대접받고 이러는데, 오히려 일을 훨씬 잘하고 열심히 헌신적으로 하는 사람들이 많아요. 그런 것들을 보면 감동의 물결이죠. (유정길)

유정길은 과거의 운동, 즉 정권을 바꾸거나 체제를 바꾸는 운동, "소수의 사람들을 중심으로 타격을 가하고 감시하고 비판하는" 운동만을 운동으로 본다면 운동이 축소되고 있다는 데 동의한다. 그러나 그는 그것이 운동의 전부는 아니라고 생각한다. "운동을 바라보는 시야"를 바꾸면 고아원 자원봉사 활동도 운동이라고 할 수 있으며, 그런 기준으로 보면 오히려 굉장히 확대되고 있다는 것이다. 정토회가 하는 '빈그릇운동'처럼 작은 단위로나마 생활양식을 생태적으로 바꾸는 운동, 육아협동조합이나 생활협동조합 같은 협동조합운동, 대안교육운동 같은 것들도 다 소중한 운동이고, 자본주의의 틈새에서 솟아나는 그런 다양한 움직임들이 확장되어 자본주의의 한계와 약점을 극복하는 길을 만들어나갈 수 있다고 그는 생각한다. 우리가 꿈꾸는 사회는 이미 기획되어 정해져 있는 것이 아니라, 우리가 지향하는 가치를 따라 실천하는 만큼 현실화된다는 것이다. 물론 타격을 가하고 감시하고 비판하는 운동도 필요하고 나름의 고유한 역할을 하지만, 그것만으로 운동이 구성되어서는 안된다고 생각한다.

그런 점에서 그는 앞으로의 시민운동은 상근 실무자를 중심으로 하는 운동을 지양해야 한다고 생각한다. 시민들의 마음속에 깃들어 있는 "선의지(善意志)"에 주목하고 그것을 모아서 조직화하는 것, 즉 주부는 주부대로, 직장인은 직장인대로, 명예퇴직한 사람은 또 그 사람대로, 시간 나는 대로 틈틈이 자기가 할 수 있는 방식으로 참여할 수 있는 '참여와 실천의 기회'를 광범위하고 다양하게 제공해야 한다는 것이다. 그러면서 그는 틈틈이 정토회에 와서 고장난 것들을 수리하고 가는 지하철 기관사, 한달에 한번씩 와서 발송작업을 도와주는 기업체 사장을 예로 들었다. 자신은 오랫동안 시민운동을 해왔다고 어디 가도 대접받지만, 맡은 일을 수행하는 열심이나 헌신성을 보면 오히려 그분들에게 감동받을 때가 많다고 그는 말한다.

우리 시민사회의 진로와 관련해 눈에 띄는 점은 사무실에서 자료와 통계를 뒤지고 전문가들을 상대하는 활동가보다는 시민들을 직접 만나는 활동가, 중앙보다는 지역에 근거를 둔 활동가, 체제와 구조, 제도보다는 생활세계의 문제에 익숙한 활동가들이 더 밝고 낙관적인 견해를 가지고 있다는 것이다.

> 퀵써비스, 학원차량 기사들을 만나서 많이 배웠어요. 학원차량 기사하시는 60대 분들을 만나 두시간 막걸리 걸치고 이야기하는 거죠. 살아온 이야기부터 자식 이야기까지. 다 듣고 있으면 사실 제가 건질 내용이 그리 많지 않아요. 다만 사람을 자꾸 알아가고, 삶을 알아가는 것이 정말 즐거운 일인 것 같더라고요. 선생님들 만나고 관련 운동가들을 만나 뭔가 배우는 것도 참 중요한 일인데, 생활 속에서 만나는 사람들의 목소리를 듣지 않으면 안된다는 마음이 있어요. 그런 것이 운동하면서 가장 즐거운 일이었어요. (신태중)

함께하는 시민행동은 온라인에서 많은 활동을 한다. 신대중도 대외적으로 발언하거나 정보와 의제를 확산시키고 공유하고자 할 때는 온라인이 효과적이라고 평가했다. 그러나 그는 "사례를 보거나 이야기를 하거나 알려고 할 때는" 직접 가서 만나는 것이 훨씬 더 좋다면서 자신의 경험을 들려주었다. 특수고용직 실태를 조사하기 위해 퀵써비스, 학원차량 기사들을 만나러 다닌 적이 있는데, 그때가 최근 몇년간의 활동중에서 가장 즐거웠다는 것이다. 우여곡절과 파란만장한 이력을 간직하고 계신 분들이지만 특수고용직의 실태, 문제의 핵심, 적합한 정책 설계, 제도화의 가능성 같은 구조적인 것들을 파악하기 위해서는 통계와 자료, 논문을 뒤적이고 학계나 법조계의 전문가들을 만나는 게 당사자들을 만나는 것보다 효율적일 수 있었다. 그렇지만 신태중은 그렇게 사람들을 만나고 이야기 나누는 것이 좋았다고 말한다.

아름다운 재단의 윤정숙도 신태중과 비슷한 취지로 이야기한다.

그나마 내가 생동감을 느끼는 건 지역에 갔을 때예요. 지역 주부들 만나서, 아등바등 뭔가 해내려고 하고 있는, 돈도 없고 자원도 없는 〔상태인데〕, 훨씬 더 자신을 변화시키는 운동을 하고 있는 것이 그들이라는 것을 알게 됐어요. 활동가들은 훨씬 관념적이고요. (…) 오히려 왕년에 운동하다가 주부가 되어서 지역에 살면서 지역운동한다는 사람들이 더 문제였던 것 같아요. 지역운동을 자기 식으로 확 〔몰고 가면서〕 보통 주부들 혼내고(웃음), 쎄미나하자고, 회의하자 그러면서요. 제가 만들어낸 말이 있어요. "나는 은혜 받으러 지역에 간다" "은혜 받고 왔다" (…) 〔지방에서〕 강의가 끝나고 나면 저는 한수 배우고 가는 거예요. 도대체 제가 뭘 가르치겠어요? 그리고 살아 있다는 느낌도 받고요. (윤정숙)

윤정숙은 1987년 한국여성민우회에서 활동을 시작해 대표까지 역임한, 시민사회단체의 대표적인 '얼굴' 가운데 한명이라고 할 수 있다. 그런데 그는 대표 시절, 운동이 "좀 재미가 없어졌다"고 한다. 대표가 되고 나니 다른 단체들의 대표나 사무처장급을 주로 만나게 되고, 무슨 연대할 사안이라도 생겨서 그런 사람들과 만나면 회의만 거듭하고, 빠질 수 없는 행사에 나가 축사를 하고 후원금 모으느라 바쁘고, 국민의 정부가 들어선 뒤로는 시민사회 대표로 위원회에 들어가 "거버넌스(관리) 하느라 바쁜" 생활의 연속이었다. 그렇게 몇년을 지내다보니 "발이 땅에 닿지 않는 것" 같은 느낌이 들었고, 연륜이 비슷한 다른 활동가들을 만나면 세상은 달라졌는데 활동가들의 관점이나 태도는 그대로인 것 같아 답답했다. 그런데 종종 대표 자격으로 지역조직에 내려가 강의를 해보니 그 모임들은 달랐다.

"보통 주부들", 즉 세상을 해석하는 거대한 담론 같은 것을 공부해본 적도 누군가를 가르칠 만한 체계적인 지식도 없는, 다만 주부로서 일상에서 느끼는 문제의식에서 출발하여 "저, 이런 경험했는데 이건 뭐죠 선생님?" 하고 질문하는 여성들, 무슨 캠페인이라도 하면 '미장원팀' '찜질방팀' 구성하고, "조그마한 쌈지 공원에서 콘써트를 여는 방식"부터 "본부에서는 상상할 수 없는 식의 사업방식"을 생각해내는 여성들, "전혀 모르는 아파트 문을 두드려서 그 사람하고 친구가 되고" "엘리베이터를 이용해 홍보를 하고 부녀회장을 설득시켜" 일을 성사시키는 여성들에게서 그는 자신을 포함한 '계몽적 운동가'에게서는 볼 수 없는 힘과 생동감을 느꼈다. 그들을 보면서 새로이 힘을 얻는 일, 그것을 윤정숙은 종교적 어법을 빌려 "은혜 받고 온다"고 표현한다. 그러면서 그는 한때 운동을 하다 지역운동에 다시 결합한 예전의 활동가들이 그런 곳에서도 "쎄미나 하자, 회의하자" 하면서 기존의 방식을 반복하는 걸 보고 이렇게 자문하게 되었다고 한다. "도대체 힘은 어디에서 오는가?"

함께하는 시민행동의 신태중이 퀵써비스 기사나 60대의 학원차량 기사를 만나 이런저런 이야기를 나눈 것이 그토록 좋았던 것도 윤정숙이 말하는 그 '힘'을 느꼈기 때문일 것이다. 신태중은 그것을 "사람을 알아가고 삶을 알아가는 것"이라고 표현하는데, 아마도 그것은 우리가 살아가는 삶, 기쁨과 슬픔, 억압과 저항, 의문과 해답이 뒤얽힌, 때로는 절망스럽지만 이 세상 모든 운동의 출발점, 즉 모든 희망의 거처인 삶 자체가 주는 힘일 것이다.

보통사람들의 나날의 삶이 '힘'의 근원이라고 해서 운동적 기획이 중요하지 않은 것은 아니다. 지역이나 풀뿌리 조직에서 시민들의 생명력과 창의성을 조직하는 것이 중요하다고 해서 '중앙'의 정책적 노력이 덜 중요한 것은 아니며, 운동과 생활의 경계를 허무는 대중성이 중요하다고 해서 전략이나 전문성을 가볍게 여겨서도 안된다.

1997년 경제위기로 한국에는 전지구적 금융자본주의 정책들이 본격적으로 실행되기 시작했다. 이러한 변화가 개인의 물적 조건과 고용 등의 사회적 관계, 문화적 의식 등에 미치는 파급력으로 보자면 시민사회에 미치는 영향도 대단한 것이다. 환경정의 사무총장 오성규는 이것을 모든 영역이 "경쟁씨스템"으로 전환되는 것으로 규정한다. 경쟁에서 살아남아 생존해야 한다는 것 자체가 타인과의 관계를 왜곡하고, 개인의 불안을 야기한다. 이러한 변화를 추동하는 근저에 깔린 신자유주의는 그 의미의 편차가 매우 크다. 자본가에게 신자유주의는 금융의 장벽을 허물어 자유무역을 강화하며, 노동의 유연성을 증대해 이윤을 향상시키는 것이다. 그러나 다수의 사람들에게—그것을 인식하든 그렇지 못하든 간에—신자유주의의 의미는 과거 자유주의를 통해 실현되었던 장시간 노동, 저임금 형태의 임금착취뿐 아니라, 불안정 고용, 물과 전기·주파수 같은 공공재에 대한 사유화·민영화 등으로 실현되면서 더 일상화되고 불가피한 삶의 조건이 되고 있다.

때로는 환경파괴, 개발에 따른 강제이주 등이 풀뿌리 공간은 물론, 역사적이고 문화적인 시공간에 불평등한 변화를 낳기도 한다. 시민사회가 이러한 변화에 어떻게 대응해갈 것인가는 여전히 중요한 문제로 남아 있다. 이러한 상황에서 시민사회운동 활동가들은 중앙만으로는 불가능하다는 것, 기획만으로는 불충분하다는 것, 이론은 광대한 삶 속에서 추상되어 올라온다는 것을 경험하고 있다. 이러한 경험들이 개인적 저장소에 갇혀 소멸되기보다 시민사회 전체의 경험으로 더 깊이 사유되고 성찰되기를, 그리하여 우리 시민사회가 또다른 희망의 길을 찾는 데 유용한 나침반이 되기를 기대한다.

3장

사회적 소통과 시민사회

| 이선미 |

　한국에서 시민사회는 민주화운동이라는 역사적 맥락에서 형성되었기 때문에 '시민운동'과 동일시되는 경향이 있다. 사회운동은 일정한 조직을 갖추고 특정한 방향으로의 사회변화를 목표로 하는 의도적인 움직임을 뜻한다. 따라서 자칫 시민사회의 핵심인 사회적 소통이 무시되기 쉽다. 그러나 시민사회의 핵심적 역할은 사회적 소통공간을 제공하는 것이다.

　80년대 이후 전세계적으로 시민사회 개념의 확산에 중요한 역할을 한 독일의 철학자 하버마스(2004)는 "생활세계의 식민화"라는 주장을 통해 이러한 소통의 상실을 비판하였다. 19세기 쌀롱, 클럽 등에서 문화적 공론장으로 시작하여 정치적 공론장으로까지 성장한 서구의 사례를 들면서, 하버마스는 돈과 권력의 체계적 지배가 확산되기 전에는 이러한 소통의 공간이 살아 있었다고 주장한다. 반면, 이 시대 사람들은 국가의 관료제와 시장의 법칙이 지배하는 세상을 당연하게 받아들이고 개인적으로 그 상황에 적응하기 위해서 노력하고 있는데, 이는 시민사회의 사회적 소통 및 여론형성 공간 역할이 점차 약화되고 있음을 반영한다는 것이다. 그의 주장에 따르면, 화폐와 관료제의 권력이 점차 강화되는 시대에, 시민사회는 사람과 사람 사이의 진솔하고 평등한 소통을 강화시켜 인간을 해방하는 힘으로 작용해야 한다. 물론 시민사회가 돈과 권력이 지배하는 이 시대 상황으로부터 완전히 자유로울 수는 없다. 그러나 그 지배에서 자유로운 사람들의 소통 실험이 이루어지는 곳이기 때문에 의미있다. 우리의 시민사회도 예외가 아니다. 한국여성민우회의 정은숙 사무처장이 말한 것처럼, 시민사회는 "누구나 소통하고 누구나 말할 수 있는" 사회로 나아가기 위해 노력하는 우리 모두를 위한 실험실이다.

이 장에서는 80년대 사회운동가로서의 정체성을 가지고 '운동'을 하던 구술자들이 일반 시민들의 반응에 눈을 돌리면서 소통의 중요성과 기술을 익히게 된 과정 그리고 평범한 시민으로 살던 구술자들이 시민사회단체 참여를 통해 그 전에는 알지 못했던 공적 소통의 중요성과 기술을 배워가는 과정들을 다룬다. 이를 통해 우리는 시민사회가 소통이 막힌 사회에서 불완전하나마 소통의 맥을 터주는 공간임을 확인할 수 있게 될 것이다. 동시에 그것이 얼마나 복잡하고 갈등도 낳는 지난한 과정인지도 엿볼 수 있을 것이다.

1. '타자'와의 소통

돈이나 권력으로 맺어진 인간관계가 아닌, 사람으로서 진솔한 소통을 경험해보았는가. 역할과 책임 권한의 엄격한 경계가 주어지는 관료제, 화폐를 매개로 한 자본주의가 확산되면서 이러한 소통의 가능성은 점차 줄어들었다. 이런 상황에서 우리는 다른 사람과의 의사소통보다는 기능적으로 주어진 일을 수행하는 데 최선을 다하고 상황에 잘 적응하는 것을 더 중요하게 생각하는 경향이 있다. 그러면서도 다른 사람과의 소통에 목말라하는 것도 사실이다. 최근 사회과학자들이 이 문제에 관심을 집중하고 있다. 정치학자들은 민주주의의 중대라는 맥락에서, 공적 문제에 관한 의사결정과정에 사람들이 참여하는 정도, 이때 이루어지는 소통의 정도, 이러한 소통을 가능케 하는 제도 등에 관심을 갖는다. 한편 경제학자들은 사회적 소통의 결과 생긴 신뢰와 호혜성의 규범이 안정적인 경제활동의 기반이 되고 거래비용을 낮추어 경제성장에 도움이 된다고 생각한다. 이들 모두에게 시민사회는 집합적 의사소통이 이루어지는 공간으로 그 중요성을 인정받고 있다. 이때 관심의 촛점은 시민사회가 민주주의와 경제성장에 미치는 영향이다.

그런데 활동가 개인에게 시민사회는 집합적 의견과 여론이 형성되는 곳일 뿐 아니라 지속적으로 의견 차이를 확인하고 그 가운데서 소통의 기술을 익히는 곳이기도 하다. 일반적으로 직장, 가족 어느 곳에서도 수평적이고 개방된 의사소통을 해본 경험이 없기 때문이다. 활동가들의 시민사회단체 경험은 시민사회 안에서 어떤 소통의 메커니즘이 작동하는지를 밝히는 데 도움이 될 것이다.

성찰

소통의 출발점은 활동가들의 자기성찰이다. 성찰은 타인과의 만남을 통해 자신이 당연시하던 것을 의심하고, 결국 나를 변화시키는 과정을 의미한다. 시민사회단체 활동가들은 자발적으로, 그리고 매우 의식적으로 자신과 다른 부류의 사람들과 만나 '이웃'이 되는 모험을 시작한다. 다른 사람과 소통하는 것은 기존에 이웃이었던 사람들과 소통할 때 사용했던 '당연시되는 전제'를 의심하고 버릴 때만이 가능해진다. 새로운 이웃을 만드는 과정은 지금까지 자신의 이웃이라고 믿던 '우리'라는 범주를 허무는 과정이다. 정치학자 카훈(2001)은 시민사회에서 지금까지 알지 못했던 다른 종류의 사람들과 만나는 경험을, "낯선 사람이 이웃, 친구가 되는 경험"이라고 표현했는데, 구술자들의 경험은 이런 만남의 과정이 얼마나 외롭고 힘든 성찰을 포함하는지, 그러면서도 얼마나 의미있는 것인지를 보여준다.

안병옥 환경운동연합 사무총장은 환경운동을 하면서 특히 다른 사람의 의견을 많이 듣고, 다른 사람의 눈으로 나를 보는 노력이 중요하다는 것을 깨닫게 되었다.

> 이야기를 듣는 훈련이 많이 필요한 것 같아요. 시민운동 활동가인 저조차도 그렇고. 내 이야기를 먼저 하기보다는 다른 사람들의 이야기를, 아이디어나 의견, 창조적인 생각들이 나올 수 있도록 배려해주고 조건을 만들어주는 게 굉장히 중요한 것 같아요. 내가 하는 것도 운동이지만 다른 사람을 여기에 참여하게 하는 게 사실은 운동의 본령이잖아요. (안병옥)

그는 "(환경운동을 하는) 나를 지켜보고 있는 사람들, 그런 사람들의 눈으로 문제를 볼 필요가 있"음을 알게 되었다고 말한다. 이는 결국 다른 사람에게 비치는 나를 대면하는 과정이다. 이를 위해 특히 남의 말을 듣는 게 중요하다고 생각하는데, 그에게 이것은 "훈련"이다.

아름다운 재단의 윤정숙 이사는 근본적으로 의심하는 태도를 중시한다. 윤정숙은 여성학을 공부하기 시작하면서 "모든 것을 의심하는" 태도를 갖게 되었다. 노동운동에서도 여전히 지속되는 가부장적 관계에 대한 회의, 젊은 페미니스트들의 주장에서 오는 혼란 등을 체험하면서 자신이 지금까지 당연하게 생각하던 것을 '과연 진짜 그럴까'라고 의심하게 되었고, 때마침 여성학을 공부함으로써 다른 관점, 다른 방식으로 생각해보는 훈련을 하게 된 것이다. 그러면서 자신이 참여했던 지금까지의 여성운동 방식에 대해서도, "일상에서 의제를 뽑지 못하"고 "일상을 굉장히 하찮게 여겼다"는 문제점을 발견하게 된다. 활동가들이 이런 식으로 모든 결론을 의심하기 시작하는 까닭은, 새로운 답을 구하기 위해서이다. 새로운 답과 그 결과 생긴 새로운 언어는 이전에 가깝던 사람과는 좀더 멀리, 이전에 멀었던 사람과는 좀더 가깝게 하는 기능을 한다.

활동가들이 통과한 성찰의 마지막 자리는 바로 '나'의 변화이다. 내가 변했기 때문에, 지금까지의 내가 재미있고 의미있게 생각했던 것들에 회의를 느끼게 되는 반면 의미있게 보지 않던 것들을 재발견하게 된다. 예를 들어, 윤정숙은 성찰의 과정을 통해 자신이 "선도적인 운동가형, 계몽적 운동가형의 틀"을 가졌던 것을 비판적으로 보게 되었고 그 결과 지역사회에서 아줌마들의 선거방식의 새로움과 의미를 다시 보게 되었다. 윤정숙의 경험은 시민운동이 결국은 나 바깥에 있는 무언가를 변화시키는 활동이며, 거기에는 자신을 끊임없이 변화시키는 과정도 포함되어 있음을 말해준다. 그 핵심에는 다른 사람과의 지속적인 만남에서 이루어지는 자기성찰이 있다.

유정길 에코붓다 대표에게는 자기성찰이 종교와 사회운동을 연결시키는 중요한 매개였다. 그는 80년대 중반 이후 종교 관련 시민단체에서 활동하면서 연구와 교육에 몰두했다. 이 과정에서 그는 자신을 포함한, "우리 운동했던 사람들"이 자기 밖에 있는 것들을 비판하고 반대하고 분석하는 것에 익숙해진 것을 반성하고, 궁극적으로 사회와 개인의 변화가 함께 진행되어야 한다는 것을 깨닫게 된다. 그는 사회운동을 할 때 부여잡고 있던 '무엇이 옳다'는 가치 척도를 내려놓고 나니, 지금까지 보지 못하던 것들을 보게 되었다고 말한다.

그리고 환경문제도 단순한 환경이 아니고, 생명운동으로 확장되어야 한다는 데 생각에 이른다. 또한 사회변화도 정치권력을 획득하는 방식이 아니라, 풀뿌리 네트워크를 통해서 가능하다는 생각도 갖게 된다. 그러면서 자신이 몸담고 있던 불교 자체에 대해서도 새로이 눈뜨게 된다. 종교 활동 역시 내적 깨달음에만 국한하지 않고 사회참여와 봉사를 결합시켜야 한다고 믿게 된 것이다. 종교와 사회운동이 성찰을 통해 연결된 것이다.

성찰이 시민사회단체의 상근 활동가, 사회운동가의 전유물은 아니다. 아이들을 기르는 동안 사회적 소통에서 배제된 전업주부에게는, 삼삼오오 모여 다른 사람과 함께 책 읽고 토론하는 작은 모임들이 자기성찰에 중요한 역할을 한다. 실제로 '녹색삶을 위한 여성들의 모임'의 김미선이나 '푸른 내일을 여는 여성들'의 박헌미 등에게, 이런 작은 모임들은 전업주부였던 자신들에게 "공부"를 통한 성찰의 장을 제공했다. 박헌미는 환경, 시민단체 등의 전문적인 주제를 정해서 책을 읽고 토론하는 모임을 통해 "사회에 대해 조금 다른 시각으로 볼 수 있는 시선을 가지게" 됐다고 말한다.

제가 가진 자가 아니면서도 꼭 가진 자인 척 그런 입장에서 다른 사람을 바라봤는데, 꼭 그것만은 아니구나, 내가 가진 것도 없는데 왜 그런 척을 했을까 하는 생각이 책읽기 과정을 통해서 들게 되더라고요. 그리고 여자들은 이러이러한 것이 이렇게 행동하는 것이 당연하다고 생각했던 것들을 책읽기 모임을 통해서 아 그것이 다가 아니구나, 나는 교육받은 대로만 보아왔구나라는 것을 모임을 통해서 조금씩 깨쳐나갔죠. (박헌미)

‘나’의 변화는 생각 혹은 선호의 변화로 끝나지 않는다. 그것은 나뿐 아니라 우리 모두가 지속적으로 기존 생활방식을 바꾸도록 격려한다. 유정길의 정토회가 벌이는 ‘빈그릇운동’이나 유미화의 안산 녹색소비자연대가 벌이는 ‘녹색소비운동’ 등은 이러한 노력이 프로그램으로 전환된 많은 사례들의 일부일 뿐이다. 유미화 사무국장은 이런, 자기 생활을 변화시키는 운동이 결국 제도와 구조를 바꾸는 운동을 성공으로 이끄는 지름길이라고 믿는다. 그녀의 단체는 실제로 이 운동을 기반으로 경기 지역에서 녹색구매와 관련된 생산·유통 기업들을 지원하는 조례를 만들고자 한다. 민주사회를 위한 변호사모임의 김남근 민생경제위원장 역시 “실천”과 “나의 변화”는 “변증법적” 관계에 있다고 말한다. 사회제도의 변화와 나의 변화가 선후의 문제가 아니며, 함께 가야 하는 것이라는 생각에는 유정길도 동감한다. 그의 다음 구술은 성찰의 이러한 순환적 과정을 잘 표현하고 있다.

구조화는 과정 속에서의 결과, 중간적인 결과일 뿐이지 궁극적으로 결국 모든 사회변화라는 게 ‘내’가 변화되어야 하는 것이거든요. 내 의식이 변화가 되어야 하고, 주변을 변화시키고 사회를 변화시키면서 궁극적인 혁명의 완성은 다시 나에게 돌아온다고 봐요. 내가 변화된 것만 가지고 혁명의 끝이 아니잖아요. 구조가 변화되어야만 온전히 다른 것으로 변화할 수 있기 때문에, 저는 그래서 모든 혁명을 나로 시작해서 나로 귀결된다고 생각해요. (김남근)

그러나 모든 활동가들은 자기성찰을 통한 사회변화가 얼마나 더디며 어려운지 잘 알고 있다. 한국YMCA 전국연맹의 이필구 정책실장은 이러한 어려움이 성찰을 어렵게 하는 구조에서 비롯된다고 본다. “개인도 성찰의 과정을 밟기가 어려운 구조고, 조직도 성찰의 과정을 밟기가 어려운 구조에 있다"는 이야기다. 이들의 구술은 개인의 행위가 그가 존재하는 구조 속에서 이루어지며, 구조는 개인의 행위를 통해 재생산된다는 사회학적 인식을 대변한다. 개인이 성찰하기 어려운 것은, 개인만의 문제라기보다 오늘날의 조직이 배려와 더불어 살기보다 경쟁과 효율을 추구하는 방식으로 구조화되어 있기 때문이다. 개인이 사회적 존재인 한, 그러한 조직의 구조화 방식을 떠나 온전히 자유로운 선택을 하기는 쉽지 않다. 그러나 이러한 어려움을 직시하면서도 '나'뿐 아니라 '우리'의 성찰을 위해 노력하는 것이야말로 시민사회단체 활동가들이 사회적 소통의 매개자로서 아름다운 이유이다.

다름, 차이와의 동거

사람과 삶을 이야기하기 위해서는 다름과 차이를 인정하려는 의식적인 노력이 필수적이다. 체계는 획일화하지만, 사람과 삶은 다양하기 때문이다. 만약 시민사회가 단순하게, 동질감을 느끼는 비슷한 사람들끼리 만나 놀고 가끔 협의도 하고 경우에 따라 공동으로 일을 기획하고 추진하는 곳이라면, 시민사회의 부활이 그토록 강조되지는 않았을 것이다. 현대사회에서 시민사회 역할의 촛점은 다른 데 있다. 서로 다른 사람들이 물리적으로는 점점 가까워지고 있는데, 사회적으로는 그렇지 못하다면 당연히 갈등과 긴장이 심각해질 것이다. 이러한 맥락에서 활발한 시민사회는 나와 사회적 관계를 맺는 사람들의 범위를 가족, 친구, 가까운 이웃을 넘어 더 넓게 확장함으로써, 인류가 직면한 갈등과 긴장의 위험성을 낮출 수 있는 대안이다.

회사나 공장에 취직해서 일해보거나 농사를 지어본 경험도 없고, 그리고 보면 지식인인 내가 세상을 볼 수 있는 관점을 한계 속에 가둬두는 측면이 있다

고 생각하거든요. 그래서 저와 비슷한 사람들 말고, 좀 다른 사람들을 만나는
게 굉장히 좋아요. 옛날에 젊었을 때도 그랬어요. 새만금에 관심 갖고 연배가
비슷한 친구들하고는 격의 없이 말을 놓아요. 〔친구들은〕중학교 졸업하고
그야말로 어부로만 살아왔고, 저는 공부를 어떻게 보면 원없이 했던 사람이
어서, 새만금 문제가 없었으면 만날 기회가 거의 없었을 텐데 (…) 그런 과정
을 통해서 만나서 얘기를 하게 되면 입장이 다를 때도 있지만, 그 사람의 진
심을 의심〔하기 힘든〕그런 인간관계를 발견할 수 있다는 거죠. (…) 제가 모
르는 삶을 보면서 배우는 것도 많고. (…) 또 상대편도 전혀 경험하지 못했던
사람을 접하면서 가지고 있던 편견이나 (…) 예를 들어서 연구를 했다, 공부
를 많이 하면 어떻게 할 줄 알았는데 전혀 그렇지 않다, 똑같은 사람이다.
(…) 서로 허심탄회하게 얘기할 수 있고, 그런 걸 느껴간다는 확신이 들면 그
보다 기분 좋은 일이 없죠. (안병옥)

　안병옥은 시민운동의 장점 중 하나가, 자기와 다른 사람들을 많이 만
날 수 있는 것이라고 생각한다. 그는 제한된 경험 때문에 "세상을 볼 수
있는 관점을 한계 속에 가둬두는" 것의 문제를 지적하면서, 자신과 전혀
다른 인생을 살아온 사람들과 "친구"가 되는 경험이 자신의 인생을 풍요
롭게 한다고 믿는다. 전혀 다른 인생을 살아온 사람들이 서로 "허심탄회
하게 얘기할 수 있고, 그런 걸 느껴간다는 확신" 자체가 매우 즐거운 경
험이기 때문이다.
　자신과 다른 사람을 만난다는 것은 이런 소통의 기쁨을 낳기도 하지
만, 때론 심각한 의견차 때문에 서로를 힘들게 하기도 한다. 유미화의 경
험은 시민사회단체 내부에서도 이런 현상이 예외가 아니라는 것을 잘 보
여준다. 그녀는 자신이 녹색구매운동을 하자고 제안했을 때, 주요 단체
들이나 활동 경력이 오래된 사람들이 관심을 보이지 않는다는 것을 알고

실망한 경험을 이야기한다. 이유를 분석한 결과, 이 문제가 그들에게 "시민운동의 이슈"가 안되기 때문임을 알게 된다. 자신은 주부이자, 지역 여성들을 중심으로 활동하기에 구매, 소비가 매우 중요한 "운동"이며, 모든 운동의 기본이 되어야 한다고 믿는 반면, 다른 운동가들은 그 활동 자체가 일종의 상품 선전밖에 안된다고 생각한 것이다. 이처럼 시민사회단체 활동가들이 어떤 의제를 설정하고 함께 노력할 것인가를 결정하는 것에서부터 경험세계의 차이가 반영된다. 박헌미는 주부로서 단체 일도 힘들었지만 "서로에게 다름을 존중하는 것이 더 힘들다"라고 생각하게 되었다고 말한다. 경험과 관점이 다른 사람들 사이에 생기는 갈등은 책이나 강의 등을 통한 자기성찰만으로 해결되지는 않았다고 고백한다.

> 서로에게 다름이라는 것을 존중한다는 것이 이렇게 힘든가라는 생각이 (…) 이런 것들이 힘드니까 갈등의 해결과정은 또 어떤 식으로 거치나, 또 이런 강의를 듣고 그러면서 '아 그래 맞아, 있는 그대로 받아들이자' 하면서도 실제로 또 부딪히면 이것이 내 맘 같지 않은 게 있어요. 어떤 때는 스트레스도 받지만 또 그게 상처를 받게 되는 경우도 생기더라고요. (유미화)

많은 활동가들이 이러한 스트레스를 경험하고 있었다. 사실 이러한 문제는 시민사회단체만의 문제라기보다는 인관관계의 근본 과제이다. 시민사회단체 활동가들은 의식적으로 다양한 사람들을 찾아나서 '이웃'을 만들려고 노력한다는 점에서 좀더 이 문제에 노출될 가능성이 높을 뿐이다. 결국 잠시 임원직에서 물러나 평회원으로 활동하는 방식으로 '쉼'을 택한 박헌미처럼, 활동가들은 어떤 식으로든 개인 차원에서 이 문제에 대응할 수밖에 없다.

그러나 조직 차원에서 보면, 시민사회 전체가 경험의 다양성을 반영한 활동을 통해 그 다양성을 즐기는 법을 배우는 장으로 재편되어야 할 필요가 있다. 이런 점에서 이전처럼 시민사회가 너무 큰 이슈, 뜨는 이슈를 중심으로 떼지어 움직이는 방식에 대한 유미화의 비판이 의미있게 들린다.

지금은 세분화되는 사회잖아요. 따라서 선택이 여러가지가 있을 수 있는데 그동안 함께했던 사람들 속에서 나와 같은 선택을 하지 않았다고 해서 그 관계와 신뢰까지 깨뜨려서는 안돼요. 다른 선택에 대해서 서로 존중해주고 인정해줘야 돼요. 그래야 이후에 함께 〔힘을〕 모을 수 있지, 하나의 이슈에 대해서 선택이 다르다고 해서 그 관계와 신뢰까지 저버리면 큰 힘을 못 모으는 게 아닌가 생각해요. 이것이 우리가 지혜롭고 현명하게 풀어야 될 과제인 거죠. 그리고 끊임없이 대화를 해야 해요. 예전처럼 대화를 단절시키고 그래선 안되지요. (유미화)

유미화는 시민사회단체도 한뜻으로, 획일적으로 움직이는 것과는 다른 방향의 연대를 고민할 필요가 있다고 말한다. '나와 뜻을 같이하지 않으면 모두 적'이라며 대화를 단절하는 것은 다름과 차이를 인정하지 않는 것이기 때문이다. 다름을 인정하는 연대가 구체적으로 어떤 것인지는 아직 알 수 없지만, 그 새로운 연대의 주춧돌이 유미화가 말한 것처럼 새로운 관계맺음을 경험함으로써 신뢰를 쌓고, 쌓인 "신뢰를 저버리지 않으려는" 태도라는 것은 분명한 것 같다.

합리적 이성과 친밀성
시민사회단체가 조직인 한, 구성원들의 차이를 넘어 결정을 내려야 할 때가 있다. 집합적인 의사결정에 이르는 과정은 학습이 필요한 "시민

적 기술"이다. 민주주의 사회에서 시민사회단체가 시민적 기술의 기초
학습장이라고 하는 이유도 바로 여기에 있다. 특히 공적인 대화와 의사
결정을 해본 경험이 없는 주부 회원들의 경우, 시민사회단체 활동은 그
러한 훈련의 공간이다. 하버마스는 공적 의사소통에서 가장 중요한 원칙
중 하나로, 합리적 이성에 호소하는 논리를 제시하는 사람이 공론장에서
우위를 차지해야 한다고 주장했다. 공론장에서 누구의 의견을 중요하게
생각할 것인가는 발언 내용의 합리성에 근거해야지, 발언자의 사회경제
적 지위에 따라서는 안된다는 것이다. 이 주장이 극단적으로 합리적 의
사소통만을 중요하게 생각한다는 문제가 있기는 하지만, 시민사회에는
지위가 아닌 합리성에 의해 주도되는 공적 대화와 의사결정의 측면이 있
는 것이 사실이다. 주로 주부 활동가들로 구성된 녹색삶을 위한 여성들
의 모임의 김미선의 구술은 주부들로 하여금 합리적 이성이 지배하는 공
적 대화를 학습하게 하고, 그것을 전사회적으로 확산시키는 데 시민사회
단체가 중요한 역할을 할 수 있다는 것을 보여준다

> 고등학교 급식 모니터링 조직을 이끌고 있는데 평가모임을 한다거나 학부모
> 모임을 해보면 개인적인 이야기들이 많아요. 그 의견들을 일반화하는 것들,
> 가정주부들의 경우에는 그런 점이 참 부족하더라고요. 예를 들면 급식 모니
> 터링에서 한 어머니가 말씀을 하세요. 비빔밥이 나오면 그 나물이 너무 길어
> 서 자기 아이는 그걸 못 넘긴다는 거에요. 그래서 잘게 잘라달라고 요구하더
> 라고요. 어머니 아이에 대한 문제이기 때문에 자체적으로 아이가 잘라서 먹
> 도록 지도하십시오라고 말씀을 드렸는데 (…) 학부모모임 같은 모임은 굉장
> 히 개인적인 의제들이 많죠. (김미선)

한 사건을 개인적인 관점에서 보던 것을 '우리'의 관점에서 볼 수 있

게 하는 훈련을 시민사회단체에서 할 수 있다는 것이다. 김미선은 이것
이 훈련이라고 강조한다. 단체에서 자신들이 하는 "회의 자체도 결국 훈
련", 즉 "자신의 생각을 좀 일반화해서 표현할 수 있는 (…) 훈련"이라는
것이다. 주부 자원봉사자로 출발한 과천 푸른 내일을 여는 여성들의 박
헌미도 비슷한 경험을 했다.

> 우리 회원들이 녹색가게에 오면 집에서의 주부로서의 모습은 내려놓고, 여기
> 서는 자원봉사자이지만 전문적인 자원봉사자로서의 모습을 보여줬으면 참
> 좋겠다는 생각을 많이 하게 되요. 근데 그게 좀 힘든가 보더라고요. 얘기하다
> 보면 아줌마들의 특유의 퍼진다든지, 너스레라든지, 뭐 수다라든지 그런 것
> 들이 은연중에 나오는데, 아줌마들은 수다로 〔스트레스를〕 푼다고 그러지만
> 수다에도 격이 있는 것 같아요.(웃음) 그래서 일단 단체에 오면 공적인 영역
> 에 맞게 행동을 잘해주면 서로 도움도 되고 또 외부에서 바라보는 시선도 다르
> 고요. 이상하게 제가 그런 면으로 많이 좀 신경을 쓰게 되더라고요. (박헌미)

박헌미는 주부 자원봉사자들과의 관계에서, 아줌마 특유의 수다를 인
정은 하지만, 좀더 "격"을 높일 필요가 있다고 생각한다. "외부에서 바라
보는 시선"이라는 표현에서, 그녀의 이 말은 다른 집단과의 소통을 의식
한 것임을 알 수 있다. 시민사회는 단체 회원간의 소통뿐 아니라, 그 집
단과 다른 집단 간의 소통도 필요하기 때문에 집단내의 동질성을 강화하
는 것 못지않게 다른 집단과 균형을 맞추는 것이 중요하다. 바로 여기에
단체의 성격과 관계없이 기본적으로 공적 대화를 위한 훈련을 해야 할
필요성이 있다.

그러나 시민사회단체는 구성원들에게 이런 시민적 기술의 학습장임
과 동시에 성과를 내야 하는 조직이기 때문에 딜레마가 생긴다. 더 많은

사람들을 의사결정과정에 포함시켜 훈련하도록 돕는 데는 속도의 문제가 따르기 때문이다. 많은 상근 활동가들이 느리더라도 투명한 과정을 거쳐 집단적 의사결정에 도달하려고 노력하지만, 대개 그것이 쉽지 않다는 것을 깨닫는다. 또한 시민적 기술을 익히지 못한 상태에서 집단적 의사결정에서 핵심 역할을 하는 공적인 지위를 부여받게 되는 경우의 위험성도 엄연히 있다. 유미화는 "직업을 가진 여성들은 사회적인 훈련을 받을 수 있지만 그냥 학교 졸업하고 결혼하고 주부로서 생활하다보면 사회적인 훈련을 받을 수 있는 기회가 없다"는 점을 지적한다. 그런 상태에서 갑자기 사회단체의 임원이 되면 문제가 생기기 쉽다는 것이다.

사회단체를 통해서 임원 자리에 앉잖아요. 그럼 사회화 과정 없이 갑자기 사회적인 지위가 부여되는 거예요. 갑자기 시장을 만나고 어느 만찬 자리, 중요한 결정 자리에 가는 거죠. 위원으로서요. 사회화 경험이 없어서 가면 자기 경험으로써 얘기할 수밖에 없는 거죠. 개인 경험이 풍부하고 훌륭하신 분들도 다수지만 너무 주관적으로 평가하는 경우들이 많거든요. 요구를 무리하게 하는 때도 있고요. 그래서 스스로 실망하고 제가 그 부분에 대해서 다 하지 못했구나라는 자체 평가를 하고 나니 이분들하고 갈등이 많아졌어요. (유미화)

유미화의 경험은 회원형 시민단체가 체계적인 조직을 갖추게 될 경우, 실무를 담당하는 전문가로서의 상근간사와 일반 회원 및 이사 간의 갈등이 생길 수 있음을 보여준다. 상근간사는 '일'을 하는 사람이기 때문에 상시적으로 공적 문제들에 대한 합리적인 대응방식을 익힐 기회가 있지만, 회원이나 이사들은 그렇지 않은 경우가 많기 때문이다. 시민사회단체가 상근 활동가뿐 아니라 회원과 이사들을 포함한 전체 시민사회 이해관계자들에게 합리적 의사결정의 학습장이 되어야 한다고 주장하는 이유이다.

그러나 의사소통, 특히 의사결정이 합리적 이성에 의해서만 이루어지는 것은 결코 아니다. 환경정의 오성규 사무총장의 말에서도 알 수 있듯이, 실제로는 공적인 의사소통이 비공식적인 의사소통과 친밀성에 의해 보완되고 있었다.

> 제가 90년 처음 활동할 때는 그런 문화가 있었던 것 같아요. 어느 단체에서 토론회를 한다 쎄미나를 한다 그러면 일 제쳐놓고 가는 게 개인적으로는 학습의 기회고, 사람들 알고 관계하는 기회이기도 하고 그래서 품앗이 비슷한 문화들이 있었던 것 같은데, 요즘에 보면 어느 단체가 토론회를 한다 해도 가는 사람이 별로 없는 것 같아요. (…) 예전에는 왜 〔연대활동이〕 잘됐을까요? 중견 활동가들 사이에 수평적인 인간적 교류 이런 게 술자리든 뭐든 있었죠. 그리고 그들끼리 알게 모르게 학습모임도 굉장히 많이 했던 거 같고. 그런 게 〔연대활동에〕 상당한 영향을 미쳤던 거 같아요. 양적으로 환경운동이 팽창하다보니까 이제 큰 단체들은 내부에서 대부분 소화되는 경우들이 많고요. 수평적으로 교류하는 부분이 많이 줄어들었지요. 이제는 구조적인 문제인 것 같아요. (오성규)

오성규는 90년대 환경운동에서 연대가 잘되었던 것이 친밀한 관계로 이루어진 문화 때문이었다고 기억한다. 그는 이것을 서로 도와주고, 약속을 지키고, 관계를 지속해가는 품앗이문화라고 표현한다. 시민사회단체간 연대의 기저에는 이런 관계맺음의 문화가 있었다.

더 근본적으로는 근대 시민사회가 오랫동안 추구해왔던 합리성 자체에 의문이 제기되기도 한다. 오성규는 시민운동이 지금까지 추구했던 합리성이 과연 우리사회의 대안인가에 대한 근본적인 고민이 필요하다고 이야기한다. 서구적 합리성과 신자유주의, 근대적 합리성과 성장주의가 결합하는 면이 있다고 생각하기 때문이다. 예를 들어 재벌문제라고 했을 때, 시민단체가 재벌의 세습, 경영비리를 비판하며 경영투명화 등을 주장하는데, 이건 분명 합리적인 것을 추구하는 것이다. 그러나 이렇게 해놓으면 다국적기업이 해지펀드 등을 통해 국내기업을 "다 먹어 삼키는" 일이 발생한다. 때문에 오성규는 합리성만으로는 부족하다고 생각한다. 최근 그는 한국 시민사회가 공동체 같은 전통적 가치를 비판적으로 발전시킬 수 있는 방안을 얼마나 고민했던가 하고 반성한다.

YMCA에서는 생활협동조합 회원들을 '촛불'이라고 부르는데, 이필구는 이들을 중심으로 자원봉사 선거원 활동을 조직하면서 주부들 '수다' 문화의 가치를 재발견하게 되었다. 주부들의 용기에서 출발한 조그마한 변화가 결국 냉소적이었던 남편들까지 변화시킨 것을 보면서 큰 감동을 얻은 것이다. 그리고 이러한 변화에 주부들의 비공식적인 어울림과 수다의 문화가 있었다는 것을 발견한다.

일주일에 두번씩 생협 공급을 했었는데요, 선거운동 때문에 새벽에 부지런히 돌고 한 10, 11시까지 빨리 끝내버리고 그다음부터는 넥타이 매고 마이크 들고 후보자 지지연설하고 돌아다녔는데, 재미난 게 남편들의 변화였어요. 남편 되시는 분이 4, 5일쯤 지나니까 갑자기 등장하셨어요. 저희들이 선거사무실을 아파트에다 지었거든요. 그 아버님이 거부하셔서, 다른 데다 지었는데 거기에 오셨어요, 음료수를 들고요. 그래서 자기가 봤다, 너무 고생한다, 자기가 생각했던 거하고는 다르더라 그런 말씀을 하시더니, 일주일 지나셔서는 핸드마이크를 들고 다녔거든요. 핸드마이크를 본인이 쥐고 이렇게 따라다니셨어요. (…) 〔그 전만 해도〕 촛불들이 (…) 시끄럽게 자식 얘기에 남편 얘기에 이런 수다스러움에 대해서 상당히 부정적 시각이었는데 그런저런 것들을 지나고 난 다음에 보니까 너무나 훌륭하게 보이시더라고요. 너무나 존경스럽고요. (이필구)

소통의 문제

시민사회단체 활동가들도 서로 완벽하게 소통하는 것은 결코 아니다. 여기서도 다양한 소통의 문제가 발생한다. 가장 두드러진 것이 세대 차이에서 오는 소통의 문제이다. 청소년을 중심으로 하는 인터넷뉴스 바이러스라는 단체에서 오랫동안 활동해온 김지훈 기자는 다음과 같이 이야기한다.

일부에서 청소년 정치참여에 대해 아직은 미성숙하다고 판단하는데 전 반박하고 싶어요. 토대를 마련해주지 않고 무조건 안된다고 하는 게 어불성설인 것 같아요. 그럼 언제 미성숙에서 벗어나는 거냐 물으면, 19세까지는 안됐다가 20세 때부터 된다는 것이 말이 안되잖아요. 대학생만 되면 정치적 의식이 생기는 게 웃기잖아요. 오히려 술만 퍼마시잖아요. 남자는 군대 가기 전에, 어차피 갔다 오면 다시 해야 한다면서 F학점 맞고 그러잖아요. 그런 게 정말 사회의 고질적인 문제라고 생각해요. (김지훈)

80년대 대학을 다니고 민주화운동을 경험했던 사람들이 중심축이 되고, 또 그런 사람들을 대상으로 활동했던 시민사회단체는 최근 급격한 세대교체에서 오는 세대간 소통의 문제를 경험하고 있다. 김지훈은 청소년의 정치참여를 말할 때 아직 미성숙하다고 반대하는 의견에 대해 쓴소리를 한다. 그런 기회를 통해 정치적으로 성숙돼가는 것이지, 나이만 먹는다고 해서 되는 게 아니라고 한다. 신세대들의 이러한 도전에 대해, 안병옥은 한국의 시민사회단체에도 외국처럼 청소년들을 전체 의사결정 기구에 포함시키려는 제도적인 노력이 필요하다고 말한다. 예를 들어 독일에는 회원수가 40만명이나 되는 '분트'(BUND)라는 단체가 있는데, 대표성을 갖는 의사결정기구에 청소년 대표가 당연직으로 참여하도록 되어 있다. 그러나 한국의 기성 운동세대는 이런 결론에 선뜻 동의하지 못한다. 오히려 시민사회단체 활동을 일종의 직업으로 생각하는 젊은 세대의 태도와 예전 자기들 같지 않은 삶의 방식에 당황해한다. 고계현은 다음과 같이 이야기한다.

제가 간사부장을 할 때는 급여 같은 것보다는 사회의 변화에 대한 열정 이런 게 강해서 돈을 얼마 주든 말든, 일이 있으면 새벽 한두시까지도 하고 이랬거든요. 근데 요즘은 절대 안 그렇습니다. 출근은 약간 늦게 해도 퇴근은 칼같이 하고요, 야근 이야기하기가 굉장히 어렵고요. 주5일제가 완전히 굳어져서 토요일에 일 시키는 거 쉽지 않게 돼버리고요. (…) 이슈는 타이밍이 생명이다, 어떻게든 여기까지 맞춰야 된다 하면 밤새워 만들었거든요. 근데 요즘은 누가 맞추나요. 자기 일정에 따라 하니까 이슈 타이밍 흐름하고 상관없이 발표되고 전혀 반응이 없어요. 운동 동력도 확 떨어지고요. (고계현)

대부분의 활동가들은 이를 서로의 역사적 경험이 다르기 때문에 생기는 현상으로 받아들이려고 노력한다. "기존 운동가들은 역사와 민족 앞에 자신을 어떻게 헌신할 것인가"에 집착했기 때문에 주로 '나'의 바깥에서 문제의 원인을 찾고 내가 어떻게 변화시킬 것인가에 초점을 두었다면, 90학번 이후 젊은 활동가들은 신세대답게 자유롭고 개인적이며, 탈정치적인 경향을 보인다는 것이다. 여성환경연대의 이미영 사무처장은 젊은 활동가의 이러한 특징을 "자기 삶을 온전하게 자유롭게 살고 싶은 사람들"이라고 표현한다. 그러나 이해는 할지라도 세대간 소통과정에서 발생하는 갈등과 문제는 피할 수 없다. 한국여성민우회의 정은숙 사무처장은 더 윗세대와 아래세대를 모두 경험하는 중간세대로서, 이들간의 소통이 엉켜서 현재 시민사회에 문제가 많다고 생각한다.

선배들은 지금의 세대 변화에 대해서 잘 이해하지 못하고 과거의 운동방식을 요구하는 부분들이 있는 거고요. 정말 세대차이가 있어요. 역사적 경험이 달라요. 그것에 대한 판단과 내용이 다른데, 소통하는 과정에서의 문제, 이런 것들이 다 엉켜서 굉장히 문제가 많다고 생각해요. (정은숙)

이런 세대간 소통의 문제는 어느 시대, 어느 사회를 막론하고 존재하는 보편적인 현상이지만, 소위 '압축적 근대화'를 경험한 한국 같은 사회일수록 그 정도가 더 심하다. 분절적이고 급속한 변화를 특징으로 하는 한국의 근현대사를 나름의 방식대로 체험한 개인들이 한 시공간에 살고 있는 지금, 우리사회는 근현대사의 질곡만큼이나 많은 경험세계를 만나고 있다. 같은 시공간에 살고 있지만 사실 다른 시대를 살고 있는 것이나 마찬가지다. 이런 관점에서 볼 때, 의식적으로 '이웃'을 찾아나서고 그들과 소통을 추구하는 시민사회단체 활동가들이 겪는 소통의 어려움은 그들만의 것이라기보다는 이 시대, 우리사회의 문제이다.

세대차가 더 보편적인 현상이라면, 운동 리더십과 비운동 리더십 간의 소통의 문제는 전환기를 겪는 이 시기 한국 시민사회만의 독특한 문제일지도 모른다. 90년대 이후 시민사회의 경계가 확장됨에 따라, 80년대 민주화운동의 경험이 없는 일반시민들이 다양한 경로로 자원 활동에 참여하게 되고 2000년에 이르러는 그들 중에서 리더가 등장하기 시작한다. 사회연대은행의 최홍관 사무국장과 녹색삶을 위한 여성들의 모임의 김미선 대표가 대표적인 경우이다. 이들의 이야기에서는 운동 리더십과 비운동 리더십 간의 소통문제가 발견된다. 최홍관은 4,5년 전 시민단체에 활동가로 들어오게 되었는데, 그 이전에는 줄곧 기업인이었다. 그는 시민단체 활동을 하면서 경험한 것을 "컬처 쇼크"였다고 표현한다.

'컬처 쇼크'라고 그러나요? 그런 것들을 상당히 많이 느꼈습니다. 예를 들어 영리법인이나 회사에서는 정책이 결정되면 일사분란하게 전달되고 목표로 가기 위해서 상당히 여러가지 방안이 도출되고, 시간, 효율성 등이 같이 생각되면서 가야만 하는 체제죠. (…) 처음에 과거의 경험들을 적용하는 과정에서 정서적 차이 같은 것들이 많았어요. 초창기에 그런 것들로 인해서 제 자신은 물론이고 제 주변에 있는 사람들에게, 어려움을 줬다고 할까요? (웃음) (…) 초창기에는 어떤 분이 있었는데, 저랑 완전히 백그라운드가 다른 곳에서 평생을 지내오셨던 분이었기 때문에 생각의 문제, 사물을 놓고 접근하는 방법이 너무 다른 거예요. 그분은 그것이 옳다고 생각하고, 저는 제 방법이 맞다고 생각했는데, 상당히 지나고 나서 보면 종이 한장 차이가 아니었는지. (…) 시민사회단체에서 추구하는 방법론이, 시간은 걸리지만 인간성 같은 것에 바탕을 둔 면으로 접근하는 방식이었음에도 불구하고, 저는 그런 것에 문외한이었기 때문에 고집을 한 적이 있는데요. (…) 그런 것들을 깨달아가는 과정이 처음에 저로서도 (…) 어려운 점이 상당히 많았고, 어떻게 보면 기존에 쭉 운동을 해오셨던 분들이 갖고 있는 분위기라고나 할까요, 침투할 수 없는 벽이 굉장히 크다고 봐요. (최홍관)

최홍관은 지인들을 보면서 과거의 자신을 보는 듯, 지금 시민사회단체 활동가들과는 너무 다른 사고체계를 갖고 있음을 발견하게 된다. 그는 "긴 안목에서 보면, 한국의 시민사회단체 발전이나 대통합 차원에서 보면 돌파해야 될 점들임에도 불구하고 어느 쪽에서도 상대편에 대해서 고민하려고 하는 자세가 되어 있지 않다”는 것을 안타까워한다. “자기가 구축해놓은 사고체계를 벗어난다는 것이 사람으로서는 쉽지 않겠지만”, 이제 과감하게 서로 교류해야 할 때가 되었다는 주장이다.

특히 ‘언어’는 이들간에 쉽게 넘을 수 없는 벽이다. 주부 자원봉사자로 활동하다 녹색삶을 위한 여성들의 모임의 대표를 맡게 된 김미선은 자신이 운동권 출신 혹은 ‘전문가’가 아니어서 “난감할 때가 많다”고 말한다.

학생 때부터 굉장히 전문적인 전공을 하고 전문적인 지식을 갖고 있는 분들이 시민활동을 해왔잖아요. 근데 저같은 경우는 아니거든요. (…) 이런 사람이 대표 역할을 맡은 거죠. 그래서 무척 난감할 때가 많아요. (…) 외부로부터 어떤 요구들에 대응할 때 어려운 것들이 굉장히 많거든요. 아직도 시민사회 하면 지식인, 전문인 이러한 느낌이 굉장히 많잖아요. (김미선)

예를 들어 그녀는 외부 활동을 주로 하면서 질문을 받게 될 때, “굉장히 전문성을 요구하고 추상적”인 것처럼 느껴져 난감하다고 말한다. 자신처럼 지역주민에서 출발해 시민 리더로 성장하게 된 경우는 이런 추상적이고 전문적인 사고에 능숙하지 않다는 것이다. 그녀는 솔직히 “그냥 내 경험 속에서 내가 느낀 것이 전부이다”라고 말한다. 그녀는 “우리 시민사회라고 얘기하지만 시민이 아니라 귀족이 아닌가”라는 생각이 들 때도 있었다고 솔직히 이야기한다. 그만큼 중앙단체 혹은 지식인들이 만들어 쓰는 언어들이 너무 어렵다는 것이다.

2. 경계 넘어서기

　서로 다른 사회문화적 배경을 가진 집단이 소통을 시도한다는 것은 한 집단에서 통용되던 규칙과 '우리'의 경계를 파괴하고 넘어서는 과정을 포함한다. 이는 '나'의 관점에서 경계를 단순히 확대하는 것이 아니라, 기존 경계를 파괴하고 유동화시키는 과정이다. 문화연구자들은 흔히 이를 침범(transgression)이라는 단어로 표현한다. 시민사회단체 활동가들의, '낯선 이웃을 찾아 나서는 여행'은 자신이 지금까지 포함되어 있던, 그리고 지금 포함되어 있는 사회문화권에서 당연시되던 모든 상식과 정서를 넘어서기를 요구한다. 이 과정에서 너와 나의 미시적 관계보다는―만약 그 경계가 명확히 인지될 수 있다면―'나'가 속해 있는 집단과 '너'가 속해 있는 집단 간의 관계에서 더 확연하게 드러난다. 흔히 생각하듯 시민사회는 결코 단일한 영역이 아니다. 그 안에 많은 경계와 영역 들이 있다. 따라서 조직의 차원에서 볼 때 소통의 핵심은 어떻게 '우리' 조직 혹은 '우리' 섹터와 외부 사이의 경계를 넘어설 수 있는가다. 실제로 구술자들은 시민사회단체와 지역주민 간의 경계, 시민사회단체들의 경계를 중요하게 인식하고 있었다. 경계 넘어서기와 관련된 구술자들의 경험은 매우 다양했고, 그에 대한 해석과 입장은 구술자들의 다음 행보를 결정할 정도로 중대한 영향을 미쳤다.

시민사회단체와 지역주민의 경계 넘어서기

　시민사회단체가 향후 활동방향을 고민하는 데 지금만큼 시민 혹은 주민참여를 중요하게 고려한 적이 없었던 것 같다. 이는 많은 구술자들이 시민 혹은 지역주민과의 경계 허물기를 고려한 활동방향이나 프로그램을 고민하는 데서 쉽게 확인할 수 있다. 과거에는 단체의 정체성과 이념적 정당성이 중요했다면, 이제는 얼마나 광범하게 시민의 호응을 받고 있는가를 더 중요하게 생각하고 있다는 증거이다. 활동가들 스스로 시민사회단체라는 보이지 않는 '경계'를 인식하기 시작한 것이다. 시민사회단체와 일반시민들의 경계는 양 집단에서 공유되는 '상식'과 '정서'의 차이로 상징화된다. 구술자들은 자신들의 이념이 시민들의 상식 및 정서와 다소 다르다는 것을 인정하면서, 그 경계를 허물어야 한다는 생각을 하고 있었다.

안산 녹색소비자연대의 유미화 사무국장은 여러 시민사회단체들에서 활동했을 뿐 아니라, 자녀가 다니는 학교의 학부모회에서 성공적으로 활동한 경험이 있다. 그녀는 서로 색깔이 다른 다양한 경험을 통해, 시민사회 안의 여러 부류들이 서로 경계를 깨지 못하고 자신만의 공간에서 지내고 있다는 진단을 내린다. 그 결과, 생활협동조합, 녹색소비자연대 등 지금 그녀가 몸담고 있는 시민사회단체의 중요성을 깨닫게 된다. 그녀는 지금의 활동과 조직을 "바닥"의 활동, "실천의 조직"이라고 표현한다.

이렇게 부류가 있는 거 같더라고요. 정치를 지향하는 부류, 그냥 생활을 중심으로 가는 부류, 시민운동을 하는 부류. 부류와 부류의 경계가 깨지지 않고 그냥 그 안에서 열심히 살아온 게 아닌지. 그때 그런 생각을 많이 했어요. 그리고 가장 낮은 활동을 통해서 가장 낮은 단계에서 바닥을 좀 가야겠다는 생각을 했거든요. 그렇기 때문에 실천하는 조직 쪽으로 갔고요. 그래서 이제 교육운동도 학부모가 동의하지 않는 교육운동은 안된다는 거고, 지금 교육운동도 활동가들이 자기가 속한 조직내로 들어가야 된다, 그리고 그 안의 가장 낮은 조직 내에서 인정받아야 된다고 생각해요. 그러니까 시민운동이 시민들에게 대상화되어서는 안된다는 생각이에요. (유미화)

유미화가 말하는 "바닥"은 땅에 발을 두지 않은 채 꿈을 꾸는 이상주의자들의 하늘과는 정반대이다. 각자 자신이 속한 집단의 경계 안에서 지금까지 당연시해왔던 것들에 의지하여 자기 목표만 보고 살아가는 것이 아니라, 경계 너머를 볼 수 있게 하는 원동력을 "바닥으로 가기"에서 찾는 것이다. 계몽형 운동이 아닌, 주민들의 "낮은 조직"과 하나 되고 그들에게 인정받는 시민사회단체 활동가가 유미화식 경계 넘어서기의 결론이었다. 경실련의 고계현 사무처장의 선택은 약간 달랐다. 유미화와 마찬가지로 고계현도 지금까지 시민운동방식에 대해 "시민들을 대상화해서 가르치려 하고, 시민들과 함께하는 게 아니었다"고 자성한다. 그러나 시민과 함께하는 방법으로는 민생 밀착형 정책활동을 하는 전문화된 시민사회단체를 제안한다. 그는 예를 들어 재벌문제와 같은 시민들이 잘 모르는 전문적인 문제에서, 계몽적으로 가르치려 드는 운동방식은 결국 "일반시민들의 정서하고 싸우는 결과가 되어"버린다는 사실을 체험하고, 투쟁적인 정치적 운동방식보다는 시민들의 정서와 함께 호흡할 수 있는 민생 밀착적인, 구체적인 정책대안을 내놓는 전문화된 시민사회단체가 필요하다고 생각한다.

활동가들이 내린 구체적인 결론과는 상관없이, 경계 넘기를 시도하는 이들에게 공통적으로 중요한 고려사항은 주민들의 상식과 정서였다. 민주화운동 시대에는 주민들의 상식과 정서에 기반하기보다 그들을 선도하려는 계몽적 의지가 원동력이었다면, 지금은 그것을 먼저 인정하는 것이 시민사회의 변화를 이끌 수 있을 것이라는 믿음이 지배적이다.

여기서 함께 고려해야 할 것이, 많은 구술자들이 지역주민과의 소통에 성공할 수 있었던 비결에 대해 단체 활동의 '공공성'을 제시했다는 사실이다. 시민들의 상식을 인정하면서도 그것을 넘어서는 시민사회단체 활동의 비결, 그 핵심 중 하나가 바로 공공성이다. 과천에서 녹색가게를 비롯해 지역주민 밀착형 사업을 꾸준히 해온 푸른 내일을 여는 여성들의 박헌미는 시민사회단체가 지역주민들에게 공정성, 객관성을 가지고 있다는 이미지를 줄 때 비로소 받아들여질 수 있다고 확신을 갖고 말한다. 느리고, 오해나 비난도 받을 수 있지만, "자기 색깔을 잃지 않고 공정하다. (…) 정말 객관적이다. 단체만 좋게 하는 것이 아니라 지역사회에 다 도움이 되는 활동이라는 걸 굳건히 지키고 이어나간" 게 지역주민과 소통에 성공한 비결인 것 같다는 이야기다. 광산지역사회연구소의 원기준 소장도 태백 광산지역의 지역운동 경험을 통해, 시민사회의 "공공성"이 얼마나 중요한가를 깨닫는다. 그는 주민운동은 주민 각자의 이해관계가 걸려 있기 때문에, "공익적 목적을 우선시하는 시민운동 수준으로 끌어" 올리지 못하면 "이해관계의 늪에서 헤어나지 못하게" 된다는 것을 강조한다.

이론적으로, 시민사회는 어떤 사회적 지위나 개인적 특징을 가졌든 모든 사람은 평등하고 그들의 인권은 존중받아야 한다는 사회적 합의 위에 만들어지며, 이런 사회적 합의를 지속적으로 재생산하기 위한 활동들로 채워지는 영역이다. 여기서 공공성은 시민사회의 핵심 구성요소이다. 이론적으로는 이렇게 명쾌하게 정의할 수 있지만, 실제로 사람들이 경험해온 시민사회는 다양한 목적과 지향성을 가진 단체들의 집합소다. 어떤 단체는 단체장의 이익을 위해 존재하는가 하면, 회원의 이익을 극대화를 추구하는 단체도 있다. 또한 경우에 따라 공익 추구를 표방한다 해도, 그것이 진짜 공익인가에 대해서는 사람에 따라 의견이 다를 수 있다. 이런 현실에서 개인, 혹은 개별 단체에게만 무조건 공공성을 추구하라고 요구하기는 어렵다. 다른 사람 혹은 단체가 협조하지 않을 경우 치명적인 손해를 입을 수 있기 때문이다. 이런 관점에서 볼 때 '공공성'을 언급한 구술자들의 말은 시민사회단체가 모든 시민들이 함께 공공성을 추구할 수 있도록 **매개**해주어야 한다는 주장으로 해석할 수 있다.

시민들의 상식에서 출발하되 그것을 넘어서는 '공공성' 못지않게, 시민들의 정서를 넘어서면서도 그것을 부정하지 않아야 한다는 것 역시 중요하다. 결국 규범적인 프로그램이라도 참여하는 시민들에게 재미를 줄 수 있어야 한다는 의미이다. '발런테인먼트'(volunteering+entertainment)라는 최근 유행하는 개념에서도 알 수 있듯이 도덕적 옳음, 고귀한 희생만을 강조하기보다 이 시대의 정서적 흐름에 맞추어 신나고 재미있는 활동이라는 감성적 요소들이 결합되어야 한다. 여성환경연대 이미영의 다음과 같은 구술은 대표적인 사례이다. 그녀는 시민사회단체가 주민들에게 더 가까이 다가가기 위해서는 성찰적이고, (생명) 감수성에 호소할 수 있는 문화 프로그램들을 더 많이 개발할 필요가 있다고 말한다. 그래서 다른 데서 재미를 느꼈던 시민들이 생명 감수성에서 재미를 느낄 수 있는 공간을 많이 만들어야 한다는 것이다.

각박하고 경직적인 그리고 너무나 도시화된 이런 곳에서 어떻게 자기의 삶을 온전히 가꾸어갈 수 있겠어요? 그건 불가능한데 자기 삶의 중심에서 단 1퍼센트라도 굉장히 새로운 시도를 하면서 행복이 이런 것이구나 느끼는 걸 좀 더 넓혀가야 되겠지요. 그리고 나 혼자 하는 게 아니라 같이하고 싶다, 이런 기회나 계기를 만들어보는 것이, 굉장히 의미있는 것 같아요. (이미영)

이미영은 시민들에게 세상의 각박함 속에서 작은 기쁨을 느낄 수 있는 공간을 제공해주는 것, 행복감을 회복시켜주는 것이야말로 이 시대 시민사회단체의 중요한 역할이라고 생각한다. 이러한 생각은 자신의 운동을 과거 "재미없는 계몽" 중심의 활동방식과 구분하려는 데서 비롯된다. 억지로 해야 되기 때문이 아니라, 재미있게 같이 하다보니 관심의 폭도 커지고 어느덧 목적지에도 도달해 있는 것, 그렇게 될 수 있도록 공간을 마련해주는 것이 시민사회단체의 역할이라는 주장이다. 핸드메이드(handmade) 워크숍이나 캔들라이트(candle light) 프로그램 등은 이러한 재미와 감동을 동시에 추구할 수 있는 좋은 예이다. 이러한 문화 프로그램은 가치 면에서는 새로운 것을 추구하지만, 문화적 코드에서는 대다수 시민들이 공유하는 것을 수용하고 있는데, 이 둘의 조합으로 새로운 의미가 만들어지기를 이미영은 바란다. 와인을 마시면서 고급스러운 분위기를 내는 것, 이런 것들이 오늘날 시민들의 문화적 코드라면 여기에 시민적 가치를 결합시켜 새로운 조합을 만들어내자는 것이다.

대다수 시민들이 가지고 있는 상식과 정서를 인정하면서도 그것을 넘어서는 것. 이것이 구술자들이 생각하는, 주민들과의 경계 허물기 방법이었다. 그러나 여기에는 기회와 함정이 모두 있다. 시민사회는 개인의 자발성뿐 아니라, '우리사회는 이러이러해야 한다'는 규범적 당위성도 추구한다는 점에서, 시민들의 상식과 정서에만 지나치게 의존할 경우 절반의 성공에 그칠 가능성이 있기 때문이다. 어쨌든 과거에는 규범적 당위성을 위해 상식과 정서를 부정해야 했다면, 주민과의 경계 허물기를 추구하는 이 시대 시민사회단체 활동가들은 시민의 자발성을 유도하기 위해 규범적 당위성을 어느정도 양보해야 하는 딜레마에 직면해 있다. 선택의 기로에 선 활동가의 다음 행보는 시민사회단체 차원의 개혁 방향과 맞물리면서 미래 시민사회의 향방을 결정하는 열쇠가 될 것이다.

단체간 경계 넘어서기

시민운동단체간의 연대활동은 한국 시민사회에서 매우 활발한 편이었다. 시민들의 자발적 활동이 억압받던 80년대 후반과 90년대 초반 민주화운동 시기에는 단체들이 연대체를 결성하거나 우산조직(umbrella body)이라는 연합체를 만들어 일사불란하게 활동함으로써 작은 힘으로 강한 사회정치적 효과를 낼 수 있었기 때문이다. 그러나 지금은 단체 간 연대활동이 예전 같지 않다. 무엇보다 단체들간의 다양성이 커져서 합의에 도달하기 어렵다는 것이 구술자들의 한결같은 증언이다.

구술자들이 말하는 가장 빈번한 갈등 상황은 주로 전국적 이슈를 가지고 국가를 상대로 권익주창운동을 하는 중앙단체와 지역에서 지역주민들과의 밀접한 상호작용 속에서 활동하는 지역단체 간에 발생한다. 이는 두 집단의 존재 기반 자체가 달라서 생기는 갈등이다. 예를 들어 소위 '중앙단체'는 사회적, 정책적 영향력을 행사하기 위해 시민들의 지지가 필요한 상황이고, 지역단체는 언론을 통해 좀더 대중들에게 알려진 중앙단체의 명망을 활용할 필요가 있을 때 서로 연대할 수 있다. 그러나 두 집단이 궁극적으로 추구하는 목적과 그것을 위해 조직하는 방식이 서로 다르기 때문에 협력사업을 하는 데 불만이 쌓일 수 있다. 지향하는 목적은 차치하고, 조직화 방식만 보더라도 중앙단체는 분화된 책임체계를 가지고 조직적으로 움직여야 하는 반면, 지역단체는 지역주민을 직접 상대하는 만큼 여러 단체가 더욱 협력하여 유연하게 결합하는 방식을 지향해야 한다.

실제로 지역단체 활동가 출신의 구술자들은 중앙단체의 협력 태도 및 방식에 강한 불신을 표했다. 지역단체 활동가들이 보기에 가장 좋지 않은 방식은 중앙단체가 각 지역주민들의 현황을 모르는 상태에서 획일적으로 프로그램을 수행하는 것인데, 이는 그들의 입장에서 보면 '프로그램을 하기 위한 프로그램'으로 무의미하기 때문이다. 중앙단체가 "지역에 점령군처럼 와가지고 쉭 그냥 하고 가버리"는 이러한 방식은, 지역단체가 장기적으로 추구하는 목적이나 그를 위한 조직화 방식에 역행하는 것이기 때문에 지역단체 활동가 입장에서 볼 때 불만스러울 수밖에 없다. 지역단체 활동가들은 특정 지역에서 프로그램을 진행하려고 할 때 중앙단체가 지역상황을 잘 아는 지역 시민단체들과 제대로 된 네트워킹의 구축이 필요하다. 대중 프로그램 자체의 성패보다 제대로 된 네트워킹을 더 중요하다. 그 이면에는 중앙단체와의 네트워킹을 통해 지역단체들이 지역주민에게 한걸음 더 다가갈 수 있게 되기를 바라는 마음이 있다. 광산지역사회연구소의 원기준 소장은 이러한 상황을 애써 중립적으로 보려고 노력하고 있었다. 그는 "시민운동은 주민운동으로 내려가야" 하고, "주민운동은 시민운동으로 끌어올려져"서 지역운동과 시민운동이 서로 관점과 장점을 교환하여 더 가까워질 필요가 있다고 말한다. 그는 시민운동의 역할을 좀더 강조한다. 그는 주민운동이 주민운동에서 더이상 벗어나지 못하는 것은, 시민운동이 "시민운동의 고고한 영역에만 머물러 있기" 때문이라고 비판한다.

여성환경연대의 경우는 프로그램을 중심으로 한 단체간 연대가 아니라, 인적 네트워크를 발전시킴으로써 조직간 소통을 이루어내는 대안적 방식을 보여주고 있다. 여성환경연대에는, 단체가 회원으로 가입하는 것이 아니라, 조직에 몸담고 있는 사람들이 개인 차원에서 가입한다. 이에 따라 사업을 진행하는 방식도 다른 조직과는 조금 다르다. 일반적으로 네트워크 단체는 네트워크에 소속된 단체의 자체 의사결정과, 네트워크로서 해야 할 사업 및 의사결정 사이에 명확한 경계가 있어서 네트워크 조직 자체 활동에는 한계가 있다. 그러나 여성환경연대의 이미영은 이러한 어려움을 극복할 수 있었던 비결을, "(참여하는) 개인을 어떻게 성장시킬 것인가, 그리고 서로의 성장을 지지, 지원하는 네트워크"로 만들어야겠다는 의지에서 찾는다. 이러한 인적 네트워크를 통해 생긴 끈끈한 "자매애"는 단체간 연대를 활력있게 한 힘이었다. 여성환경연대의 사례는 단체의 경계를 고수한 채 이루어지는 단순 연대와는 달리, 단체들의 경계 자체를 넘어서는 진정한 의미의 네트워크를 지향하고 있다. 물론 단점도 있다. 이미영이 지적했듯이, 이러한 관계를 통한 개인의 성장과 변화가 그가 속한 단체의 일과 실천에 반영되어야 하는데, 그것이 매우 어렵다. 조직은 조직으로서 갖추어야 할 조건이 있기 때문에 유동적인 네트워크와는 항상 긴장관계에 있을 수밖에 없다.

한편 최근 시민사회 이론가들은 시민사회 구성원들이 다양한 단체와 섹터들에 중복소속되어 있는 것을 매우 중요하게 생각하기 시작했다. 그 중복소속된 사람들을 통해 단체들이 서로 네트워킹되고, 서로 다른 이해관계와 경험을 이해할 수 있기 때문이다. 시민단체간의 연대는 표면적으로는 단체 대표들 사이의 공식적인 통로로 이루어지지만, 이러한 회원들의 중복소속을 통한 경험의 교환이 기초가 된다. 실제로 원주의료생협에서 활동하는 최혁진이 있는 원주에는 중복회원이 많다.

> 원주 같은 경우는 지금 주요 시민사회 활동가들이 대부분 여러 협동조합의 조합원이거나 임원이에요. 진보정당도 마찬가지이고요. 원주에 민주노동당이나 사회당에서 활동하는 친구들이 거의 다 생협의 직원들이거나 임원들이거나 조합원으로 참여하고 있고, 민우회라든가 녹색연합이나 환경운동연합 등의 활동가들도 직간접적으로 생협에 다 참여하고 있습니다. 하나의 대중적 사회운동으로서 협동조직이라는 것과 정책 단위의 운동을 하는 공간 사이에 소통의 지점들이 형성되어가고 있다라고 생각하거든요. 그런 방식으로도 문제를 해결해볼 수 있지 않을까 생각하고 있습니다. (최혁진)

최혁진 원주의료생협 이사에 따르면, 다섯 혹은 여섯 단체에 가입한 사람이 많고, 세 단체 이상 중복가입한 사람이 활동가를 빼고도 수백명에 이른다. 예를 들어 먹는 것은 전부 다 한살림에서 먹고, 의료는 의료 생협에서 받고, 활동은 녹색연합에서 하는 사람들이 많다. 최혁진은 이를 매우 의미있게 받아들인다. 이 사람들이 부문 혹은 단체간 소통의 기반이 되는 "메씬저 역할"을 하기 때문이다. 또한 서로 정보를 제공하고 가입을 권유할 수 있다는 점에서 효과적인 마케팅 방법이기도 하다. 이렇게 되면 지역 차원에서 경계를 넘어 공동의 기획을 할 기회도 더 많아진다고 한다.

일반적으로 한국 시민사회는 서로 다른 부문간 소통이 원할하지 않다. 예를 들어 사회복지와 시민운동 분야 간에 정보교환이나 쎄미나 등을 통한 교류가 활발하지 않다. 이러함에도, 오성규는 점차 그 경계를 넘어서는 변화의 징후를 이야기한다. 명확한 이념적 구도를 따르거나 부문을 뚜렷하게 경계지어 자기 운동에만 몰두하는 게 아니라는 진단이다. 그는 분야들을 넘나드는 연대의 흐름이 활동가들의 의식에서부터 시작다고 있다고 본다. 현대의 사회문제가 복잡하게 얽혀 있어 부문운동만으로 해결할 수 없다는 것을 활동가들이 인식하기 시작했다. 그는 앞으로 이런 부문간 연대에서 좋은 성과가 나오고 모범사례까지 만들어진다면, 시민사회의 문제의식이 좀더 성장할 수 있는 계기가 될 것이라고 희망을 피력한다.

반면, 보건의료단체연합의 우석균 정책실장은 연대의 필요성은 점차 증가하는데, 연대의 현실적 가능성은 점차 작아지는 모순을 더 부각시킨다.

농민운동, 소비자운동 (…) 다 결합을 해야 한다지만 사실상 그러지 못하고 있거든요. 연대운동으로 더 힘을 내는 것들이 아니라, 연대운동 하면 힘만 빠진다부터 시작해서 연대운동 해서 되는 게 뭔데, 이런 식의 얘기가 나오지 않

을 수 있는 새로운 모델들을 창출해야겠죠. 근데 연대운동을 통하지 않고서
는 지금은 할 수 있는 게 사실상 많지 않아요. 연대운동을 하지 않고서 독자
적으로 해서 터뜨린다, 이런 것도 쉽지가 않아요. (우석균)

우석균은 단일 쟁점을 중심으로 각자 움직이면 "공멸"할 수밖에 없다
고 전망한다. 이런 절박성에도 불구하고 연대가 점차 더 어려워지는 상
황을 목도하면서, 그는 새로운 차원의 연대를 모색할 필요가 있다고 생
각한다. 새로운 차원의 연대, 성공적인 경계 넘어서기는 어떻게 가능할
까? 답은 아직 모색중이다. 국제연대 혹은 초국적 시민운동의 힘을 매개
로 하는 것이 대안 중 하나다. 그러나 이 방법은 기존 시민사회단체 및
활동가의 총체적인 변화를 요구한다.

국가 경계 넘어서기

시민사회도 전지구화의 물결을 비켜갈 수는 없다. 지난 10여년 동안
한국 시민사회에서도 환경, 여성 등의 영역을 중심으로 국제간 연대가
매우 활발해졌다. 시민사회의 경험이 국가의 경계를 넘어서고 있는 것이
다. 이러한 현실은 활동가들의 삶 속에도 반영되고 있다. 국제간 소통을
위해 영어를 포함한 외국어도 배워야 하고, 지금까지 우리의 역사적 경
험에서 결코 체험해보지 못한 다른 문화에 대한 '열린 마음'도 필요하다.

무엇보다도 국경을 넘는 소통은 활동가들에게 새로운 관점, 문제의
식, 이슈를 찾게 해주었다. 여성환경연대의 이미영은 학생운동과 노동운
동을 하다가 90년대 초반 경실련을 거쳐 2000년 이후 여성환경연대에서
사무처장으로 일하고 있다. 그녀는 특별히 여성환경 분야에서 비전을 발
견하게 된 계기로 95년 북경 여성대회를 꼽는다. 북경 여성대회 한국준
비위원회에서 여성과 환경 분과 간사로 활동한 그녀는 당시의 감동을 다

음과 같이 표현한다.

> NGO 싸이트에 모인 여자들이 3만명이 넘었거든요. 색깔이 너무나 다양한 (웃음) 전세계 인종의 여자들이 막 운동장에 모였는데 굉장히 감동적이었어요. 같이 외치고 그랬지요. 벨라압죽이라고 미국의 상원의원이 있었는데 여성운동을 굉장히 오랫동안 해왔던 노인이에요. 그 양반의 트레이드 마크는 모자거든요. 챙이 큰 모자를 쓰고 나타나서 뭐라고 하니까 여자들이 너무 좋아하는 거예요. 코가 시큰할 정도로 감동적이었고요. 그때 수백개의 텐트가 열렸어요, 여러가지 주제로요. 이후에 그렇게 활력있고 에너지가 넘치는 NGO 행사를 가본 적이 없어요. (…) 여성과 환경을 주제로 한 워크숍이라든가 그룹들을 찾아내가지고 인터뷰 요청을 해서 저녁 때나, 점심 때 만나거나 해서 책으로도 냈었죠. 그때 굉장히 새로운 이야기를 많이 들었어요. (이미영)

이미영은 북경 여성대회에서 환경과 여성을 주제로 한 워크숍이나, 인터뷰 등을 통해 새로운 이야기를 많이 들으면서, 기존 환경단체 혹은 시민단체와는 다른 여성운동단체로서의 정체성을 확인하고 비전과 아이디어를 얻게 되었다.

보건의료단체연합의 우석균 정책실장은 한국에서 FTA 논의가 공개적으로 진행되기 전, 인도와 브라질 뽀르뚜알레그레(Porto Alegre) 세계사회포럼(WSF) 등을 통해 이미 FTA를 반대하는 전지구적 운동을 목격했다. 우석균은 그때만 해도 우리의 문제가 아니려니 생각했다. 그후 갑자기 FTA 협상이 시작되고 4대 선결조건도 밝혀지면서 문제의 심각성을 깨닫게 된다. 우석균의 경험은 신자유주의 세계화의 결과 우리나라에 닥치게 될 위험들을 예측하고 대응하도록 하는 데 초국적 시민사회단체나 다른 나라 시민사회단체와의 상시적인 국제연대가 매우 중요함을 말해준다.

국내 시민사회의 이슈에서도 경계를 넘는 열린 마음을 요구하는 새로운 이슈가 등장하고 있다. 대표적으로 이주노동자 인권문제가 그것이다. 외국인노동자의 집·중국동포의 집 김해성 대표는 "외국인노동자들 같은 경우 인권유린이 되고 복잡한 상황에 처해 있는데도 시민단체들에서 별로 관심이 없다"고 안타까워한다. 이주노동자 인권문제가 최근 사회적으로 이슈화되는 현실에 대해서도 "우리가 계속 농성하고 난리를 치니까 조금씩 언론에 보도되는 거지" 실제로 "시민운동단체들이 연대하는 거는 별로 없다"고 말한다. 이주노동자 인권문제가 시민단체에서도 "찬밥" 신세인 이유에 대해, 그는 이것이 국민들의 이해와 직접 연결되어 있지 않기 때문이라고 생각한다. 도덕적, 인도적 차원에서는 당위에 해당되지만, "돈도 안되고, 표도 안되기 때문에" 직접적인 자기 이해관계로 받아들이는 사람이 거의 없기 때문이다. 이것이 어쩌면 그들이 단식농성투생 등의 좀더 극단적인 운동방식으로 나아갈 수밖에 없었던 이유일지도 모른다.

김해성의 경험은 스스로 진보라 자리매김하는 시민사회단체 활동가들조차도 어떤 경우에는 상식 안에 갇혀 있다는 것을 보여준다. 특히 이 상식이 자신의 권리와 관련될 경우는 더욱 그러하다. 국경을 넘는다는 것은 상식, 역할 및 권리에 대한 기대가 다른 집단들이 서로 부딪치게 된다는 것을 의미한다. 다양한 국제이주가 급격히 증가하는 현상황은 "국가" 안에서만 활동하고 그 안에서만 유통되는 상식에 근거하여 전개되던 시민사회단체의 활동에도 변화를 요구하고 있다. 그런데 아직 많은 활동가들이 이 문제를 진지하게 끌어안지는 못하고 있다. 구술자들 중 외국인노동자 혹은 국제 불평등 문제 등을 구체적으로 언급한 사람은 두세명에 불과했다. 외국에서 온 '한국 며느리'를 잘 돌보아야 한다는 정도

일 뿐, 진지한 경계 넘기 노력과 다문화적 감수성이 약한 것이 사실이다.

이런 점에서 윤리적 소비를 주창하는 공정무역(fair trade)은 국가간 경계를 넘어서는 쟁점과 활동방식을 보여준다는 점에서 큰 의의가 있다. 여성환경연대는 여성, 환경, 빈곤, 인권 문제가 통합되어 있는 현실에서 소비운동을 통한 대안을 만들어 대응하려고 한다. 만족스러운 소비가 다른 나라 어린이와 여성의 생명과 건강을 댓가로 한 것임을 인식하고 알리고 바꾸자는 주장이다. 외국인노동자 인권문제처럼 국가의 경계를 넘어서는 관점을 가져야 비로소 진지하게 다룰 수 있는 문제이다. 또한 이때 사용된 방법이 지금까지 일반 시민사회단체에는 익숙하지 않던 '국제무역'이라는 점에서 또한번의 경계 넘기를 하고 있다. 단순히 이념의 공유를 지향하는 단체간 국제연대가 아니라, 생산자와 소비자가 공정하게 이익을 공유하는 확장된 연대를 실험하고 있는 것이다.

공정무역과는 다른 방식이지만, 중앙일보 시민사회연구소의 이창호 전문위원도 시민들의 국제연대에 촛점을 두고 있다. 그는 시민단체 활동가들의 국제연대가 아닌, 한국 시민들의 시민의식을 국제 수준으로 발전시킬 수 있는 넓은 의미의 국제교류를 지향해야 한다고 믿는다. 전통적인 방식의 시민사회단체간 국제연대라는 틀을 벗어나, 더 다양한 방식의 연대를 통해 '지구시민'을 키워내는 것이야말로 이 시대의 중요한 과제라고 말한다. 그가 주장하는 "글로벌 문화시민운동"은 시민사회단체가 해외에 나가는 모든 사람들이 시민의 역량과 의식을 가지고 기업이나, 종교, 문화 등 각 분야에서 활동할 수 있도록 지원해야 한다는 취지에 기반한 것이다.

우리가 해외여행도 많이 하고 한류바람도 불지요. 넓게 보면 그것이 다 시민사회인데, 해외로 나가는 수많은 우리 관광객, 선교사, 기업에 종사하는 시민들이 (…) 엉망진창인 거 꽤 많잖아요. 아프간 선교 사태도 그렇지만 어떻게 한국 시민사회가 각 분야에서 머리를 맞대고 질적 컨트롤을 하느냐, 선교도 질적 컨트롤을 하고 한류도 질적으로 컨트롤을 하는 것이 (…) 시민사회가 반드시 환경운동 이런 것만 아니라요. 이제 글로벌한 문화 시민운동도 일어나야 되고 또 종교 시민운동도 있어야 되고, 이런 것들이 분야별로 다양화되고 리더십을 가지고서 질적 컨트롤이 되는 시대가 와야 하는데 그럴 만한 역량이 안되어 있다고 보는 거죠. 그런 상태에서 그냥 퍼져가는 거지요. (이창호)

1999년 이후 이창호가 운영하고 있는 세계청년봉사단, 코피언 (Kopion)은 이런 의지의 산물이다. 코피언은 청년들의 봉사 활동을 통한 일종의 "네트워킹 NGO"이다.

한편 조직운영 방식에서도 국제단체의 노하우를 학습하는 경우가 생기고 있다. '아이들과 미래'의 박두준 사무국장은 국제단체와의 파트너십을 통해 사실상 반강제적으로(?) 요구되는 조직정비 작업에 나선 경험을 이야기한다. 국제단체는 자신과 파트너십을 맺는 지역단체들에 수준 높은 조직 투명화를 요구한다. 지역단체에게 국제단체와의 파트너십은 시민사회단체 조직운영 방식에 대한 국제적 관점과 노하우를 얻을 수 있는 기회이다. 그는 이런 활동 경험을 기반으로, 앞으로 틈새 활동 영역을 특화시켜 국제적으로 활동하는 성공적인 재단으로 성장하는 꿈을 꾸고 있다. 또한 국내적으로는 이러한 중간자적 역할을 통해 힘든 상황에 있는 중소 NGO 활동의 지원기구 역할을 하고 싶어 한다.

노키아 IF 프로젝트를 보니까 일년에 한번씩 하는 모임인데요. (…) 참 대단한 게 그 모든 것을 매뉴얼로 만들어가지고 전세계 파트너 기관들에게 다 보급해주고 그것에 따라서 사회공헌을 실행하도록 하고요. 노키아가 보스턴 시민사회연구소에 용역을 줘가지고 다 개발한 겁니다. (…) 여기에 엄청난 자료로 있는 거예요. (…) 그걸 번역해서 직원들 훈련하고, 13개 국가를 돌고 왔어요. 일주일씩 풀워크숍 스케줄을 가면 국제협력팀장, 저 또는 직원 한명, 그렇게 두명까지는 비용을 지불해줘요. 훈련을 받고 나니까 관점과 안목이 바뀌어지더라고요. 국내에도 이것을 번역해서 자료로 찍자, 그렇게 해서 기업들과 NPO(비영리단체)들한테 나눠줬지요. 그래서 지금도 자료가 무궁무진해요. (박두준)

3. 소통의 조직적 기반

시민사회는 수많은 단체로 이루어져 있다. 따라서 시민사회의 소통은 개인 차원의 성찰뿐 아니라, 조직 차원에서도 의사소통을 원활하게 할 수 있는 구체적인 방안을 요구하고 있다. 조직 차원에서의 이러한 노력들이 때로 개인간 소통을 방해하는 경우도 있지만, 근대사회에서 이러한 경향은 필연적인 것으로 이해되고 있다. 실제로 시민사회단체의 조직운영 방식에서 더욱 많은 참여를 보장하고, 투명성과 책임성을 정착시키려는 노력이 진행되고 있는데, 여기서는 이와 관련된 구술자들의 경험들을 다룰 것이다.

시민단체가 특정 쟁점에 대한 의견을 독점하던 시대는 이미 지났다. 특히 환경처럼 공공적 성격이 명확하게 인식된 영역의 경우는 더욱 그러하다. 비영리 연구라는 학문 분야에서 이야기하는, 시장과 국가에 대비되는 제3섹터로서의 성격이 점차 강화되고 있다. 정부와 기업도 이 문제를 인식하고 적극적으로 대응하기 시작했기 때문에, 시민단체는 이제 하나의 섹터일 뿐이다. 안병옥은 이를 시장과 국가와의 "경쟁"이라고 표현한다. 한국 시민사회단체도 이제 시민사회 내의 여론 형성과 실천에서 기업 및 정부의 전략적 홍보와 경쟁해야 하는 시대에 돌입했다.

어떤 세력이나 운동이 뚜렷한 자기 포지션을 가질 때 그것을 지켜보는 사람 눈에는 뭔가 운동이 활성화되어 있다고 비치는데, 지금은 환경단체만의 환경을 얘기하는 것이 아닌 시대가 온 거죠. 그만큼 너무나 대중화됐다는 거고, 그 속에서 경쟁을 하고 있다는 거죠. 기업들도 환경을 얘기하면서 나름대로 홍보를 통해 기업도 환경운동의 한 주체라는 인식을 국민들에게 심어주고 있어요. 정부도 국민들과의 의사소통을 중요시하면서 정책홍보를 굉장히 많이 하고요. (…) 그 과정에서 '환경운동단체가 기업이나 정부와는 다른 무언가가 있었나' 하는 게 문젠데, 물론 다른 점이 있었죠. (안병옥)

이러한 상황에서 시민단체들은 조직적 차원에서 경쟁력을 가질 수 있도록 좀더 체계적으로 조직되어야 한다는 압력을 받고 있다.

홍보방식과 회원모집의 변화

현대사회에서 직접적인 대면 관계를 통한 의사소통 가능성은 점차 제한되고, 언론매체나 전화 등 기술을 매개로 한 간접적 의사소통 방식이 증가하고 있다. 많은 경우 시민사회단체와 시민과의 의사소통도 대면접촉이 아니라, 매개된 상호작용 방식으로 이루어진다. 특히 언론매체의 중요성은 매우 크다. 현재 언론은 시민단체라는 조직이 외부와 소통하는 가장 중요한 매개체이다. 이를 반영하듯, 시민과의 의사소통과 관련된 구술에는 "이미지 메이킹" 등 비영리조직의 마케팅 관점이 녹아 있었다.

안병옥은 사람들이 환경운동을 "이상하게 보는" 것을 언론의 보도와 연결시켜 이해한다.

환경운동의 주체적인 입장에서 보면 국민들과 의사소통 혹은 좁혀서 얘기하면 운동의 이미지 메이킹에 있어서 환경운동이 실패한 부분이 있어요. (…) 사실 냉정하게 보면 환경운동이 새만금을 지키기 위해서 있는 것만은 아니죠. 예를 들어서 국민들이 일상생활 속에서 여러가지 위해한 물질에 노출되어 있는데, 그런 위험성을 국민들에게 알려서 벗어나게 만들고 벗어날 수 있는 삶의 양식을 만들도록 도와주는 부문들이 있고요. 기후변화도 그렇지요. 그런데 워낙 갈등사항을 언론이 잘 보도하고 (…) 너무 그쪽으로 치우치다보니까 특히 환경운동 같은 경우는 가까운 가족들이야 이해가 깊지 않아도 제가 하니까 그나마 봐주는 편인데도 굉장히 비판하는 시대거든요. (안병옥)

안병옥은 언론을 매개로 시민들과 의사소통하기 때문에 충분하고 진솔하게 의견이 전달되지 않는다고 본다. 이러한 상황은 주민을 직접 만나는 대민활동을 어렵게 만드는 재정문제 때문에 가중되고 있다. 즉 많은 단체들이 외부에서 재정을 지원받는 프로젝트를 해야 하고, 그와 관련된 보고서들을 쓰느라 정작 중요한 활동을 할 수 없기 때문에 더 언론에 의존할 수밖에 없는 악순환에 빠져 있다. 한국여성민우회의 정은숙 사무처장도 이러한 언론의 문제를 보여주는 사례를 이야기한다. 민우회는 "말"이 사회구조를 반영하고 또 그것을 지속시키는 힘이 있다는 전제 하에, 가족간의 호칭을 개선하는 캠페인을 벌였다. 이른바 '호락호락캠페인'이다. 평등문화를 위해 가족간에 당연하게 여겨지는 호칭이 바뀔 필요가 있다는 생각에서 출발해, '여성이 여성에게 쓰는 호칭 바꾸기' '부를수록 즐거운 호칭문화 만들기' 등의 활동으로 이어졌다. 이는 관습보다는 가족 구성원들의 경험을 더 중요시하고, 호칭에 배어 있는 가부장적 잔재를 버리고 가족끼리 상호존중하자는 취지에서 진행되었다. 그러나 며느리, 올케언니 등의 어원을 성찰해보고 개인이 느낀 불편한 경험들을 나누는 과정에서, 어원 부분만 확대 해석·보도되어 여성의 전체의 이미지가 오히려 훼손되기도 했다. 정은숙은 이 문제의 핵심에 언론이 있다고 지적한다.

제일 많이 하는 언론들이 자기네 필요한 말만 편집해서 쓰는, 방송부터 시작해서 신문까지 다 그렇잖아요. 당연히 문제라고 생각하죠. 저는 언론이 객관적이거나 공정하다고 생각하지 않거든요. 매우 주관적인 게 언론이라고 보기 때문에 그걸 취하는 사람의 입장에 따라서 내 말이 달라진다라는 거죠. (…) 저는 절대 언론이 공정하다고 생각하지 않아서 자기 말은 자기가 해야 한다고 생각해요. 그게 문제라고 여기고 굉장히 불쾌하게 생각하지만, 또 이 사회에서 운동하려면 언론과 어떤 부분은 타협하면서 갈 수밖에 없는 면도 있죠. (정은숙)

정은숙은 언론에 대한 이러한 불신과 불쾌한 감정에도 불구하고, "이 사회에서 운동하려면 언론과 어떤 부분은 타협하면서 갈 수 밖에 없다"고 인정한다. "말을 할 수 없는 자들의 말을 들어주고, 말을 같이할 수 있는 자가 되는 게" 운동이라고 말하는 정은숙은 이런 점에서 언론에게 너무 많은 것을 기대하는 것은 무리라고 생각한다. 언론은 운동단체가 아니기 때문이다. 대신 한국여성민우회는 미디어 모니터링 및 교육 등을 통해 간접적으로 언론에 영향력을 행사함으로써 대중활동을 해나간다. 한편 이 단체의 활동에서는 대중의식 개선이 많은 비중을 차지하기 때문에, 정은숙은 자료를 만화 형태로 웹에 올리는 식의 정보운동이 중요함을 절감하고 있다. 일방형적 방식을 벗어나, 쌍방향 소통을 가능케 하는 기술을 기반으로 한 매체가 시민사회에 필요한 새로운 소통 모델을 제공할 수 있다고 보기 때문이다.

저는 정보운동을 시민사회단체가 정말 열심히 잘했어야 된다고 생각해요. 자체 정화능력 같은 내용들에 대해서 처음부터 잘했어야 되는데 놓쳤다고 생각하는 게, 온라인 공간만의 문제가 아니라 우리사회 자체가 토론문화가 안 돼 있는 상태잖아요. 예를 들면 MBC나 KBS 토론 프로그램에 나오는 사람들의 태도를 보세요. 그리고 국회에서 국정감사 할 때 보면 몸싸움하고 때리고 이러잖아요. 그러니까 잘난 것들도 그 모양으로 살아가는 문화가 우리나라라는 거예요. 토론문화가 되지 않죠. 토론을 하면서 상대방을 존중해주고 배려해야 할 오프라인의 문화가 얼굴을 보고도 그러는데, 얼굴도 안 보는 싸이버공간에서 어떻게 그렇게 하기를 바라겠어요? 굉장히 열심인 소수들이 그 안에서 살아남아 댓글을 댓글로 다는 것이 아니라 새로운 모형들을 만들어내는 거죠. 그런 문화들을, 토론문화들을 만들어내는 내용들이 (…) 포털이 주도하잖아요, 지금. 그리고 제재도 하지 않고요. 어찌됐든 포털회사는 사람들이 많이 오는 게 좋은 거니까요. 그런데 숨겨진 곳에 굉장히 좋은 토론문화들이 많아요. 마이클럽에 들어가보면, 거기에 30~40대 여성들이 만들어놓은 방들이 있거든요. (정은숙)

정은숙은 이러한 현실을 고려할 때, 시민사회단체들이 사람과 사람의 직접적인 소통을 증대시키는 일뿐 아니라, 소통을 매개하는 매체의 형식에 깊은 관심을 가질 필요가 있다고 이야기한다. 시민사회단체들이 대안적인 토론 혹은 비판문화들을 만들어내는 웹상의 공간이나 대안적 댓글문화를 발굴하고 이를 적극적으로 활용해야 하는 이유이다.

이런 '홍보활동'에 상응하여, 회원모집에서도 최근 변화가 나타나고 있다. 80년대 민주화운동을 경험하고 시민운동에 참여한 사람들은 선후배 혹은 개인적인 인맥을 통해 회원 혹은 활동가가 되었다. 개인화가 많이 진전된 오늘날에는 이런 방식이 잘 통하지 않는다. 구술자들은 이런 변화된 상황에 대한 적응 방안을 고민하고 있었다. 오성규는 과거 지인들을 통한 "수공업적 방식"의 회원 혹은 활동가 모집에서 벗어날 필요가 있다고 믿는다. 그 방안으로, 공채뿐 아니라 대학생 프로그램 혹은 종교인 대상 캠페인같이 다양하고도 적극적인 방식을 제시한다. 집단별 특성을 고려한 전문적인 회원모집 방식이 필요하다는 주장이다. 그러나 유동적 결합이 특징인 네트워크사회의 도래가 시민사회단체의 회원모집 방식에 어떤 영향을 미칠지 조금 더 두고 볼 일이다.

조직운영의 민주화와 투명화

대부분의 시민사회단체들이 규모면에서 비영리조직을 운영한다고 말할 정도로 크지 않은 것이 사실이다. 그러나 역사가 오래된 단체나 재단의 경우는 조직운영의 투명성과 민주성이 매우 긴박한 과제가 되었다. 유미화의 조직내 갈등 경험은 특히 이사회와 운영진의 역할 구분과 이사회의 투명한 운영이 얼마나 중요한지를 보여준다.

제가 잘한 일 중에 하나가 정관을 재정비한 거예요. 활동하면서 가장 무리하다고 생각했던 것이 지역에서 오랜 연고를 갖고 활동하던 사람들이 밀고 들어오는 거죠. 돈과 연고를 가지고요. 그러니까 이사로서의 자격조건이 평생회비 100만원만 내면 누구나가 되는 거예요. 활동경력 다 무시하고요. 그래서 제가 정관에 활동경력을 3년 이상으로 두고 1000시간인가 800시간인가 자원봉사를 해야 이사 자격이 있다는 조항 하나 넣고 그다음에 사무총장 임기를 3년에 한번씩 재임, 재신임 받을 수 있도록 했어요. 그건 임기가 없었거든요. 그리고 회장은 두번 이상 못한다, 이 세가지를 넣었어요. (유미화)

이 사례는 시민사회단체 사무총장의 임기, 이사의 자격조건 등 조직 운영에 필요한 사항을 정관에 명시함으로써, 두 주체가 서로 일정한 역할과 권한을 갖고 자율적으로 협조해가는 **체계**를 갖추는 것이 필수임을 암시한다. 시민사회단체는 기업이나 정부와는 달리, 자발적이고 수평적인 참여를 원칙으로 하므로 조직체계보다는 '사람'이 더 중요하다고 말할지도 모른다. 그러나 여러 구술자들의 경험을 보면, 구성원들이 자발성을 발휘할 수 있는 체계를 갖출 때 조직의 하나인 시민사회단체도 비로소 지속적인 발전이 가능하다. 실제로 오늘날에는 시민사회단체가 어떤 목표를 추구하는가 못지않게, 그것을 추구하는 방식에 관심이 쏠리고 있다. 특히 시민사회단체의 내부 관계를 민주화하고 투명화하려는 노력, 그것을 명시화할 것이 요구되고 있다. 이런 노력은 시민들뿐 아니라, 같이 일하는 다른 협력자(기업, 정부 등)의 신뢰를 얻는 방법이기도 하다.

유미화는 이런 경험 때문에, 현재 일하는 안산 녹색소비자연대에서는 창립 초기, 사무국을 키우는 대신 참여형 이사제를 추진했다. 또한 단체 민주화를 위한 실험의 하나로 창립이사를 '제비뽑기'로 선출했다. 전반적으로 일반적인 시민사회단체 운영구조와는 다른 형태의 실험인 것이다. 이는 시민사회단체가 내부에서부터 민주적 참여를 중요시하려는 시도이다.

> 활동하지 않는 사람이 돈과 재력으로 들어와서 이사를 하면 결정을 함께할 수 없는 거예요. 실무를 추진하는 사람과 경험이 다르기 때문에 실무자를 이해해주지 못하는데 결정권은 이사회에 있잖아요. YWCA 사무총장은 결정권이 없거든요. 이사가 아니에요. 제안을 하고 중요한 순간에 대부분 다 동의를 하지만 결정적인 순간에 함께 가지 못하는 거죠. 그래, 자기가 참여하면서 느

끼지 않으면 그 결정의 수위를 맞출 수 없다! 진정한 시민사회를 형성하는 데 있어서, 정말 시민단체를 대표하는 지도자로서 아닌 거죠. 그냥 지역의 유지가 되는 거예요. (유미화)

이런 조직운영의 민주화 노력은 일반시민 혹은 같이 일하는 다른 협력자의 신뢰를 얻는 데도, 내부 구성원들의 의사소통을 원활하게 해주는 데도 유익하다. "실무를 추진하는 사람"과 돈과 재력으로 "들어온 이사들"의 경험과 지향이 다르기 때문에 생기는 소통의 장애를 방지할 수 있기 때문이다. 또한 민주적인 의사소통보다 '지위'에 의해 결정이 내려지는 단점을 보완할 수도 있다.

원주 의료생협의 최혁진 이사는 복지관 등 많은 민간단체들이 비민주적으로 이사회를 구성하는 것을 비판하면서, 써비스 수혜자를 직접 이사회에 참여시키는 등의 조치가 필요하다고 말한다. 많은 민간단체들이 차별 철폐를 외치면서도 실제로 자신들의 조직구조에는 그것이 반영되지 않은 현실에 대한 비판이다. 실제로 원주의료생협은 21명 내외로 이사회가 구성되는데, 지역인사뿐 아니라 생협 직원과 사회적 일자리 참여자 대표도 배석하도록 하고 있다. 이는 조합원이 한달에 한번씩 열리는 이사회에 참여하여 의사결정구조에 연계되도록 하기 위한 것으로, 최혁진은 "많은 사람이 우리사회 중심에서 참여할 수 있도록" 하는 것이 생협의 취지 중 하나이기 때문이라고 말한다.

근대사회가 효율성의 증대를 위해 선택했던 결정과 실행의 이분법이 시민사회단체에도 그대로 적용되어야 하는가? 이러한 질문은 당위적으로 그리해야 하는가의 문제이기도 하지만, 효율성 측면에서도 던질 법한 질문이다. 그런데 후자의 측면에서도 시민사회단체에는 이러한 이분법이 적용되지 않아야 할 것 같다. 시민사회단체는 "사람을 상대로, 사람을 변화시키고, 그 사람을 통해 사람을 살리는" 일을 하는 곳이기 때문이다. 이 목적을 달성하기 위해서는 결국 모든 사람이 어떤 식으로든 자율적으로 결정하고 헌신적으로 실행하는 법을 배워야만 한다.

이러한 맥락에서 고계현이 지적한 "NGO의 사회적 책임"은 현단계에서 전세계 시민사회단체가 반드시 명심해야 할 원칙이다. NGO의 사회적 책임 운동에 참여하고 있는 경실련의 고계현 사무처장은 한국 시민사회에도 이러한 책임성운동이 활발하게 전개될 필요가 있다고 말한다. 그는 시민단체가 변화된 환경에 적응하기 위해서는 명확한 중장기 비전과 전략을 설정하고 그에 맞게 대내외 관계를 투명하고 효율적으로 조정할 필요가 있다고 생각한다.

NGO의 사회적 책임을 얘기할 때 상하 수직적이고 상호 수평적인 개념들이 다 들어가 있거든요. 근데 지금은 정치적인 환경과 일반시민 대중과의 관계는 수직적인 관계인데 수평적인 조직하에서의 어떤 회원과의 관계, 그다음에 볼런티어와 상근자와의 관계, 조직 리더와 상근 운동가의 관계, 이런 것들이 다 책임성으로 정의될 수 있는 거 아닌가요? 거기에서 서로의 책임이 나오는 거거든요. 근데 저희가 NGO의 사회적 책임 운동을 한다는 것은 현재 이 책임성에 대해 서로 책임을 지고 있지 않다는 거죠. 현재의 구조 내에서요. 여기서 질적으로 도약하기 위해서는 각 조직의 주체들이, 거버넌스에 관련된 주체들이 서로의 책임성을 갖추려 하되 그 책임성을 완수하기 위해서 어느정도 서로의 목표로 〔책임성을〕 설정하고 가자는 것이죠. (…) 예를 들면 회원 회비 같은 경우도 지금은 큰 단체 몇개만 채우고 오픈도 하고 이렇게 하지만은, 시민 일반에 공개를 안하잖아요? 재정상황이나 이런 것을, 외부에서 달라고 하면 어쩔 수 없이 주지만, 이런 것도 연간 리포트 같은 것을 만들어서 다 공개를 하는 거예요. 회비 비중이 얼마나 되고 내부 후원 비중이 얼마나 되

고, 그다음에 목표를 이렇게 잡고 있는데 현재 몇 퍼센트 와 있고 이렇게 더
가려 합니다. (고계현)

사회적 책무성(accountability)이라는 개념은 UN이나 국제시민단체
차원에서 최근 활발하게 논의되고 있다. 이 배경은, 국제원조단체들의
빈곤 지역에 대한 써비스가 활발해지면서, 그 지역 정부 및 사회전반의
부패 때문에 정작 도움을 받아야 할 사람이 받지 못하는 현상에 대한 문
제의식이 공유되기 시작한 것이다. 기부금을 모아 도움을 주는 단체나,
그 도움을 받는 단체들 모두 조직운영의 투명성과 민주성을 스스로 공개
하고 증명함으로써, 기부자에게나 도움을 받을 것으로 기대되는 지역주
민 모두에 대한 책임을 다하자는 자발적인 운동이 바로 책무성운동이다.
규모가 큰 국제 시민단체일수록 홈페이지에 책무성 코너를 별도로 마련
하고 책무성 일람표와 행동기록 등을 공개하고 있다. 이러한 노력은 외
부인에게 그 단체의 신뢰를 높이는 효과가 있을 뿐 아니라, 내부 활동가
의 활동 원칙이나 관계규칙을 규정하는 교육 효과도 있다.
　시민단체의 자발적 정보공개를 위한 웹씨스템 도입에 주도적인 역할
을 함으로써, 책무성운동에 기여하고 있는 '아이들과 미래'의 박두준 사
무국장은 시민단체의 투명한 정보공개를 통해 시민사회가 더 활성화될
수 있다고 믿는다.

기부를 하고 싶은데 정보가 (…) 주로 NPO들이 돈 받고 싶은 곳만 골라서 마
케팅을 해요. 잠재적인 후원자들에게 마케팅을 하는데, 기부자들, 일반시민
들은 거꾸로 이쪽을 선택해서 볼 수 있는 구조가 안되어 있는 거예요. 정보가
쌍방으로 안 흐르는 거죠. NPO들을 찾을 수 있도록 해줘야지요. 시골에서
어디 공부방에 기부하고 싶어도 그걸 찾는 데 많은 시간이 걸린다는 거예요.

(박두준)

그는 독립재단의 경우 특히 전문화된 조직관리가 중요하다고 생각한
다. '묻지마식 사업' 혹은 '퍼주기식 사업'이 아니라, 자기 조직 재정비를
통해 기업 및 다른 시민단체의 신뢰를 얻고 이를 통해 지속 가능한 방식
으로 사업을 확장시켜야 한다는 것이다.

비영리조직은 지속성하고 안정성을 어떻게 확보할지, 이게 경영자한테는 아
주 고민인 거예요. 끊임없이 사업을 만들어가야 하고, 그 사업에 들어갈 돈을
펀딩해야 하고, 직원들의 전문성을 어떻게 키울 것인지. (…) 작년에 스코틀
랜드에서 워런 버핏이 빌 게이츠 재단에 〔투자〕한 건 두가지다. 하나는 신뢰
도, 또하나는 전문성이다. 이 돈을 주면 잘 쓸 것이다. 그 돈이 헛되이 쓰이거
나 효과가 없거나 사회적 임팩트가 없다면 돈을 주는 사람으로서는 끊을 수
밖에 없다. 내 돈이 헛되이 쓰이는 것을 기부자들은 절대 원하지 않는다. 그
런 이야기를 하고 '아이들과 미래'에 와보니까 IF 파트너십이 외부감사를 받
는 조건인 거예요. 그것도 미국의 상위 5위 안의 회계사하고 파트너십에 있
는 한국 회계법인에서 받아야 한다고 해요. (…) 와보니까 그런 씨스템이 되
어 있고 외부 회계감사를 받았었더라고요. 나는 2004년 4월 1일자로 왔는데
(…) 복식부기를 쓰고 그걸 다 공개를 해요. 이사회에 다 공개하고 이해관계
자들한테 (…) 그다음에 IF에 영문으로 해서 다 보내줘야 하고 (…) 그러니까
품행이 불량하면 파트너십이고 뭐고 다 안된다는 거죠. (박두준)

구성원들의 효능감과 전문성 강화
서울에서 연고도 없는 안산에 내려와 시민단체 활동을 하게 된 유미
화는 서울과 비교했을 때 지역에서는 자신이 고민하고 움직이는 만큼 변

해간다는 걸 피부로 느끼며 새로운 체험을 할 수 있었다고 말한다. 안산에 갔을 당시만 해도 지역주민들이 서울 소식은 다 알지만 정작 자신이 사는 지역에 대한 정보를 잘 듣지 못해 공론화하는 힘이 약하다는 걸 깨닫고, 지역의 쟁점을 부각시키는 데 힘을 썼다.

서울에서는 워낙 층층시하(層層侍下)가 많잖아요. 결정하는 테이블에서, 논의는 늘 같이 하지만 중요한 사안이라던가 그런 부분에서는 나의 결정권보다는 그래도 오랫동안 활동했던 선배들의 생각을 많이 보고 배웠는데, 지역에 오니까 그런 층이 없는 거예요. 내가 고민하고 움직이는 만큼 가는 게 지역이더라고요. (…) 여기 시민중계실 자원봉사 선생님들하고 같이 모니터링을 쭉 하고, 그거를 가지고 지역 언론이지만 발표를 하고 공청회 같은 걸 했을 때, 중앙에서는 잘 느껴보지 못하는 거였는데 지역 언론들이 관심을 표명하는 게 있더라고요. 그래서 정말 움직여지는 걸 내가 금방 느낄 수 있고, 지역이 관심을 표명하는 게 피부에 와닿는 거죠. (유미화)

유미화처럼, 활동가들이 자신의 생각이 실현되고 현실이 변화하는 걸 "금방 느낄 수 있고, 〔그것이〕 피부에 와닿는" 느낌을 갖는 것은 시민사회단체의 가장 큰 동력이다. 물질이나 권력의 인쎈티브가 주어지는 기업이나 국가와는 달리, 시민사회의 자발적 활동가들은 자신의 생각을 실현하는 것 자체에 큰 만족을 느끼는 사람들이다. 개인이 한 집단에서 어떤 제안을 하고 그에 따르는 노력을 했을 때, 그것이 실현되는 느낌을 효능감이라고 한다. 적은 임금과 많은 업무에도 불구하고 시민사회단체 활동가들이 이 일을 계속하는 이유는 높은 효능감 때문이다. 시민사회단체를 살아 있게 하는 것은 (기업에서와 같은) 이윤 창출에 따른 높은 임금이나 (국가 관료제에서와 같은) 안정된 생활이나 명예가 아니라, 자신의 생각이 실현되는 것을 피부로 느끼는 데서 오는 희열이다.

에코붓다의 유정길 대표는 시민 활동가들의 힘을 "감동"이라고 말한다.

> 솔직히 나같은 경우도, 일하면서 나를 돌아보게 돼요. 예전부터 이 일을 했다고 대접받고 이러는데, 오히려 훨씬 일을 잘 하고 열심히 헌신적으로 일하는 사람이 많아요. 그런 것들을 보면 감동의 물결이죠 (…) 나는 운동이나 사회 운동이 갖고 있는 기본적인 것은, 참 좋은 뜻을 갖고 있는 사람들이 정말 열심히 하는 감동, 그런 감동이 나를 변화시키게 만들고 내가 나를 있게 만드는 거고 무수히 많은 개인들이 행복한 거죠. (유정길)

기업에서 일하다 최근 사회연대은행에서 사무국장으로 일하고 있는 최홍관은, 지금 하는 일이 힘들고 많이 바쁘지만, 결정과 실행을 같이 해야 하는 시민단체 업무의 특성이 보람을 갖게 한다고 말한다.

> 저도 과거에 상당히 여러 분야를 섭렵을 했는데, NGO, NPO는 안 돌리는 게 없잖아요. 홍보도 그렇고 마케팅도 그렇고 안 걸리는 게 없는데, 그런 각 분야에서 그동안 경험했던 것을 십분 발휘할 수 있었다는 것이 저에게는 초창기에 사회연대은행에 큰 도움이 되지 않았나 생각을 했었고 (…) 주변에서는 힘들지 않느냐고 그러지만, 저로서는 바쁘지만 아주 기쁜 (…) 제가 입사 이래로 사회활동을 하면서 제일 바빴던 (…) 그 전에도 굉장히 바빴는데 (…) 과거에는 제가 대우에서는 처음에 기획실, 비서실에 있었기 때문에 (…) 그 당시에는 다 그랬었습니다. (…) 80년 초에는, 대우만 하더라도 보통 한 10시, 11시 퇴근하면 '빨리 한다.' 그다음에 토요일, 일요일도 없이 나왔었는데, 1년에 한 일주일도 못 쉬고 그렇게 할 정도로 바빴는데, 그쪽에서는 밑에서 써포

트하는, 머리가 아니라 몸으로 뛰는 형국이었다고 한다면, 사회연대은행에서는 그 모든 것이 같이 혼연일체가 되어가지고 시민화되었다는 것에 굉장히 긍지를 갖고 보람을 갖고 있죠. (최홍관)

물론 이러한 헌신적이고 창의적인 활동의 이면에 그늘이 전혀 없는 것은 아니다. 한살림 서울생협 이해정 조직국장은 헌신의 강박감 속에서 결국 기쁨 없이 "일"만 했던 자신의 모습을 뒤돌아보았다.

그니까 2000년, 1999년 정도부터 제가 과천에서 한살림 모임을 하고 싶다, 여기도 기구가 있었으면 좋겠다, 또 사람이 세명만 있었으면 좋겠다, 만날 이런 생각들을 했었는데, 그러기 위해서는 스스로를 의식적인 활동가나 이런 사람으로 인식시킬 수밖에 없잖아요. 태도 자체가 어떠했냐면, 내가 여기서 기쁨을 누리겠다는 것보다도 저 사람을 만나서 어떻게 얘기해서 (…) 어떻게 뭐 맡기고, 항상 이 생각만 하는 거예요. 항상 제가 더 먼저, 제가 더 많이 꺼내놔야 된다고 생각하고 제가 시간도 더 많이 내야 되고, 돈도 더 많이 내야 되고, 더 성실해야 되고, 더 희생적이어야 되고, 이래야 된다라고 스스로 계속 생각한 거예요. 그렇게 지난 게 한 삼년. 〔그러다가〕 이렇게 넘어지게 된 거예요. 몸이 서서히 지치고, 한살림 같은 경우에는 처음 만들었을 때 기쁨과 희열감 이런 것들이 수돗물 불소화를 끝내면서 다들 지치고 또 슬럼프 기간으로 들어갔죠. 이제는 주변사람들이 그걸 좀 알아줬으면 좋겠어요. 내가 지금까지 시간이 남아돌아서, 돈이 남아돌아서 한 것이 아니고요. (이해정)

이해정의 사례는 헌신해야 한다는 활동가들의 강박관념이 종종 활동가들의 열정이나 활력에 부작용을 낳기도 한다는 것을 잘 보여준다. 한국 시민사회는 많은 사람들의 활발한 참여가 아니라 소수의 헌신적 활동가들의 희생 위에서 이루어졌기 때문에 이러한 강박관념은 어쩌면 당연한 귀결일지도 모르겠다. 이러한 현실을 고려하더라도 시민단체 활동의 특성상, 활동가들의 열정과 기쁨을 유지시키는 것이 활기찬 조직의 기초라는 점은 부인할 수 없을 것이다.

그러나 희열과 감동이 전부는 아니다. 경실련의 고계현 사무처장은 최근 시민사회단체 상근 활동가들에게 점차 고도의 전문화가 요구되는 배경을 잘 설명해주고 있다. 그는 90년대만 하더라도 교수 등의 외부 전문가들이 시민사회단체 활동에 참여해 활발히 활동했는데, 민주화의 진전과 함께 사회적으로 목소리를 낼 수 있는 통로들이 생기면서 시민사회단체가 전처럼 매력적이지 않게 되었다고 말한다. 이에 따라 상근 활동가들의 역할 전환이 요구되고 있다는 것이다. 전에는 상근 활동가들이 외부 전문가들의 활동을 지원하는 간사 역할을 했다면, 이제는 이들 스스로 특정 분야의 전문가가 되어야 하는 상황이다. 고계현이 활동하는 경실련의 경우, 한해의 사업계획을 짤 때 상근 활동가가 직접 제안서를 쓰고 발표하고 설득해서, 그 계획이 채택될 경우 그 제안자를 중심으로 조직편제가 재구성되는 방식을 취한다. 이러한 방식은 상근 활동가 스스로 특정 문제를 지속적으로 연구해 전문가가 되도록 독려하고, 동시에 사업방식을 수평적이고 유연하게 전환하여 활동가들의 동기를 고취시키는 장점이 있다. 요컨대 시민사회단체도 이제는 체계적인 인재관리를 할 필요가 있다. 박두준은 다음과 같이 이야기한다.

NPO들이 내부 갈등이나 분란을 슬기롭게 해결하지 못하면 (⋯) 내부적으로 씨스템화시켜주고, 적절하게 보상과 인정을 안해주면 갈등이 일어나고, 그래서 신생조직들, 공동대표 하는 조직들이 2~3년 안에 갈라서는 경우가 많이 있잖아요? 그다음엔 돈이 문제죠. 처음에 모금해서 많이 있었을 때는 많이 썼단 말이지요, 지원 재단이니까. 그런데 그걸 계속 모금해서 채워넣지 않으면 돈이 한정되어 있으니까 그때부터는 자꾸 서로 공과를 따지게 되는 거예요. 누가 잘했느니 못했으니, 구조조정을 하느니 월급을 깎느니, 이런 것들은 구성원들한테 아주 마이너스죠. (박두준)

대학 졸업 후 시민단체 활동가로 지내온 박두준은 지난 20여년간 시민단체 간사로 활동하면서 겪었던 어려움을 기억하면서, 체계적 인재관리의 중요성을 절감하고 있었다. 이름있는 리더가 아닌, 시민단체 실무자로 살아온 그는 임금을 받지 못하는 어려움뿐 아니라, 시민단체를 설립자 개인의 소유물로 받아들이는 데서 비롯된 여러 부작용들을 체험했다. 이러한 경험은 이후 '아이들과 미래'의 사무국장을 맡았을 때, 그로 하여금 활동 내용뿐 아니라, 상근 활동가 관리에 주력하도록 만들었다. 중요한 것은 시민단체도 상근 활동가의 헌신에만 기댈 것이 아니라, 자긍심과 전문성을 개발할 수 있도록 지원해주어야 하며, 이를 위해서는 조직 자체가 활동을 지속할 수 있도록 재생산되어야 한다는 것이다.

시민사회운동은 지식산업이란 말이에요. 머리에서 다 나오고, 써비스산업이다 그렇잖아요, 무형이니까. (…) 직원들이 나가면 다 없어지는 거죠. 자료도 있고 하지만, 새로 만드는 공장 같은 경우에는 직원이 떠나도 제조시설 있으니까 사람을 훈련시켜서 돌아가게 하면 돼요. 하지만 시민, NPO 같은 경우는 지식산업이라는 거예요. 직원들이 아이디어와 창의성과 경험들, 생산 도구를 가지고 다니는 거죠. 그래서 직원들이 자주 바뀌는 건 조직한테 아주 안 좋은 영향을 끼칠 수가 있어요. 또 떠나게 되더라도 좋은 쪽으로 스카웃돼서 가면 괜찮아요. 하지만 월급을 못 받았거나 갈등이 있거나 그래서 떠나면, 일반 기업도 그렇지만 떠난 쪽으로는 두 그룹밖에 없어요. 평생 욕하거나 평생

칭찬하거나. (…) 기업도 그런데 하물며 시민단체에서 월급도 못 받고 고생하고 나왔는데 좋다는 사람들 있겠어요? 그러면 그 속에서 느꼈던 여러가지 부분들을 안 좋게 말하겠죠. 그런 부분들을 앞으로 시민단체들이 조심해야 하지 않을까요. (박두준)

박두준은 기존 시민단체들이 "뜻만 있으면 뭉쳐서 만드는 것"만 중요하게 생각하고, 몇년 후에 어떻게 발전시킬지 같은 기업가적 마인드가 없음을 아쉽게 생각한다. 그런 마인드가 없었기 때문에 결국 "아무것도 없는" 상황에 처하기도 한다는 것이다. 아무리 뜻이 좋아도 그 뜻을 유지할 기획과 실현시킬 수 있는 씨스템이 뒷받침되지 않으면 안된다는 것이다. 전략적 기획과 조직의 지속 가능성이 갖춰진다면, 결국 구성원들에게 긍정적인 영향을 주어 더 역량있는 사람들을 흡수할 수 있을 것이다.

최근에는 주로 독립재단을 중심으로 활동가 혹은 직원들의 재교육을 지원하려는 사례들이 늘어나고 있다. 단체가 활동가에게 책을 사서 볼 수 있도록 지원한다든지, 외부강사의 특강, 번역자료를 중심으로 한 스터디, 해외 쎄미나 참여 등을 통해 상근 활동가들이 끊임없이 자신의 능력을 개발할 수 있도록 지원하기 시작하고 있다. 독립재단들의 이러한 움직임은 최근 젊은 고급 인재들이—비록 다른 기업에 비해 월급은 적지만—재단을 선호하는 경향이 뚜렷해지고 있는 것을 볼 때 일단은 성공적인 듯하다.

이런 전반적인 조직운영의 전문화 바람에도 불구하고 시민사회단체 조직 내부의 직접적인 의사소통의 필요성은 사라지지 않는다. 시민단체들이 점차 체계적으로 조직화되어야 한다는 압력을 받고 있는 만큼, 그 안에서 활동하는 시민사회단체 활동가들은 전문화된 조직활동에 실망하거나 답답함을 느끼기 때문이다. 한살림의 이해정은 직접 주민들을 조직하던 지역에서 일하다가, 일종의 사무국 역할을 하는 서울의 생협에서 일하게 되었는데, 처음에는 다른 직원들의 태도를 보고 "답답"함을 느꼈고 갈등도 많았다고 한다. 서울 사무국 '조직'에서 일하는 방식과 지역에서 일하는 방식이 다를 수밖에 없는데 이런 차이를 잘 몰랐기 때문이었다. 역할과 의무가 기능적으로 정해지는 조직생활은 장점이 있는 만큼 의사소통을 방해하는 구조이기도 하다. 이해정은 그런 조직에서 1년 정도 일을 하고 나니 "지역활동만 했더라면 몰랐을 것"을 알게 되었고, 훨씬 효율적으로 사업을 할 수 있는 장점을 살려 성과를 내기 위해 더욱 열심히 일했다. 그러나 조직의 다른 사람들, 특히 임원들과는 여전히 거리를 느껴 대화를 거의 하지 않았다. 그러다 우연한 기회에 자신의 요구를 말함으로써 소통의 중요성을 깨닫게 된다.

> 그 순간 되게 충격을 받은 거예요. (…) 그니까 나는 옳은 것을 하고, 나는 저 좋은 거 훌륭한 걸 하고 있으니까 당연히 주변에서 동의해야 한다라고 생각을 했던 거죠. 그 한살림에서는 이걸 이렇게 좀 해주세요라고 한번도 얘길 해본 적이 없더라고요. 10년이 다 돼가지고야 〔그걸〕 깨달았어요. (…) 그래서, 그 전까지는 저 사람이 하는 얘기 다 말도 안돼, 그러니까 그 얘기를 하는 시간에 딴 거를 하겠지,라고 생각하던 것들을 가지고 대화하기 시작한 거예요. (…) 내가 하지 않으면 아무도 임원들하고 얘기할 사람들이 없는 거예요. 그래서 이사장, 부이사장 이런 식으로 다시 〔대화를〕 만들어갔던 과정들이 있었어요. (이해정)

전문화되어 지위체계가 엄격히 분리되고 부서간의 상호소통도 그리 많지 않은 거대 시민사회단체에서는, 활동가들이 자발적으로 소규모 공부모임을 결성해 답답함과 직접적 소통에 대한 갈증을 해소하기도 한다.

조직운영의 전문화 필요성과 활동가들간의 수평적이고 직접적인 의사
소통의 욕구를 어떻게 결합킬 것인가? 이것은 활력있는 시민사회단체를
만들기 위해 넘어야 할 또하나의 산이다.

4장

전환기 속의 시민사회,
운동과 변화 사이에서

| 정규호 |

1. 변화를 이끌 것인가, 변화에 휩쓸려갈 것인가?

변화의 소용돌이 속에서

지난세기에 우리는 근대화, 산업화와 뒤를 이은 민주화를 압축적으로 경험해왔다. 동시대에 비슷한 조건에 놓여 있던 국가들과 비교할 때 우리가 경험한 경제성장과 민주주의의 발전은 그 규모와 속도 면에서 비교할 수 없을 만큼 크고 빨랐다. 따라서 많은 이들이 한국사회의 특징으로 '역동성'을 꼽는 데 주저하지 않는다. 한국의 이미지를 해외에 알리는 국가 홍보물 슬로건도 '다이내믹 코리아'(Dynamic Korea)일 정도다.

하지만 21세기 현재 우리사회는 변화의 소용돌이 속에서 과도기의 진통을 겪고 있다. 국가의 양적 성장과 개인의 질적 발전 간의 불균형을 해소하지 못한 채 시민들이 처한 사회·경제적 어려움은 가중되고 있으며, 이 과정에서 파편화된 개인들은 신자유주의적 무한경쟁에 무기력하게 노출되고 있기 때문이다.

지금으로부터 20년 전인 1987년, 권위주의적 통치체제를 뒤엎고 민주화를 이끌어냈던 우리 시민사회의 역동성은 10년 후인 1997년 IMF 경제위기를 맞아 급속히 해체되어갔다. 민주주의에 대한 시민들의 기대와 열망은 사상 초유의 국가부도 사태를 맞아 직장과 가정에서 길거리로 내몰리는 충격과 절망 속에서 싸늘하게 식어갔다. 이는 2005년 국회운영위원회가 전국 성인남녀 1200명을 대상으로 국민의식 여론조사를 실시한 결과 '민주주의와 경제발전 중 하나를 선택한다면 어떤 것이 중요하다고 생각하느냐'는 질문에 응답자의 약 85%가 경제발전이 더 중요하다고 응답한 데서도 확인할 수 있다.[*] 국부(國富) 창출이 생존 기반을 보장해줄 것이라는 시민들의 소박한 믿음도 여지없이 무너져갔다. 국가신용도, 외환보유고, 종합주가지수 등 총량적 경제지표로 경제위기 국면을 벗어났다는 주장도 있으나, 생활세계에서는 10년 전의 IMF 경제위기로 인한 충격과 고통이 아직도 '현재진행형'이다. 경제위기의 충격은 시민사회의 중심축을 이루는 중산층의 몰락을 가져왔다. 여기에는 사회연대은행 사무국장 최홍관의 지적처럼 IMF 이후 금융자본의 건전성 강화[**] 등을 이유로 우리나라 풀뿌리 경제의 주춧돌인 서민금융체제를 붕괴시킨 조치와도 무관하지 않다.

지금 우리사회가 당면한 현실은 교육, 의료, 주택 등 시민들의 생존

---

[*] 이에 대해 조명래는 10여년 전의 유사한 조사에서 '민주화와 경제성장이 동시에 이루어져야 한다'는 응답이 61퍼센트였던 점에 비추어 시민의식이 보수화되었다고 설명하고 있다(『시민의 신문』 2005년 12월 15일자 참조).

[**] 이때 주로 적용되는 것이 'BIS 비율'이다. 국제결제은행(Bank for International Settlements)이 정한 은행의 위험자산(부실채권) 대비 자기자본비율(BIS capital adequacy ratio)을 말하며, 각국 은행의 건전성과 안정성 확보를 위해 최소 8퍼센트 이상의 자기자본을 유지하도록 하는 국제 기준을 마련하였다. BIS 비율을 맞추기 위해서는 위험자산을 줄이거나 자기자본을 늘리는 두가지 방법이 있는데 일반적으로 자기자본을 늘린다.

및 삶의 질과 직결된 '기본필요'조차도 사회적 해결보다는 개인의 책임으로 돌리도록 강요하고 있다. 또한 '환경' '여성' '평화' 등 글로벌 차원에서 요구되는 21세기형 물음에 대해서도 우리사회는 20세기형 '선(先) 성장' 논리에 사로잡혀 아직 충분한 답을 내놓지 못하고 있다. 이런 상황에서 양극화의 심화, 빈곤의 확대, 고용불안, 구조적 실업 등으로 시민들이 느끼는 현재에 대한 불만과 미래에 대한 불안은 점점 커져가고 있다. 동시에 공익적 가치와 공동체의 발전을 지향했던 시민사회의 역동적 에너지는 개인과 가족의 사적 영역 속으로 쪼그라들었다. 시민들이 처한 경제적 어려움이 정치적으로 보수화된 선택을 강요한다는 진단이 결코 근거 없이 들리지 않는 상황이다. 참여연대 사무처장 김민영은 다음과 같이 이야기한다.

> 과거보다 훨씬 높아진 부동산, 사교육 등 쏟아부을 돈은 많아지는데 공적 영역에서 이런 것들을 해결하지 못하니까 사람들의 생활은 쪼들릴 수밖에 없는 거겠죠. 그러다보니 우리사회에서 그동안 주류담론이던 민주주의와 개혁이라고 하는 것이 의미가 있느냐는 문제제기를 받고 있고 그 반작용으로 보수화가 등장하는 것이라고 봅니다. (김민영)

이처럼 시민들의 삶이 불안정해지고 그만큼 생존을 위한 경쟁으로 사회 분위기가 팍팍해지면서 시민사회의 발전과 성숙을 지향해온 시민사회운동 진영 역시 심각한 도전을 받게 되었다. 고용불안과 실업에 대한 공포가 작동하는 냉엄한 현실에서 경쟁으로 인한 중압감은 시민들로 하여금 사회적인 문제조차도 개인적인 방식으로 해결하도록 만들고 있기 때문이다.

이와 관련하여 환경정의 사무총장 오성규는 오늘날 환경운동이 처한 어려움을 시민들의 낮은 환경의식보다는 먹고살기 바쁜 시민들의 개인화된 삶의 모습 속에서 찾고 있다. 오늘날 시민들은 환경과 관련된 정보와 지식을 더 많이 접하고 있고 웰빙(wellbeing, 참살이)에도 높은 관심을 보이지만 이것을 사회문제로 인식하고 운동을 통해 해결하기보다는 개별화된 형태로 접근하고 있다는 것이다.

시민사회가 개별화, 파편화되는 방향으로 급속히 재편되면서 사회 연대와 공동체적 가치를 중심으로 한 시민운동의 역할이 더 중요해지고 있지만 시민사회운동 진영 또한 변화의 소용돌이 한가운데 놓여 있는 것이 현실이다.

물론 현실의 급격한 변화들이 만들어내는 충격과 부작용을 해소하기 위해 시민사회운동 진영은 많은 노력을 기울여왔다. 하지만 현실에서 진행되는 급격한 변화의 충격들이 시민의 의식과 삶의 영역에 미치는 구체적인 영향에 대해서는 관심이 적었고 이와 관련한 노력도 상대적으로 부족했다. 이 과정에서 시민운동을 바라보는 시민들의 시선 또한 예전 같지 않게 바뀌었다. 환경운동연합 사무총장 안병옥은 "예전에 운동할 때만 해도 힘들지만 의미있는 일을 한다는 인식이 있었는데, 지금은 상황이 많이 달라져서 정치하려는 사전작업이 아니냐거나, 힘든 세상살이를 알지 못하는 철부지들 정도로 바라보고 있어 운동하기가 쉽지 않다"고 이야기한다.

시민들의 이러한 인식 변화는 시민사회단체의 정치적 영향력과 사회적 신뢰의 기반이 최근 수년 동안 급속히 약화되고 있는 데서도 확인된다. 하지만 분명한 사실은 건강한 시민사회가 자리 잡지 않은 상태에서 성장과 발전은 가능하지도 바람직하지도 않다는 점이다. 따라서 시민사회와 시민운동이 당면한 현실에 대한 성찰과 진단을 통해 21세기의 물음에 제대로 답할 수 있는 시민사회의 역할과 비전을 찾아나서야 할 때다.

예전 같지 않은 시민사회운동

2007년 3월 한 언론사에서 전국 시민단체 30곳의 상근 활동가 114명을 대상으로 시민운동의 현황에 대해 설문조사를 실시했다. 그 결과 응답자의 절반에 가까운 48.6퍼센트가 현재 상황을 '시민운동의 위기'로 보고 있었다. 또한 응답자의 60.5퍼센트가 '시민운동을 그만둘 고민을 한 적이 있다' 고 답했으며, '기회가 주어진다면 전직을 하겠다'는 응답자도 34.2퍼센트로 나타났다.[1] 이는 87년 민주화 이후 20여년간 양적으로나 질적으로 급속한 성장을 거듭해왔던 우리나라 시민운동이 최근 몇년 사이에 안팎으로부터 의미심장한 변화를 겪고 있음을 보여준다.

지금으로부터 10년 전 조사를 보면 우리나라 시민운동은 국민들의 실생활과 밀접한 분야에서 전문성과 현장성을 바탕으로 한 문제제기와 대안제시를 통해 정권과 자본을 견제하는 '제3의 권력'으로 자리 잡았다는 평가를 받았다.[2] 1996년 서울대 사회발전연구소의 조사에 따르면 시민단체가 종교단체나 대학을 제치고 가장 신뢰받는 집단으로 조사된 바 있으며,[3] 시사저널이 해마다 실시하는 '한국을 움직이는 가장 영향력 있는 세력 혹은 집단(대통령 제외)'에 대한 조사에서도 시민단체가 2000년에는 2위, 2004년에는 1위를 차지한 것으로 나타났다.

그런데 시민사회단체들이 이끌어오던 시민운동이 예전 같지 않을 뿐아니라 심지어 위기를 맞고 있다는 이야기들이 곳곳에서 들리고 있다. 소위 '시민 없는 시민운동' '백화점식 운동' '시민운동의 권력화' '대안 없는 비판운동' 같은 이야기들은 동의 여부를 떠나 시민운동 당사자들에게도 더이상 낯설지 않은 것이 현실이다.* 이와 관련하여 2006년 3월에 열

---

* 물론 시민운동 위기와 관련한 논의들은 한편에서 2000년 시민단체들의 총선연대 활동 이후 일부 보수언론들의 시민운동에 대한 '공격적 담론'으로 나타난 측면도 있다. 이 글에서는 '위기를 넘어선 희망 찾기' 프로젝트 차원에서 시민운동의 대안탐색을 위한 '성찰적 담론'으로서

린 한국사회포럼과 시민사회포럼 모두 사회운동, 시민운동의 위기와 전환기적 과제들을 집중적으로 다룬 바 있으며, 2007년 8월 30일부터 9월 2일까지 87년 6월항쟁 20주년을 맞아 열린 사회운동포럼에서도 '사회운동의 위기를 분명히 인식하고 새로운 사회운동의 이념과 전망을 모색'할 필요성을 강조한 바 있다. 시민사회운동에 대한 위기 인식은 국가와 시민사회 사이에서 시민의 요구들을 수렴하고 조율하고 실현하려는 운동 본연의 역할과 위상 측면에서 변화가 일어나고 있음을 말해준다. 이는 인터뷰에 응답한 시민단체 활동가들의 목소리에서도 확인된다.

YMCA의 지역과 중앙 조직에서 10여년간 시민운동을 해온 이필구는 다음과 같이 시민운동의 현주소를 이야기한다.

> 현실적 상황이나 조건은 대단히 어렵다라는 생각은 많이 갖고 있고요. 내부적으로 위기의식도 굉장히 커요. 이대로 갔을 때 말 그대로 사회써비스 정도 하는, 국가가 해야 하는 써비스 맡아서 해주는 정도로 전락하지 않을까 하는 고민도 있어요. (이필구)

환경운동연합의 안병옥은 예전에 시민운동이 가지고 있던 영향력들이 계속 줄어들고 회원 규모 또한 늘지 않고 정체되어 있는 상황에서 아직 돌파구를 찾지 못하고 있어 '위기라면 위기다'라고 이야기한다. 또한 대표적인 시민단체로 소액주주운동, 반부패운동 등을 통해 다양한 제도개선을 끌어낸 참여연대의 김민영은 "온갖 전투에서 승리하였음에도 현실은 점점 더 어려워지고 있다"는 평가를 내리고 있다.

시민들의 관심과 지지를 바탕으로 활동해야 하는 시민운동의 입장에

위기 논의에 주목하고자 한다.

서 특히 난감한 것은 시민들의 싸늘한 시선이다. 함께하는 시민행동의 신태중 팀장은 시민운동의 위기와 관련하여 시민들의 무관심으로 운동의 활력을 잃는 문제를 지적하고 있다. 차라리 욕먹고 비판받는 것은 그래도 시민들의 주목을 받기 때문이라는 것이다.

다양한 위기 인식과 물음들

당면한 문제들을 앞장서 해결해야 할 시민사회운동이 위기 논의의 대상이 된 현실은 여간 당혹스럽지 않다. 하지만 현재의 시민운동 위기에 대한 논의들 속에는 냉소적인 비판에서 애정 어린 조언까지 다양한 입장들이 혼재해 있다. 또한 위기에 빠진 기존 시민운동의 빈자리를 새로운 유형의 시민운동이 출현하여 채워가기도 한다. 따라서 시민운동의 위기에 대한 논의에 담긴 의미와 과제들을 다양한 측면에서 살펴볼 필요가 있다.

시민단체 활동가들 사이에서도 위기론에 대한 인식의 차는 크다. 일부는 위기라는 말 자체에 대해서 불편함을 감추지 않는다. '언제 편안하게 운동한 적 있었느냐' '이것을 위기라 하면 위기 아닌 적이 있었느냐' '위기라는 말 자체가 지나친 과장이자 이데올로기 공세다'라는 것이다. 이러한 인식의 배경에는 위기에 대한 지나친 강조가 문제해결에 도움을 주기보다는 단체에 대한 불신감을 조장해 시민들과 더 멀어지게 할 수 있다는 판단이 작용하고 있다. 여기에는 2000년 총선시민연대 활동 이후 소위 보수언론들이 시민단체 활동의 도덕성과 중립성 문제를 비판하면서 시민운동의 위기 문제를 다룸으로써 활동가들의 주장이 정파적으로 비친 점도 영향을 주었다. 대표적인 예로 언론개혁을 둘러싸고 일부 시민단체와 언론이 갈등을 빚었다. 이 과정에서 2001년 정부의 언론사 세무조사를 지지한 시민단체를 소설가 이문열씨가 정권의 '홍위병'이라고 비난하면서 시민단체의 역할을 둘러싼 논의가 이념 갈등으로 비화되기도 했다.

한편 이러한 흐름과는 별도로 다수의 활동가들은 시민운동이 예전 같지 않다는 점, 특히 시민의 신뢰 약화를 우려하고 있다. 이들은 주로 위기의 원인을 외부 요인에서 찾기보다는 시민사회의 내적 요인, 즉 시민들이 당면한 현실의 객관적 조건과 가치의 변화에서, 그리고 이에 대한 시민사회운동 진영의 관심과 실천의 부족에서 찾고 있다. 시민운동의 미래는 시민들의 신뢰와 지지에서 찾아야 한다는 점에서 지금의 문제를 추상적인 담론이 아니라 구체적인 현실의 문제로 바라보고 근본적인 변화를 준비할 필요가 있다는 주장도 제기되고 있다.[4]

하지만 변화와 역동성을 생명으로 하는 시민운동의 특성상 위기에 대한 인식 또한 다양할 수밖에 없다. 한국여성민우회 사무처장 정은숙은 특정 단체의 목소리, 하나의 입장이 일방적으로 사회에 통용되는 것 자체가 바람직하지 않다는 점에서, 시민운동이 처한 현실에 대해서도 다양한 목소리들이 표출되는 것을 나쁘게 볼 필요가 없다고 주장한다.

참여연대 정책위원장 김기식은 지금의 시민운동 위기를 '찬란한 성과를 이뤘던 90년대에 견줘볼 때 상대적 위기'라 진단하면서 향후 50년을 두고 고민하고 싸워야 할 때라고 이야기한다.[5] 시민운동 전체의 절대적 위기로 몰아가서는 안된다는 것이다. 보건의료단체연합 정책실장 우석균 역시 시민운동의 위기를 한국사회 전체의 문제로 보기보다는 "현재 운동의 의제를 발굴하고 방향을 설정하여 이것을 이끌어가는 사람들 자체"의 위기라고 본다.

특히 주목할 부분은 시민운동 위기 문제에 대해 시민운동의 영역별, 주체별로 그 인식이 사뭇 다르다는 점이다.

한국여성민우회 이사 허성우는 "지금의 위기론은 중앙의 특정 거대단

체, 남성 중심적인 단체들의 특정한 담론의 위기상황을 반영한 것"이라
며 위기론 자체가 재구성되어야 한다고 주장한다.[6] 이필구 역시 시민운
동의 위기를 일반화해서는 안되며 오히려 지역 차원에서는 새로운 가능
성을 만들어가고 있다고 주장한다.

> 시민운동의 위기라고 하는 거는, 중앙운동의 위기이지, 지역운동의 위기가
> 아니죠. 지역운동, 과거에 비해 훨씬 더 다양해졌어요. 그리고 훨씬 더 많은
> 사람들이 과거에 하지 못했던 실천적 대안 활동들을 지금 하고 있어요. (이필구)

오성규 또한 시민운동 위기 논의에 대해 지역에서 운동하는 사람들의
불편한 심정을 다음과 같이 대신 전하고 있다.

> 시민운동이라는 게 위기 속에서 항상 존재하는 게 운동 아니냐, 대체로 큰 단
> 체들이 위기지 지역은 또다른 이유로 참 재미나게 하고 있다 같은 이야기도
> 나오지요. (…) 〔지역에서는〕 성과가 바로바로 보이게 하고 있는데 중앙에서
> 별로 일하지도 않는 사람, 선수들이 와가지고 일하고 마구 떠들고 있다는 분
> 위기입니다. (오성규)

안병옥은 시민운동이 굉장히 어려움을 겪고 있고 뭔가 새로운 변화가
필요하다는 점에는 공감하지만 운동의 한 측면만 보고 평가해서는 안된
다는 입장이다. '한참 시민운동이 소위 잘나갈 때, 상승곡선을 그리고 있
을 때와 지금을 비교해서 거기에 미치지 못하기 때문에 위기다'라는 방
식의 평가는, 자칫 언론의 주목을 받고 바람을 일으키는 운동에만 관심
을 가지고, 조용하게 활동해온 운동은 소홀히 다루는 폐단이 있다는 것
이다.

이처럼 시민운동을 둘러싼 커다란 변화의 흐름들이 시민운동의 위기 논의를 촉발시켰지만 현실에서 이것을 바라보는 인식들은 매우 다양함을 알 수 있다. 결국 분명한 사실은 지금의 시민운동 위기 논의를 일시적 현상을 설명하는 논리로 활용하거나, 특정 단체에 해당하는 문제로 치부하거나, 소위 '잘나가던 시절'로 되돌아가기 위한 회귀적 담론이 되어서는 안된다는 점이다. 또한 지금의 위기 논의를 일반화시켜 시민운동 전체를 왜곡된 시선으로 바라보게 하는 도구로 활용해서도 안될 것이다.

따라서 오성규의 지적처럼 '위기냐 아니냐라는 논의 자체에 머물러 있는 것 자체가 불필요한 상황'이며, 위기라고 느끼면 대안을 내놓고 노력하는 것이 더 중요하다. 안병옥 역시 위기 자체를 부정하거나 반대로 과장하고 체념하는 것이 또다른 위기를 불러올 수 있는만큼, 앞으로 어떤 노력이 필요한가에 논의를 집중해야 한다고 강조한다. 이점에서 "지금 나오고 있는 위기론들은 10년 전에도 토씨 하나 바꾸지 않고 나왔던 얘기들"이라며 "그간의 노력들이 효과적이지 못했던 이유에 고민의 촛점을 맞춰야 한다"는 시민사회단체연대회 이인경 사무국장의 지적도 참고해볼 만하다.[7]

결국 위기(危機)라는 말에 담긴 이중의 의미를 살펴볼 때 '위험(危險)' 속에서 새로운 '기회(機會)'를 포착하는 성찰의 노력이 매우 중요하다. 현실을 변화시키려 했던 시민운동이 오히려 현실의 변화가 제기하는 물음들에는 소홀하지 않았는지 깊이 살펴야 할 것이다. 시민사회와 시민운동 안팎에서 일어나고 있는 급속한 변화의 흐름과 이것이 만들어내는 다양성들을 섬세하게 읽어내는 눈을 요구받고 있다고 할 수 있다.

2. 현실 진단과 반성

일반화의 오류를 경계하면서 현재 시민운동이 처한 일반적인 문제들을 인터뷰에 참여한 활동가들의 목소리로 살펴봄으로써 기존 운동의 관성과 현실의 변화된 요구 사이에 나타나는 긴장을 드러내보자.

국가 중심의 틀을 벗어나지 못했다

그동안 주류 사회운동은 사회가 당면한 제반 문제를 주로 국가권력의 변화를 통해 해결하려 했다. 이는 권력의 소재지가 결국 국가에 있음을 전제하는 것으로, 사회운동이 국가 중심의 틀에 갇혀 국가 의존성을 심화시키는 결과를 초래하였다. 다음은 원주 지역에서 의료생활협동조합 (의료생협) 운동을 활발히 전개하고 있는 최혁진 이사의 이야기다.

> 지금까지 상당부분의 사회운동들은 결국은 국가권력을 변화시켜야지 문제가 해결될 수 있는 것이라 믿고 그렇게 진행해온 것이 사실입니다. 특히 의료 복지영역에서 지금도 많은 진보 그룹들은 의료라는 것 자체가, 국가가 책임져야 된다는 생각들많이 하고 있어요. (최혁진)

이처럼 국가 중심의 틀에 갇힌 사회운동은 '인식론적'으로 국가 의존성을 심화시킬 뿐만 아니라 '실천적'으로도 사회운동의 영역을 국가 단위로 제한하는 결과를 가져왔다. 이와 관련하여 에코붓다 대표 유정길은 우리나라의 사회운동이 '국가' 단위로 한정되어 지구 차원에서의 쟁점을 제대로 다루지 못할 뿐만 아니라 지역의 문제에 천착하지도 못하고 있다고 지적한다. 아름다운재단 이사로 있는 윤정숙 역시 우리사회의 운동이 새로운 것을 창조하고 대안을 만들어가는 운동 본래의 가치를 놓친 채 기존 제도와 권력에 끊임없이 반응하면서 '관성화'되어왔다고 지적한다.

이러한 문제들은 국가와 시민사회의 협력과 파트너십을 강조하는 영역에서도 나타나는데, 시민참여를 내세우지만 여전히 국가 중심의 제도적 틀 속에서 시민사회단체들이 실질적인 권한을 가지고 제 역할을 못하는 경우들이 자주 발견되기 때문이다. 정부의 위원회에 참여하는 시민사회단체의 역할은 사실상 매우 제한되어 있으며 결과적으로 정부의 정책을 정당화하는 보조자 역할에 머무르고 있다는 비판과 자성의 목소리들이 자주 나온다.* 이와 관련하여 보건 및 의료 분야에서 시민운동을 활발히 해온 우석균은 정부의 의료시장화 정책을 주도하고 있는 '의료산업선진화위원회'의 예를 들어 위원회 구성에서부터 정부관료와 업계대표, 민간 전문가들이 대부분을 차지하고 있어 시민사회단체들의 참여는 요식행위에 지나지 않는 현실을 지적하고 있다.

결국 국가 의존적 입장이나 비판적 입장 또는 상호협력을 통해 국가를 활용하려는 입장 모두, 시민사회운동의 활력을 통해 새로운 미래를 설계하는 데 국가가 만들어놓은 제도적 틀이 장애 요인으로 작용할 개연성이 크다는 것이다. 최혁진은 공공영역의 문제를 전적으로 국가 책임으로 돌리지 말고, 지역사회나 시민사회가 공적인 기능들을 자율 관리하고 운영하는 실천 방안들을 다양하게 모색할 필요가 있다고 밝힌다. 의료생협이 그 예로서, 생활협동운동 차원에서 시민들이 공동출자해 의료기관을 설립하고, 의료인들과 협력하여 의료 공공성을 지키고 건강한 사회와 삶터를 만들려는 노력이 근래에 크게 주목받고 있다.*

---

* 이 부분은 본장 3절에서 다루고 있는 시민운동단체의 제도화에 따른 딜레마와도 밀접한 관련이 있다.

운동 전망의 상실과 자기성찰의 부족

기존 시민사회운동은 과제와 목표를 분명히 설정하고 이를 효과적으로 달성하기 위해 역량을 결집하고 동원하는 방식으로 활동해왔다. 따라서 목표가 명확하지 않을 경우 적지않은 혼란과 갈등이 발생할 수밖에 없다.

이와 관련하여 우석균은 현재 시민운동이 당면한 가장 큰 어려움은 '앞으로 우리는 무엇을 하면서 이 사회를 변화시켜나갈 것이냐? 비전들을 어떻게 제시해나갈 것이냐?'에 대한 전망을 상실한 데 있다고 본다. 이미영 역시 운동 전망의 상실에 따른 혼란스러움을 다음과 같이 이야기한다.

> 시민사회가 굉장히 어려울 것 같아요. 어떻게 자기 좌표를 설정하고 나가야 할지에 대해서. 저는 래디컬하게 가는 흐름도 중요하게 해야 되고 또 그럴 것 같아요. 또 이렇게 바닥으로, 운동인지 아닌지 헷갈리는 (…) 장기적으로 가는 것도 있겠고요. 근데 요즘은 모르겠어요. 제가 이렇게 스스로도 사물을 보는 눈이 혼란스러워서 '이렇게 가야 된다' 이야기를 잘 못하겠어요. (이미영)

이러한 진단은 시대적 과제 또는 사회적 요구를 운동의 과제로 우선 설정해놓고 이것을 실현하기 위해 단체 활동의 방향과 내용을 구성하고 여기에 활동가들의 삶을 맞추는 운동들 속에서 자주 발견된다. 이처럼 소위 '목적 지향형' 운동에서는 급속한 변화과정 와중에 운동 전망의 상실이 곧 활동가 개인의 미래에 대한 전망의 상실로 연결될 수밖에 없다.

---

* 우리나라에서는 1994년 안성 의료생협을 시작으로 현재 10여곳이 만들어져 활동중이다. 반면 이웃 일본의 경우 의료생협의 역사가 40년이 넘고 140여개 기관에 200만명이 넘는 조합원이 활동하면서 의료써비스를 받고 있다.

조직의 전망과 개인의 전망은 결코 분리될 수 없는 문제이기 때문이다.

하지만 다른 한편으로 운동의 과제를 자신을 포함한 구체적인 삶의 문제를 통해서 찾고자 하는 사람들은 기존 사회운동에 자기성찰이 부족했음을 지적한다. 이들은 운동의 전망과 비전은 현실의 조건 속에서 '주어지는 것'이 아니라 성찰의 과정을 통해 '형성되는 것'으로 보는 '과정 지향형' 운동을 강조한다.

이점에서 유정길은 지금 시민운동의 위기 문제는 '내 밖의 변화'에 촛점을 맞춰 남을 비판하고 사회를 비판하는 데 익숙했던 운동 방식의 한계를 말해주는 것으로, '내 안의 변화'에 주목하는 '성찰'의 필요성을 강조한다. 활동가들이 상황을 어떻게 인식하고 받아들이느냐에 시민운동의 현재와 미래는 달라질 수 있다는 것이다.

> 사회는 거의 그렇게 흘러가고 있는데 운동가들이 개인의 주관적인 관점으로 희망적이다 비관적이다 생각하고 있는 거예요. 객관적으로 사회는 (…) 활동가들이 생각하는 인식과 떨어져서 도도하게 흘러가는 것인데, 어느 순간에 자기 관점에서 희망적이라고 보이기도 하고, 어느 순간에 자기 가치관에서 비관적으로 보이기도 하는 거지요. (유정길)

이필구 역시 현재 운동이 처한 어려움의 원인을 그동안 삶의 '본질'에 대한 이야기보다는 '껍질'에 대한 이야기를 많이 해왔고, 활동가들 또한 일에 대한 고민은 많았지만 자기 삶에 대한 고민은 많이 하지 못했던 점에서 찾으면서, '자기 삶을 변화시키는 게 세상을 변화시키는 첫걸음'임을 강조한다.

오랜 기간 여성운동을 해온 아름다운 재단의 윤정숙 역시 우선 자기에게 근본적인 질문을 던지지 않는 운동은 이제 이론으로서나 실천으로

서나 시효가 지났음을 지적한다.

결국 사회적 변화를 촉발하고 만들어가는 시민운동이 양적 성장에 비
해 스스로에 대한 성찰을 소홀히 한 결과 현실의 문제를 진단하고 미래
를 내다보는 통찰력마저 상실함으로써 운동의 사회적 전망과 활동가 개
인의 전망 모두 약화되었다는 것이다.

여론에 의존한 현안 중심 활동의 폐해

90년대 들어 시민사회단체들이 급속히 성장한 데는 이들의 활동에 적
극적인 관심을 보인 언론의 역할도 컸다. 하지만 언론매체를 통한 시민
사회단체의 영향력 확대는 이들로 하여금 여론의 주목을 끌 수 있는 현
안과 쟁점에 집중하도록 만들었다.

그동안 시민운동이 세상의 주목을 끄는 쟁점 중심으로 활동해왔다는
안산 녹색소비자연대 사무국장 유미화의 지적도 같은 맥락이다.

또한 민주사회를 위한 변호사모임에서 민생경제위원장을 맡고 있는
김남근은, 지금의 시민운동이 정부의 정책이나 눈에 보이는 문제에 매달

려 주로 반대하는 운동을 하다보니까 자신들의 관심 분야에 따라 파편화된 채 우리사회의 대안이나 모델을 만드는 노력은 도외시하고 있다고 지적한다.

한편 2000년대 들어 시민단체와 언론의 관계가 악화되면서 나타나는 현상에서 보듯이, 시민운동과 언론의 상호의존성은 부메랑처럼 시민운동의 위기 요인으로 작용하기도 한다.

참여연대 사무처장 김민영은 자기조직이 아니라 여론에 의존하는 시민운동이 문제라고 지적한다. 안병옥 역시 오랫동안 환경운동에 참여하면서 활동해온 경험에 비추어 볼 때, 시민들과의 직접 소통을 외면한 채 결국 언론이 여과한 시민운동을 시민들에게 보임으로써 단체를 불신하도록 만든 요인으로 작용했다고 지적한다.

경실련 사무처장 고계현은 그동안 시민운동이 외부 평가에 편승해왔는데 지금부터라도 사회 변화의 흐름에 맞게 운동 자체의 역량을 강화하기 위한 준비와 노력이 필요하다고 지적한다. 작은 피해들을 모아서 사회적으로 문제를 해결하는 방식의 '작은권리 찾기운동'이 필요하다는 김남근의 제안도 이러한 문제의식의 연장에서 나타난 것이다. 안병옥 역시 시민들의 직접적인 관심을 모아내려는 노력 여하에 따라 시민운동의 미래가 좌우되리라 전망한다.

정치적인 색깔이 들어 있는 문제는 별로 클릭수가 없어요. 그런데 예를 들어서 수산물 안전처럼 시민들의 생활과 직결된 문제는 아주 폭발적으로 클릭을 하거든요. 그 얘기는 환경운동이 해야 할 일이 없거나, 시민들로부터 버림을 받았다거나 이런 게 아니고, 환경운동이 시민들의 요구를 좀더 받아들이고 가깝게 다가가려는 노력이 필요하다는 것이지요. (고계현)

현장과 밀착하지 않은 계몽적 활동

기존 시민운동은 시민사회단체 상근 활동가의 헌신과 전문가의 지원을 토대로 시민을 교육하고 이끌어오는 방식을 채택했다. 이는 사회 변화의 방향에 대한 답을 가지고 시민을 계몽하고자 하는 엘리뜨적 운동의 특성을 보여준다. 김남근은 과거 학생운동, 사회운동을 해왔던 사람들의 머릿속에는 '세상을 손바닥 뒤집듯이 변화시킬 수 있으며, 그러지 못하면 세상은 변하지 않고 희망도 없다'고 믿는 경향들이 있었는데, 이것이 오늘날 시민운동에서도 발견된다고 지적한다.

그런데 현장에 밀착하지 않은 채 시민을 대상화시키고 계몽하는 운동은 사회가 다원화되고 시민들의 의식 수준이 급속히 높아지는 현실에서 더이상 가능하지도 바람직하지도 않다는 주장들이 제기되고 있다.

외국인노동자의 집 대표 김해성은 현재 우리사회가 당면한 문제들을 좋은 법과 제도를 만들어 해결할 수 있다고 보지 않는다. 또한 입하고 머리로 하는 운동으로도 한계가 있다고 본다. 그는 '정말 어려운 사람들 만져주고 쓰다듬어주고 품어주고 안아주는' 손발이 진짜 필요한데, 이점에서 지금의 운동은 상당부분 스포큰 워킹(spoken working), 슬로건 워킹(slogan working), 아니면 페이퍼 워킹(paper working)에 머물러 있다고 지적한다. 이와 관련하여 YMCA 이필구의 지적도 참고할 필요가 있다.

우리가 사람들에게 답이 있다고 한다면, 사람들의 답을 얼마만큼 들어봤을까요? 그리고 우리가 어떻게 해왔을까요? 대단히 못해왔던 것 같아요. (…) 그리고 그런 답들을 뽑아내는 과정, 고백하는 과정에 대한 고민도 사실은 많지 않았던 것 같습니다. (…) 시민사회라는 것이 만들어가는 과정에 있는데 시민들의 목소리를 듣지 않는다는 거는 상당히 어폐가 있지요. (이필구)

한국여성민우회 정은숙 또한 정보가 차단되었던 과거와는 달리 인터넷의 발달 등으로 시민들의 정보와 지식은 매우 빠른 속도로 증가하고 있는 상황에서 계몽식 운동은 한계에 부딪힐 수밖에 없다고 말한다. 급속히 변화하는 사회적 상황에 맞추어 발 빠르게 대응하지 못하는 운동은 과거 지향적이라는 것이다.

최혁진은 시민사회운동이나 진보운동이 시민의 삶터 문제에 관심을 가지고 적극적으로 뛰어들지 못한 데 반성이 필요하다고 주장한다. 따라서 김남근처럼 크고 화려하지 않은 자그마한 역할일지라도 시민들 피부에 와닿는 것들을 찾아서 활동하는, 현장에 밀착한 노력이 필요하다는 제안에도 주목할 필요가 있다.

지역에 대한 관심과 배려의 부족

광산지역사회연구소장 원기준은 언론의 관심과 이슈를 좇아 활동하는 단체들의 운동방식을 강하게 비판하면서, 지역과 현장을 책임지지 않는 운동은 결과적으로 지역의 자생적 단체들에 부정적인 영향을 끼친다고 지적한다. 지역적 특성과 현안을 세심하게 살피지 않는 상태에서 언론의 주목을 받는 중앙단체들이 지역문제에 관여할 경우 지역에서 활동해오던 풀뿌리운동단체들의 활동영역을 오히려 위축시켜 상호 불신과 갈등을 일으키기도 하기 때문이다. 이와 관련하여 풀뿌리자치연구소 이음에서 연구위원으로 일하고 있는 김현은 다음과 같이 이야기한다.

말씀드리자면 복잡하긴 한데, 지역 풀뿌리단체는 중앙단체에 대해 감정들이 있어요. 이를테면 대표적인 단체가 있는데 그 단체가 지역을 싹 쓸면 사실 지역운동단체들의 〔활동〕 폭이 확 줄어들 수밖에 없거든요. 재원도 그리로 다 가는 거죠. (…) 이런 것들이 계속 누적되다보니까 중앙단체에 대한 불신이

다소나마 있어요. (김현)

따라서 원기준은 중앙의 시민운동단체들이 지역문제를 다룰 때는 지역주민 스스로 문제를 해결할 수 있는 힘을 갖출 수 있도록 관심을 가지고 지원할 필요가 있다고 강조한다. 즉 지역과 현장에서 스스로 문제를 해결할 수 있는 역량 형성과 주민 의식의 변화, 건강한 리더십의 육성을 효과적으로 뒷받침해주는 지속적인 노력이 필요한데, 지금까지는 이런 면에서 매우 취약했다고 지적한다.

가부장적 조직문화의 온존

사회적 약자들의 목소리를 균형있게 대변하고 조화로운 사회를 만들고자 하는 시민운동 자체가 권위적이고 가부장적인 조직문화를 가지고 있다는 사실은 역설에 가깝다.

'평화여성과 갈등해결쎈터' 소장 박수선은 시민사회단체들 내에서도 서로 다른 의견들을 해결하는 방식에서 충분한 소통과 의견수렴이 이루어지기보다는 '파워있는 입장이 관철'되고 있음을 지적하고 있다.

한국여성단체연합에서 지역여성운동쎈터 국장을 맡고 있는 이구경숙은 시민단체 내에서 특히 남성 리더와 여성 실무자들 사이에서 이런 문제들이 나타나고 있음을 지적한다.

정부부처는 말할 것도 없고 시민단체도 그래요. 남자들이 처장이고 밑에 여자 간사들이 있으면 간사들은 아무말도 못해요. 다른 의견이나 견해를 차단하는 분위기를 많이 느낍니다. 싸우는 것처럼 회의하고, 수다 같은 회의를 하던 분위기에서 보면 전혀 쌍방향 소통이 없는 관계여서 무척 숨이 막힙니다. (이구경숙)

이러한 문제는 정해진 시간 내에 효율적으로 '결론'을 도출하기 위한 회의구조를 선호하는 집단과 상호인식의 차이를 드러내고 소통을 통해 '공감대'를 이끌어내는 회의구조를 선호하는 집단 사이에서 자주 발견된다. 전자의 경우 단체 리더와 남성 활동가들이, 후자의 경우는 실무자와 일반회원 그리고 주부 활동가들이 주요 구성 집단이라 할 수 있다.

한편, 가부장적 조직문화의 문제는 대부분 여성, 주부들이 활동하고 있는 생활협동조합 운동조직 내에서도 나타난다. 최혁진은 생협운동 내에서 나타나는 남성 중심적 의사결정구조에 대해 '직접민주주의의 실종'이라고 주장한다.

생협운동 같은 진영들도 사실 보게 되면 이용자의 대다수는 여성인데 활동가의 대다수는 남성이고, 이사장들은 거의 다 남성이었지요. 생활에 기반한 운동이라고 그랬지만 그 안에서도 원칙적으로 따지고 보면 직접적 민주주의는 실종되어 있는 거잖아요. 그러니까 생활의 문제를 가지고 참여하는 사람들은 의사결정에서 배제되어 있고, 의사결정은 일상적으로 생활의 문제를 고민하지 않는 남성들이 다 장악하고 있어요. 그러다보니까 삶 속의 문제의식들을 끌어올리지 못하고 있어요. 물품이 좋으니까 이용은 하지만, 그 단순히 물품의 거래가 아니라 지역을 창조해나가는 것이 협동운동의 중요한 가치 중의 하나인데, 너희가 언제 우리에게 기회를 준 적이 있느냐, 이런 식의 반응이 나올 수밖에 없는 거죠. (최혁진)

생협운동 진영에서 제기되는 이러한 문제는 단순히 의사결정 주도권을 누가 차지하고 있느냐를 넘어 우리사회의 운동조직에 깊숙이 자리 잡아온 가부장적 문화의 폐단을 제기한다.

여성환경연대 사무처장 이미영은 우리사회에서 여성들이 시민운동 영역에서조차 '주변화되어 있는 상태에서 몸으로만 고생하는 사람들'로 남은 현실의 문제를 지적하고 있다. 나아가 한살림 서울생협에서 조직국장을 맡고 있는 이해정은 여성들이 사회적으로 인정받고 자신의 판단을 신뢰해본 경험이 상대적으로 부족한 우리 현실에서, 시민운동의 가부장적 조직문화는 여성 활동가들이 리더로 성장하는 데 걸림돌로 작용하고 있다고 말한다.

정은숙은 이러한 운동조직과 활동가 개인의 가부장성, 남성성은 권위주의적 정권에 저항해온 기존 학생운동, 노동운동의 경험에서 비롯되었다고 말한다. 한국여성민우회를 통해 여성운동을 새롭게 시작하면서 느끼고 돌아본 사실이다.

대학에서 운동을 할 때도 남자들하고 어울리는 데 전혀 거리낌없이, 즉 소위 남성성이 저의 살아가는 방식이었다고 생각해요. 그러니까 내가 이들과 관계를 맺는 데 남녀를 구분하는 건 아니지만 위축되지 않기 위해서는 비슷한 성향을 지녀야 하고 숨기지 않아야 하고 이런 게 있었어요. 그래서 저는 동화됐던 것 같아요. 분위기와 그런 말투와, 그런 거 있죠? 공격적이고, 그래야만 된다고 생각하했던 거 같아요. 그게 운동을 잘하는 거라는…… (정은숙)

윤정숙 또한 운동사회 내의 가부장성에 본질적으로 도전하고 있는 젊은 페미니스트들의 목소리와 기성 운동세대의 대응 양식을 통해 상당한 충격과 변화의 필요성을 느끼게 되었다고 밝힌다.

운동사회 내의 가부장제를 제기한 것, 성폭력이나 가부장성 문제가 저한테는 큰 충격이었어요. 난 이미 알고 있었거든요. (…) 다 보고 있었지만 그걸 말해야 한다고 생각하지는 않았어요. 그들은 어쨌든 동지기 때문에. (…) 그래서 되게 놀랐죠. 소위 젊은 페미니스트적인 아젠다에 대해서요. (…) 그 자체에 놀랐고, 그런 문제제기에 대한 언니 여성운동의 관점과 대응에 대해서도 놀랐어요. 가운데에서 너무 고민스러웠어요. (윤정숙)

3. 운동을 위한 변화? 딜레마와 과제들

『시민의 신문』과 시민사회단체연대회가 활동가 200명을 대상으로 한 의식조사 결과 지속가능한 발전을 위한 한국 시민운동의 과제로 재정안정화 및 상근 활동가 처우 개선이 26퍼센트로 가장 높게 나타났다. 이어 대안정책 전문성 확보 20.5퍼센트, 지역과 생활에 근거한 풀뿌리운동 강화 20퍼센트, 단체·부문·지역 간 소통과 연대 강화 13.3퍼센트, 시민운동 지원 관련 제도·정책 개선 11.5퍼센트, 운동의 과도한 중앙 집중성 해소가 5퍼센트 순으로 나타났다.[8]

외부(정부, 기업)의 재정지원, 약인가 독인가

환경운동연합이나 참여연대 같은 주요 시민단체의 재정 상태를 살펴보면 재정 자립률이 70~80퍼센트가량이며, 나머지 부족분은 사업수익과 후원금으로 메우는 것으로 나타났다.[9] 그런데 주목할 점은 우리나라 시민사회단체들의 재정자립도가 선진국 시민사회단체들과 비교할 때 결코 낮지 않고 높은 경우도 많은데, 오히려 우리는 '재정 자립도 100퍼센트'라는 신화에 매여 있다는 것이다.

우리나라는 선진국에 비해 사회문화적으로나 제도적으로 열악한데 시민단체 스스로의 힘으로 재정자립 기반을 구축해야 한다는 강박관념을 가지고 있다. 이는 정부나 기업의 재정지원을 받거나 이들을 대상으로 모금 활동을 하는 것에 시민운동단체 스스로 상당한 부담 또는 거부감을 가지고 있음을 역설적으로 보여준다.

재정자립과 관련한 시민운동단체들의 인식과 태도에는 몇가지 요인들이 복합적으로 작용하였다.[10] 우선, 독재정권 시절에 정부의 재정지원을 받았던 민간단체들이 자율성과 독립성을 상실한 채 정부의 시녀 역할을 해왔다는 역사적 경험이 주요한 원인으로 꼽힌다.

또한 90년대에 우리나라 시민운동이 급속히 성장하는 데 언론의 역할이 적지 않았음을 고려할 때, 2000년대 들어 시민운동과 언론의 관계가 급속히 악화됨에 따라 정부나 기업의 재정지원을 확보하려는 시민사회단체들의 활동이 일부 언론의 강력한 비판 대상이 되어온 점도 재정확보 활동에 상당한 부담으로 작용하고 있다.

한편 재정자립도 100퍼센트의 신화가 우리 현실에서 비교적 영향력을 발휘하게 된 데는 우리나라의 시민운동을 대변형(advocacy) 단체들이 대표해온 점도 작용했다.* 써비스형 시민단체들의 경우 정부의 역할을 보완하는 만큼 정부나 기업의 재정지원이 자연스러울 수 있다. 그러나 대변형 시민단체들의 경우 시민 입장에서 정부나 기업 활동을 비판·감시해야 한다는 점에서 외부로부터의 재정지원 문제가 적지않은 고민을 던져주기 때문이다.

시민사회단체가 재정 면에서 자생력을 가지고 활동하고 있다면 고민의 지점은 달라질 수 있겠지만 현실은 그렇지 않다. 재정자립을 하지 못

---

*강상욱은 오랜 시민사회의 전통 아래서 시민의 자발적 참여를 통해 성장해온 서구의 시민운동과 달리 한국의 시민운동은 민주화운동이라는 정치사회적 배경과 이전의 사회운동의 전통 위에서 급속히 성장해온 결과 써비스보다는 보이스(voice) 기능 위주로 활성화되었다고 주장한다(강상욱, 2001).

한 채 활동이 위축되고 소극적 대응에 머무르는 시민단체들이 적지 않으며, 이것이 단체 자체의 존립에 대한 불확실성과 연결되기도 하기 때문이다. 결국 시민사회는 물론 상대적으로 물적 기반이 탄탄한 정부나 기업에서 시민사회단체로 재원이 원활하게 흘러들어가 효과적으로 활용될 필요성이 제기된다.

하지만 시민사회단체가 정부나 기업 등 외부의 지원을 받아 재원을 확보하는 일은 결코 간단치 않으며 논란도 많다. 외부의 재정지원이 시민단체의 자립성과 투명성을 높여줄 것이라는 시각이 있는가 하면, 다른 한편 시민단체의 자율성과 정체성을 훼손할 것이라는 비판적 시각도 있다.

재정지원을 강조하는 입장에서는 국가가 해야 될 일을 시민사회단체가 대신하는 만큼 정부의 재정지원은 당연하다고 본다. 안병옥은 시민단체에 대한 재정지원은 국가 재원을 효율적으로 '배분'하는 것인 만큼 '지원'이라는 표현도 적합하지 않다고 지적한다. 나아가 박홍순은 정부의 재정지원이 시민단체의 재정적 투명성과 체계적 운영능력을 높여주는 데 기여하는 측면도 있다고 주장한다.

저희들이 프로포절로 공적자금을 받아 지도에 따라 운용을 해나가는 경험이 행정적으로 쌓이고 하면서, 행정능력이라든가 회계처리하는 능력이 갈수록 나아지고, 그런 제도적인 장치가 강제하는 측면들이 생기면서 우리 내부에 규범도 발전하는 것 같아요. (안병옥)

한편 우석균은 정부의 재정지원은 필요하지만 지원받는 시민사회단체들이 자율성과 독립성을 유지할 수 있는 다양한 방안들을 마련하는 것이 선행되어야 한다고 지적한다.

특히 정부의 재정지원이 시민단체의 활동과 미래에 미치는 다양한 부
작용들을 경계해야 한다는 목소리들이 높다. 박홍순은 IMF 경제위기 이
후 실업구제와 복지 제공을 위한 사업들을 정부의 재정지원을 받아 전개
해왔는데, 이것이 단체의 안정적인 조직운영에 기여했지만 IMF 위기를
어느정도 극복하면서 재정지원이 끊기자 단체 활동 전반을 전환해야 하
는 어려움을 겪었던 경험을 이야기한다.

우석균은 정부의 재정지원을 받는 단체의 경우 정부가 의지를 가지고
추진하는 정책에 반대하기가 쉽지 않아 단체의 자율성이 훼손될 수 있음
을 지적한다.

2006년 11월 정부(행자부)는 전국 각 시도에 '지방자치단체의 민간
(사회단체) 보조금 지원 관련 유의사항' 공문을 보내 한미 FTA를 비롯한
국책사업에 반대하는 시민사회단체들에 보조금 지원을 중단하도록 지
시했다. 이에 대해 시민사회단체들은 정부가 자신들 입맛에 맞는 단체들
만 양성해서 관변단체로 만들려는 의도라고 강하게 반발했다.[11]

한편 안병옥은 시민사회단체가 재정을 지원하는 쪽의 눈치를 보는 것이 문제가 아니라 지원사업 실행에 매달려 본연의 역할을 소홀히 하고 에너지를 낭비하는 것이 더 큰 폐해라고 지적한다.

어떤 프로젝트를 하느냐 안하느냐가 중요한 게 아니라 프로젝트를 하면서 자기 정체성을 잃고 있느냐인데, 걱정되는 점은 있죠. 뭐냐면 프로젝트를 하기 때문에 우리가 내야 될 목소리를 내지 못한다거나 누구 눈치를 본다거나, 이런 건 제가 보기엔 없어요. (…) 환경운동이 현장성이 있어야 되는데, 직접 피해를 본 주민들이 전화하면 달려가서 주민들하고 같이 얘기를 나누고 공동으로 해결하고 하는데, 재정이 어렵다보니까 요즘 꼭 기업이 아니라 하더라도 공공사업들이 많잖아요. 보고서를 써야 하기 때문에 그런 일에 시간이 많이 들죠. 그러다보니까 시급하고 중요한 문제를 할 수 있는 여력이 없는 거예요. (안병옥)

오성규 역시 프로젝트 중심의 사업은 사업구조를 대외 의존적이고 불안정하게 만들 뿐만 아니라 활동가들로 하여금 불필요한 곳에 시간과 정열을 쏟게 만드는 한계가 있다고 지적하면서 회원 확대를 위한 노력이 재정문제 해결에서 주요 원칙이 되어야 한다고 지적한다.

'녹색삶을 위한 여성들의 모임' 대표 김미선은 정부를 비롯한 외부 지원 없이 활동하는 것이 힘들고 어려운 과정이지만 주민참여를 통해 후원을 모으고 각자의 쌈짓돈을 내놓으면서 이루어낸 성과와 자부심이야 말로 정말 소중한 것인데, 외부 지원을 받아 문제를 해결하면 이러한 소중한 동력을 잃게 된다고 강조하고 있다.

결국 시민사회단체가 시민들에게 더 가까이 다가가서 활발한 활동을 펼치기 위해서는 안정적인 재정 기반을 마련해야 하는 만큼, 재정지원의 긍정적 효과를 높이면서 부정적 요소를 최소화하는 방안을 찾아야 할 것이다.

최근 수년간 주요 시민사회단체들은 회원수가 정체 또는 감소되고 있고 정부나 기업 등을 통해 재원을 확보하는 활동은 비판의 표적이 되는 등 여러 도전에 직면해 있다. 이런 상황에서 시민단체가 선택할 수 있는 길은 두가지다. 하나는 재정을 긴축하고 상근 인력을 줄이고 활동영역을 축소하면서 현실의 어려움을 타개해나가는 것이다. 실제로 주요 단체들 가운데는 재정문제 해결을 위해 소수 인력이 더 전문화된 영역에 촛점을 맞추어 미래를 준비하는 곳도 있고, 또 다른 곳에서는 상근 활동가 중심의 조직체계를 시민과 회원들의 자원봉사 활동에 기반한 체계로 전환을 모색하는 곳도 있다.

하지만 시민단체 재정자립 문제의 근본적인 해결은 지원하는 쪽과 받는 쪽의 능동적이고 적극적인 노력을 통해 사회적 규범과 제도, 씨스템의 변화를 이끌어냄으로써 가능하다.

공무원, 정치인, 언론의 경우 시민참여와 시민사회단체의 역할, 시민사회의 활성화의 의미를 충분히 인식하고 정부의 재정지원이 시민단체에 '혜택'을 주는 자선행위가 아니라 시민의 권리를 실현하는 방안임을 인식할 필요가 있다.

기부자들도 지정기부 등을 통해 가시적인 성과가 보이는 영역뿐 아니라 근본적이고 미래를 준비하는 영역에도 기부하는 인식의 변화가 필요하며, 따라서 복지나 장학 외에 시민사회의 활성화를 위한 영역에도 기부하는 풍토가 조성되어야 한다.

시민사회단체 또한 시민들의 적극적인 신뢰와 지지를 얻을 수 있도록 단체의 운영방식과 활동 내용을 적극적으로 변화·발전시켜나갈 필요가 있으며, 정부나 기업의 직접 지원에 따른 부담을 줄이면서 시민운동의 재정적 어려움을 극복하기 위한 방안으로 공익적 시민운동을 지원하는 재단 설립에도 관심을 가지고 참여할 필요가 있다.

관련된 내용들을 재정을 지원하는 정부 측과 지원받는 시민사회단체 측으로 구분해서 살펴보면 다음과 같다.

우선 재정 확보를 위한 제도 및 씨스템 구축 방안과 관련하여 기부금품 모집이나 소득공제, 세액공제 등 관련 제도의 개선을 통해 시민단체들이 재원을 마련할 수 있는 다양한 조건을 만들어줄 필요가 있다. 또한 재정지원 내용에서도 단체의 현실적 조건을 고려하여 사업비 외에 단체 운영비나 인건비 부분도 일정부분 반영하여 지원 효과를 높여야 한다.

또한 기부를 하려는 사람들에게 필요한 시민단체에 대한 정보 씨스템을 구축함으로써 적재적소에 필요한 재원을 지원할 수 있도록 해야 한다. '아이들과 미래' 사무국장 박두준은 그동안 주로 시민사회단체들이 자신들의 잠재적 후원자들에게 마케팅을 해왔는데, 이제는 기부를 원하는 사람들이 원하는 단체의 정보를 쉽게 얻을 수 있도록 하여 필요한 곳에 기부할 수 있게 쌍방향 정보소통체계를 마련해야 한다고 강조한다. 이러한 지적은 최근 들어 뉴라이트운동이나 풀뿌리운동의 등장처럼 시민사회단체들 역시 이념과 활동영역 측면에서 분화가 일어나고 있는 상황에서 시사하는 바가 크다. 결국 시민운동의 스펙트럼이 확대되고 있는 상황에서 각 단체별로 정체성을 분명히 하고 활동 목표와 내용을 정확히 알리는 노력을 통해 운동의 실질적 주체인 시민들이 자율적 판단을 통해 기부할 수 있는 여건을 마련해야 한다. 그리고 이러한 관계 설정은 시민운동의 건강성을 높이는 데도 기여할 수 있을 것이다.

한편 외부 상황이나 여건과는 관계없이 시민단체 스스로의 노력으로 개선 가능한 구석도 있다. 일례로 적정 예산에 대해 외부기관에 회계감사를 맡기고 그 결과를 인터넷으로 공개함으로써 재정 투명성을 높여 기부자와 시민들의 신뢰를 얻으려는 노력이 필요하다. 이는 외부기관의 감사를 감시나 간섭, 통제로 바라보는 인식의 틀을 극복함으로써 가능하다. 또한 시민들에게 다가가는 활동을 활발히 전개함은 물론 그 성과를 잘 알려서 시민들의 지지와 신뢰를 얻어내는 노력도 필요하다.

윤정숙은 '모금의 기본은 지갑을 여는 것이 아니라 마음을 여는 것'인 만큼 시민의 공감과 참여를 이끌어내는 쟁점의 발굴과 활동들이 필요하다고 지적한다. 박두준 역시 후원회원을 확대하기 위해서는 '신뢰'와 '전문성'이 갖추어져야 한다고 주장한다. 즉 활동 내용을 정확히 모니터하고 성과를 평가하여 기부자들, 시민들에게 정확히 알리는 노력이 단체의 재정확보에 매우 중요한 과제임을 강조하고 있다.

제도화의 두 얼굴, 선택의 딜레마

시민단체는 시민사회가 당면한 과제와 요구를 왜곡되지 않게 효과적으로 실현하는 데 활동의 목적을 두고 있다. 따라서 시민단체의 활동 성과들 중에는 법과 정책, 행정조직 등을 통해 제도 구축과 개선 형태로 실현되는 경우가 적지 않다. 이점에서 시민운동과 제도화는 긴밀한 관계를 맺고 있다.

시민운동과 관련된 제도화의 길은 크게 두가지로 구분해볼 수 있다. 그 하나가 바로 '의제'의 제도화이다. 즉 시민사회단체의 운동적 의제들이 소위 민주화의 진전을 통해 다양한 방식으로 제도적 틀 속에 자리 잡는 것이다. 정치개혁, 부패방지, 공직자윤리 같은 의제들이 제도권으로 흡수되었으며, 여성, 환경, 인권과 관련한 의제들도 정부의 조직과 법적 장치를 통해 작동하게 되었다. 나아가 주민투표, 주민소환 같은 직접민주주의 정신을 담은 주민참여 의제들 또한 법과 제도 속에 담기게 되었다.

또하나는 바로 '사람'의 제도화이다. 권위주의적 군사정부가 종식된 이후 문민정부, 국민의 정부, 참여정부에 이르기까지 정부의 정책 활동에 대한 시민사회의 참여 기회와 폭이 점차 확대되어왔다. 특히 소위 '거버넌스' 시대를 맞아 수많은 시민사회단체 대표 및 활동가와 전문가가 각종 정부 위원회 활동에 참여했다.

이처럼 시민운동과 제도권의 긴밀한 상호작용은 시민사회적 과제들이 효과적으로 실현되는 의미있는 기회와 여건을 만들어주기도 한다. 하지만 시민사회와 시민사회단체의 활동 과제와 요구들이 제도적 형태로 수렴되고 반영되는 과정이 시민운동 자체의 활력을 약화시키는 부작용을 간과할 수 없다. 소위 시민운동이 당면한 '제도화의 딜레마'이다.

우선 시민사회단체의 제도권 참여와 관련하여 대표성과 책임성 및 효과성을 둘러싸고 제기되는 논란들을 살펴볼 필요가 있다.

정부정책을 비판하고 반대 활동을 해오던 시민사회단체들로서는 밖에서 계속 반대만 할 것인지 아니면 정책수립 과정에 참여하여 변화를 이끌어낼 것인지, 참여를 한다면 어떤 원칙을 가지고 어떻게 참여할 것인지 내부적으로도 충분한 합의가 이루어지지 않고 있으며, 경우에 따라서는 단체 및 개인의 입장이 달라 관계가 불편해지기도 한다.

박수선은 민관 파트너십을 강조하는 거버넌스 기구에 시민사회단체가 참여하는 문제에서 참여자의 역할과 대표성을 둘러싼 고민을 토로한다.

우리 시민사회에서 거버넌스에 참여하는 걸 보면 그냥 개인이 가는 거잖아요. 그래서 나중에 반드시 발생하는 문제가 뭐냐면, 여기서 와서 보면 개인은 어떤 건 도움이 된단 말이죠. 근데 집단은 〔도움이〕 안되는 거예요. 그래서 결과적으로 참여한 사람은 이쪽저쪽에서 욕먹게 되는 상황이 많이 생깁니다. (박수선)

또한 박수선은 시민사회단체의 제도권 참여가 전문 역량을 갖추지 못한 상태에서 이루어짐으로써 참여자들은 그냥 보수만 받고 결정은 애초에 하려던 대로 해버림으로써 참여 자체가 형식화된 채 실질적인 효과를 발휘하지 못하는 문제를 지적한다. 한편 시민단체 역시 제도권에 참여할 때 자기 역할을 분명히 인식하고 태도를 명확히 할 필요성도 있음을 지적하는 목소리도 나온다. 즉 박수선은 정체성이나 가치갈등에서 오는 문제 같은 경우 대화를 통해서는 해결이 힘들 뿐만 아니라 시민단체들의 입장이 분명히 정해져 있는 만큼 바깥에서 주장하고 싸워나갈 필요가 있는데, 거버넌스 기구에 참여했다가 자기 입장이 관철되지 않으면 발을 빼고 나오는 것은 바람직하지 않다는 것이다.

한편 시민운동이 당면한 제도화의 딜레마는 본질적인 차원에서 나타나기도 한다. 시민운동영역 가운데 짧은 기간에 제도적 성과를 많이 이루어낸 부문이 여성운동인데, 윤정숙은 제도화가 운동의 목표가 되어서는 안되는 까닭을 이야기한다.

> 진보적 여성운동이 성공한 전략 제1순위가 '법제화'인데, 단기간 동안 이 많은 것들을 법제화했다는 것이 유례가 없는 일입니다. 그렇지만 이 운동은 우리가 얻은 바로 그 성과 때문에 한계를 가지고 있는 거죠. 그런 얘기가 있잖아요. '법이 만들어지는 그 순간부터 운동은 다시 시작된다.' 다시 운동을 해야 하는 거죠. (…) 계속 주류를 향해서 바라보면서 얘기하고 이렇게 해라 저렇게 해라 〔그런〕식 말고 다른 트랙(track)이 만들어져야 하는 거예요. 근데 이 제도화 관성 때문에 다른 트랙을 만드는 데에서 상상력이 빈곤해진 거예요. 상상력과 비전이 고갈되어가는 느낌을 온몸으로 느껴가게 되는 거지요. (…) 결국 제도화가 발목을 잡은 거죠. (윤정숙)

이러한 지적은 모든 문제를 법과 제도를 통해 해결하려는 관성에 대

한 경고 메씨지를 담고 있다. 즉 운동적 이슈가 제도적으로 반영되고 재
정을 지원받으며 운동가들이 제도권에 들어가는 일련의 과정들은, 시민
운동 고유의 비전과 역할, 활력을 잃어버리게 하는 부작용을 동반할 수
있다는 것이다.

물론 시민사회의 현장에서 당면한 과제들을 효과적으로 해결해나가
는 데 제도적 뒷받침은 매우 중요하다. 다만 제도화는 당면한 문제의 손
쉬운 해결 수단이 아니라 현장에서 축적되어온 경험과 역량을 실현하는
방안으로 다룰 필요가 있다. 이와 관련해 현장에서 몸으로 부딪치면서
과제를 찾아내고 해결 방안을 모색하는 과정에서 단계적으로 제도적 문
제를 풀어나간 김해성의 경험은 시사하는 바가 크다.

〔외국인노동자들의 치료문제를〕 10명 해결해주면 100명 찾아오고 100명 해
결해주면 1000명 찾아오고 결국에 제가 몸이 아파 쓰러져서 병원에 입원했
습니다. 그 과정에서 나 혼자 해서 될 문제가 아니구나, 혼자 열심히 해서 되
는 일이 아니라 법을 만들고 제도를 바꾸고 구조를 바꿔야지, 나 혼자 잘해서
되는 문제가 아니라는 것을 뒤늦게 깨달은 거죠. (김해성)

결국 시민사회의 활성화와 시민운동의 발전에서 제도화는 양면성을
가지고 있다. 제도화 자체가 문제 해결의 열쇠는 아니지만, 그렇다고 제
도적 문제를 외면해서도 안된다. 문제는 제도를 만들고 운용하는 사람들
의 태도와 능력에 따라 그 결과는 크게 달라질 수 있다는 점이다. 그래서
신태중은 '없는 제도를 만들거나 있는 제도를 바꾸는 운동도 필요하지만
일상에서 생활하는 사람들을 만나는 것이 더 중요하다'고 강조한다.

정치참여, 달콤쌉싸래한 경험들

'정치'와 '참여'의 의미를 넓게 확장시켜보면 시민운동 자체가 곧 자연스러운 정치참여 행위일 수도 있다. 하지만 이 문제는 적지 않은 논란을 낳고 있다. 주로 쟁점이 되는 것은 제도정치권에 대한 시민사회단체의 참여와 관련한 것으로, 정치개혁을 위한 실질적인 참여와 정치 중립이라는 두 요구 사이에서 시민사회단체들에도 입장 차이가 적지 않기 때문이다.

우선 시민운동의 정치참여를 비판적으로 바라보는 입장들이 있다. 2000년 총선시민연대 활동 이후 시민사회단체들이 겪고 있는 어려움에서 보듯이,[*] 시민단체의 과도한 정치개입과 활동이 객관성과 공정성을 허물어버림으로써 시민들에게 신뢰를 잃어버리고 있다는 것이다.[**] 이와 관련하여 고계현은 현재 시민운동이 당면한 위기의 원인으로 시민운동의 지나친 정치 지향성을 들고 있다.

> 굉장히 위기죠. 위기의 근본은 지나친 정치 지향성에 있어요. 최근 몇년 동안에 운동 의제에 있어서 정치적인 소재가 중심에 있고, 민생과 시민들의 실제 삶과 연관된 의제하고는 다소 거리가 있어요. 그러다보니까 정치적 편향에 대한 오해가 생기고 시민운동의 독립성이나 이런 것들에 대한 비판이 생기고, 이런 것들이 부각되면서 신뢰성이 떨어지고, 이러면서 운동을 해도 잘 안 되고 이렇게 되어버린 것 아닌지. (고계현)

---

[*] 2000년 총선시민연대 활동 이후 시민단체들은 '시민운동의 오만함과 독선' '시민운동의 탈법성' '시민운동의 권력화' 같은 혹독한 비판들을 받게 되었다.

[**] 이는 경실련, 기독교윤리실천운동, 녹색미래, 대한YWCA연합회, 흥사단 등 5개 시민단체가 2007년 6월 26일 서울 종로구 흥사단 강당에서 '시민단체 사회적 책임헌장 및 행동규범 선포식'을 갖고 초정파적 시민운동을 선언하게 된 배경이기도 하다.

한편 시민운동의 정치참여의 필요성을 강조하는 입장도 있다. 시민운동의 본령이 시민들의 이해와 요구를 대변하고 그들과 함께하는 것인 만큼, 이것이 상부구조인 정치를 통해 해결되어야 한다면 과감히 개입하면서 자기 주장을 분명히 할 필요가 있다는 것이다. 오성규는 시민운동이야말로 특정 사안에 대해 자신의 정치적 입장을 정하고 활동하는 것이기 때문에, 과도한 정치 중립 요구는 오히려 시민운동에 족쇄를 채워 운동단체를 사회기관화시킬 수 있다고 지적한다.

이처럼 전자의 경우 실제 경험 속에서 정치참여에 비판적인 입장을 밝히고 있다면, 후자의 경우는 시민운동이 갖추어야 할 규범과 원칙 측면에서 정치참여의 필요성을 강조하고 있다. 이처럼 시민사회단체들이 정치참여 문제를 놓고 다른 목소리들이 나오는 데는 우리사회의 특성들과도 무관하지 않다. 무엇보다 제도정치권의 정당정치가 제 기능을 하지 못함으로써 발생한 빈자리를 시민사회단체들이 일정부분 채움으로써 시민단체와 정당의 경계가 불분명했던 점을 들 수 있다. 여기에다 시민단체 중견 활동가들 가운데 80년대에 정치적 민주화를 위해 앞장서서 활동했던 경험의 소유자들이 많은데, 그만큼 현실정치와 제도의 한계에 대한 비판의식도 클 수밖에 없었던 점도 작용했다.

그런데 정치참여에 대한 이러한 입장 차이보다 더 큰 문제는 개별 단체들이 정치참여와 관련하여 자신의 역할과 방향을 분명히 하지 못하고 모호한 태도를 취하는 것이라는 지적도 있다. 이미영은 시민운동이 당면한 위기의 원인을 정치참여에 대한 시민사회단체들의 불명확한 태도에서 찾으면서, 정치세력화를 추구하는 그룹들은 완전히 커밍아웃하고 정치영역에 들어가야 한다고 이야기한다.

박홍순 역시 그동안 시민운동이 정치적 중립성을 표방해왔지만 사실상 가장 정치적으로 영향력있는 집단으로 성장했다는 역설적인 사실에 주목하면서, 시민운동을 통해 얻은 명망을 개인적으로 활용하여 정치에 진출하는 것은 시민사회의 규범으로 제어하되, 정치적인 요구는 제도적 틀 내에서 해결할 필요가 있다고 주장한다.

적어도 지금 싯점에서는 시민운동이 정치적 중립성을 표방하면서 역으로 정치적 영향력을 행사하는 것은 해서는 안될 시점에 왔다, 저는 이렇게 생각해요. (…) 제도적 민주화가 진전되어왔고, 물론 절대적 기준에서 놓고 보면 항상 부족한 건 사실이지만, 이제 한국사회도 그런 부분에 있어서 정상화의 궤도에 들어섰다고 보거든요 정치제도나 이런 측면에서요. 그래서 정치적인 주장은 정상적인 틀 내로 들어가야 한다고 봐요. (박홍순)

이러한 각각의 주장들을 놓고 볼 때 결국 '운동'과 '정치' 사이에서 시민운동 진영이 갈등을 빚거나 어중간한 태도를 취하기보다는 정치참여의 방향과 역할을 분명히 할 필요가 있으며, 이것을 통해 시민운동의 분화와 역할 분담이 일어나야 할 것이다. 즉 제도정치 영역에 참여하여 문제를 해결하는 노력과 함께 제도 바깥에서 변화를 위한 노력들이 모두 필요한 만큼, 개별 단체로서는 선택의 문제이지만 시민운동 전체에서는 상호보완적인 협력관계를 구축해야 한다.

이와 관련하여 몇가지 주목할 부분들이 있는데, 먼저 중앙정치는 물론 지방정치까지 포함하여 현실정치에서 나타나는 여러 한계와 문제점들이 시민단체들을 끊임없이 정치의 장으로 끌어들이고 있다는 점이다.

시민운동이 심각한 후유증을 경험했던 총선시민연대 활동 역시 정부 정책과 정치 활동에 대한 감시와 모니터에 촛점을 맞춘 운동 방식으로는 한계가 있다는 시민단체들의 판단에서 비롯되었다. 고계현에 따르면 시민단체들이 1998, 99년 국정감사 모니터 활동을 했는데, 모니터할 때는 국회의원들이 눈치를 보면서 조금 변화된 모습을 보이는 듯했지만 활동이 종료되면 다시 원래 모습으로 되돌아가고, 그 다음해에도 나아진 모습을 보이지 않았다. 그러자 시민단체들이 직접 선거에 개입해서 낙천낙선운동을 할 필요가 있다는 의견들이 모아져서 급기야 2000년 총선시민연대 활동으로까지 나아간 것이다.

1995년 민선자치제가 처음 실시될 당시 생활정치를 내걸고 지방선거에 참여했던 한국여성민우회 역시 의정감시 활동을 통해 지방정치의 암울한 현실을 강하게 체험하고 나서 정치참여를 적극 모색하게 된 경우다. 정은숙에 따르면 선거에서 당선되는 사람들이 지역유지에다 돈 많은 사람들인데, 아무 생각도 없이 의정 활동은 뒷전인 채 거들먹거리며 권력을 휘두르는 것을 보면서 회원들이 '우리 삶의 터전에서 우리 돈으로 움직이면서 어떻게 이럴 수가 있느냐' 하고, 분노하면서 여성 스스로 지역의 주인이 되어야겠다는 생각을 갖게 되었다.

하지만 시민들의 충분한 동의를 얻지 못하고 준비도 없이 단체 중심으로 현실정치에 참여함으로써 겪은 쓸쓸한 경험들 또한 적지 않다. 총선시민연대 활동과 비슷한 경험은 지역단체들에서도 발견된다.

풀뿌리자치연구소 이음의 연구위원 김현은 지역에서 시민모임을 잘 진행해오다가 95년 지방선거에서 지역의 단체(과천 환경운동연합)가 적극 개입하면서 지역사회로부터 정치적인 집단으로 낙인찍히고, 그후 시의 보조금 지급 대상에서 제외되는 등 다양한 견제를 받으면서 어려움을 겪게 되었다고 한다. 이후 이 단체는 정치적이지 않고 과격하지 않다는 것을 시민들에게 보여주기 위해 생태교육, 환경교육 같은 시민 밀착형 사업들을 하는 데 많은 노력을 기울여야 했다. 과천에서는 98년에도 지방선거에 참여하여 7명 중 5명을 시민후보로 당선시켰다. 이에 대해서도 김현은 정치참여를 뒷받침할 만한 시민사회의 준비와 역량이 부족한

상태에서 인물 중심으로 선거가 치러지다보니, 시민후보로 당선된 시의
원과 지역 시민사회 간에 긴밀한 협의와 소통체계가 마련되지 못했고 개
인 플레이에 그쳤다고 지적한다.[*]

결국 대선과 총선, 지방선거 등 정치 행위들 속에서 시민사회단체는
정치참여와 관련한 역할들을 계속 요구받고 있고, 자신들로서도 실현하
려는 가치와 현실의 정치적 여건 사이에 상당한 괴리가 존재하는 한 정
치참여와 관련한 논란에서 자유로울 수 없는 것이 현실이다. 결국 어떠
한 문제의식으로 어떤 과정을 통해 어떻게 참여하느냐가 중요한 과제로
던져져 있다.

이와 관련하여 시민단체들이 정치참여 활동을 주도하기보다는 시민
들이 정치의 주체가 되어 자발적으로 참여할 수 있는 기회와 여건을 마
련해주고 변화를 체험하도록 뒷받침해주는 노력들이 중요하다는 점을
강조할 필요가 있다. 이는 시민들의 정치참여 과정이 씁쓸한 경험이 아
니라 작지만 의미있는 감동과 변화로 연결될 수 있다는 점에서도 확인할
수 있다.

'푸른 내일을 여는 여성들'에서 활동하는 박헌미는 선거라는 것을 함
부로 해서는 안된다는 선입견을 가지고 있었는데, 지방선거에서 자신이
지지하는 후보를 위해 활동하면서 굉장히 낯설면서도 싫지 않은 뿌듯한
경험, '껍질을 한번 깨는 경험'을 하게 되었다고 밝히고 있다.

이필구 역시 동네를 한번 변화시켜보자는 취지로 지방선거에 단체가
참여하면서 자원봉사를 했던 주부들이 변하고 자기 부인들의 선거운동
을 무심하게 지켜보던 남편들이 변하는, 즉 '평범한 시민들의 에너지가

---

[*] 과천에서는 이러한 정치참여 실험에 대한 평가를 통해 2006년 지방선거에서 지역 시민사회
가 긴밀히 협력하여 민주노동당과 무소속 시의원을 1명씩 당선시켰고, 이후에도 의정 활동과
지역 시민사회 활동을 긴밀히 연계시키려는 노력들을 하고 있다.

폭발하는 현장'을 감동 깊게 체험하게 되었다고 한다. 당시 피켓을 들고 선거운동을 하는 과정에서 자원봉사로 참여한 분들의 변화과정을 다음과 같이 설명하고 있다.

> 처음에 하루이틀까지는 이분들이 피켓을 얼굴에 대세요. (…) 모기만한 소리로 기호 ○번입니다 하지요. 이틀인가 사흘쯤 지나니까 〔피켓이〕 가슴으로 탁 내려오시더라구요. 그러면서 힘이 들어가더라고요. (…) 7~8일이 지나니까요, 다른 후보들 진영이 약간 술렁이기 시작했어요. 저 사람들 도대체 뭐냐. (…) 돈 받고 와서 하는 사람들과 이분들처럼 마음에서 우러나는 눈빛이 다르기 때문에 (…) 너무나도 재미있게 했어요. (이필구)

대안 제시와 전문가주의의 함정 사이에서

시민운동의 영향력이 확대됨에 따라 시민사회단체들은 '문제제기자' 차원을 넘어 '대안제시자' 역할을 요구받기에 이르렀다. 하지만 시민사회단체의 전문성을 뒷받침해주던 전문가의 참여와 역할은 오히려 갈수록 줄어들고 있다. 2000년대초까지만 해도 우리사회의 전문가와 지식인들은 시민단체 활동에 적극 참여하면서 목소리를 높였는데, 지금처럼 시민단체의 전문성과 대안제시능력에 대한 요구가 높아지는 상황에서 이들의 관심과 참여율이 점점 낮아지고 있어 시민운동의 위기 요인으로 작용하고 있다는 것이다.

전문가들의 시민단체에 대한 참여 태도의 변화에 대해 경실련의 고계현은 다음과 같이 지적한다.

> 지금은 언론이 변화되고 하다보니까 (…) 시민단체 기능을 하는 데가 학회나 연구회 같은 데가 굉장히 많지 않습니까. 그러다보니 굳이 NGO에 참여하지

않더라도 자기 시간만 되고 생각만 있으면 사회에 목소리를 낼 수 있는 폭이 넓어져버린 거죠. NGO활동에 대한 메리트가 줄어들었습니다. (고계현)

즉 전문가 입장에서 시민단체에 참여해서 활동하는 데 따른 보람과 의미는 약화되고 부담만 늘어나고 있다는 것이다. 전문가 입장에서 시민 단체 활동하는 사람으로 인식될 경우 주위로부터 '너도 정치하려고 하느냐' '그런 보수적 단체에서 왜 일하느냐' 또는 '그런 빨갱이 같은 사람들과 왜 일하느냐' 같은 오해를 받게 된다는 것이다.

이런 상황이어서 시민단체 스스로 전문성을 갖춰야 할 필요성이 제기되고 있다. 고계현은 시민단체가 선택과 집중의 원리에 기반하여 특장 있는 분야로 활동영역을 압축할 필요가 있으며, 상근 활동가 또한 자신의 전문성을 개발하려는 노력을 해야 한다고 지적한다. 아울러 전문성 확보를 위한 활동가 교육 및 훈련 프로그램을 개발하는 것도 시급한 과제다.

같은 맥락에서 한국청년단체연합회 대표 정보연은 중장기적 관점에서 미래를 내다보면서 시민사회의 발전과 관련한 방안들을 총론부터 각론까지 섬세하게 기획하고 같이 고민할 수 있는 민간 싱크탱크가 필요하며, 그 예로 정보화 시대를 맞아 활발하게 활동하는 1인 연구소, 즉 블로거들의 네트워크를 통한 싱크탱크를 제안하고 있다.

또한 안병옥은 개발사업을 둘러싼 환경문제를 다룰 때 과학적인 사실과 정보가 중요한데, 시민사회영역에서 이를 뒷받침해줄 전문가들이 부족하여 겪는 어려움을 이야기하면서, 시민사회의 민간연구소들이 활성화될 필요가 있음을 강조한다. 한편 행동하는 복지연합 사무국장 양준석은 10년 이상 시민운동 현장에서 활동해온 시민사회 중견 리더들이, 재충전 과정을 통해 자신들이 축적해온 경험과 노하우를 체계적으로 전달하고 학습할 수 있는 프로그램을 마련할 필요가 있다고 강조한다. 정치권의 유혹과 제도권의 포섭에서 중견 활동가들을 보호함으로써 이들이 민간 싱크탱크 역할을 할 수 있도록 여건을 마련해줄 필요가 있다는 것이다.

한편, 시민운동의 전문성 확보가 소위 '전문가주의'로 흐르는 것을 경계해야 한다는 주장들도 제기되고 있다. 전문성 확보를 위한 노력이 단체 내부의 소통은 물론 시민운동영역 상호간에 장벽을 만들 수도 있기 때문이다. 나아가 이필구는 시민운동이 현장에 밀착하지 않고 문건 중심으로 이해하고 그것을 풀어내서 제도화시키려 하는 전문가주의로 흐를 경우 의제를 위한 의제, 필요 이상의 의제를 마구 만들어내는 '의제 낭비'로 자칫 운동을 망칠 수도 있음을 지적한다. 현재 시민운동 내에 통용되는 전문성 자체에 대해서도 성찰이 필요하다는 것이다.

> 토론회를 가면요, 분야도 여러가지예요. 그런 자리에선 형식적인 이야기를 많이 하거든요. 그렇다보니까 하루저녁 몇가지 문건 쭉 살피고 가면 웬만한 전문가들하고 거의 똑같은 이야기를 하게 됩니다. 그리고 그분들하고 또 다른 이야기를 할 수 있는 게, 자기 현장 경험의 축적치들이 있기 때문에 그것에 조금 덧붙여서 이야기하면 어느새 전문가가 돼버리는 측면들도 있지요. (이필구)

또한 시민운동이 전문가주의로 흐를 경우 '시민운동을 하려면 상당한 지식과 전문성이 바탕이 되어야 한다'는 인식을 확대시켜 지역과 생활현장에서 활동하는 사람들에게 운동에 대한 편견과 부담으로 작용하기도 한다. 이런 문제는 김미선처럼 과거 운동 경험 없이 평범한 주민으로서 사회에 관심을 가지고 참여하는 과정에서 활동가로 성장해온 경우에 잘 나타난다.

아직도 시민사회 하면 지식적인 전공을 해야 되는 전문인 같은 느낌이 짙어
요. (…) 우리같이 지역에서 자라나온 사람들은 그러한 깊은 생각들이 사실
없어요. 솔직히 말씀드리면 그냥 '내 경험 속에서 내가 느낀 것이 전부이다'라
는 거죠. (김미선)

생활현장에서 활동하는 사람들이 전문가주의에 느끼는 불편함은 다
른 곳에서도 발견되는데, 과천에서 풀뿌리운동을 해온 이해정은 지역에
서 수돗물 불소화 문제를 놓고 학계의 전문가들과 갈등을 빚었던 경험들
을 다음과 같이 이야기하고 있다.

농도, 수치, 말하는데 그 사람들은 전문가고 우리는 생전 처음 듣는 얘기니까
요. 그런데 점점 어떤 걸 깨닫느냐 하면, 처음에는 이 사람들이 저희를 똑바
로 마주보지도 않아요. 그러니까 불쾌한 거예요. 우리랑 마주 대해서 앉아 있
는 것 자체가 (…) 〔상대가〕 명문대 교수고 이런데, 도대체 시골 동네의 아줌
마들하고 마주 앉아서 '우리가 왜 이걸 설명해야 하느냐'라는 태도거든요. 그
런데 이제 우리는 너무 진지하게 공부했기 때문에 머릿속에 가득차 있어요.
그러니까 너무 떨리고 스트레스받고 이런데, 어쨌거나 그런 걸 겪으면 겪을
수록 '이 사람들은 여기에 대해서 맹신하고 있기 때문에 공부 안하고 오는구
나'라는 걸 깨닫는 거예요. 우리는 모르기 때문에 달달 외워서 갈 수밖에 없
는 사람들이고요. 그런 헛점들을 이제 간혹 발견하는 거예요. (이해정)

따라서 신태중은 현장이 제공하는 전문성을 적극 살리면서 자신감을
가지고 자신의 역량을 개발할 필요가 있음을 강조하고 있다.

저는 현장에 있는 사람들이 가장 무섭다고 생각해요. (…) 사람들은 저보다 훨씬 많이 알고 전문적이잖아요. 연구하는 분들에 비해서 제가 항상 부족하긴 하지만 그분들이 책이나 교과서, 사람 만나며 배우듯이 저 역시 현장에서 실무자 만나고, 자료 찾아가면서 공부하고 있으니까 부족하지만 아주 떨어진다고 생각하진 않아요. (…) 그 사람은 그 사람대로 학습을 한 거고 나는 나대로 학습을 한 거니까 그에 대해서는 나도 자신감을 가져야 한다고 생각합니다. (신태중)

결국 오늘날 시민운동은 전문성에 기반한 대안제시능력을 갖춤으로써 미래지향적인 전망을 구체화해서 보여줄 필요가 있지만, 자칫 전문가주의에 빠져 현장 속에서 시민들과의 소통을 소홀히 함으로써 문제해결의 통찰력을 상실할 수도 있음을 알아야 한다. 이와 관련하여 개인과 단체 차원의 경험을 넘어서 사회 전체적인 문제를 균형있게 바라보기 위해서는 전문성 확보를 위한 학습이 필요하지만, 현장의 활동과정에서 축적된 경험과 지식 자체가 시민운동의 전문성에서 중요한 영역을 차지하고 있다는 점도 적극 인정할 필요가 있다. 시민운동에서 요구되는 전문성에는 정책과 제도를 다루는 능력, 합리적 대안을 제시하는 능력뿐 아니라 현장 지식, 생활 속 평범한 시민들의 지식도 매우 중요하다는 것이다. 특히 후자의 경우 최근 들어 시민참여적 도시계획, 참여예산제, 마을 만들기 등 다양한 시민참여 프로그램들이 나오면서 시민적 전문성이 강조되고 있는 상황이어서, 시민운동의 역할과 관련하여 의미하는 바가 크다. 즉 시민들의 눈높이에서 일상생활에서 우러난 구체적인 요구들을 모아 소통하고 협의하는 과정을 통해 의제로 만들고, 그 힘을 바탕으로 제도화하고 그 성과를 모니터링하는 등 시민들의 자발적 참여를 통한 상향식

문제해결 역량을 갖추는 데 시민단체들의 역할이 필요하다는 것이다.

새로운 주체, 새로운 동력

오늘날 시민운동이 급격한 변화의 소용돌이에 매몰되지 않고 현실의 변화가 만들어내는 충격과 과제들을 능동적으로 해결해나가기 위해서는 새로운 주체들이 동력을 만들어낼 필요가 있다.

우선, 시민운동은 대학생, 청소년, 노인, 여성 등 새로운 주체들이 시민사회 활동가로 적극 참여할 수 있도록 자극을 주고 조건을 만들어가는 데 더 많은 노력을 기울일 필요가 있다.

김미선은 생활이 점점 현대화되고 개인화되는 상황에서 '잠자고 있는 주부들'을 흔들어 깨워 집 밖으로 나오게 하는 운동이 필요하며, 이를 위해서는 처음부터 '우리 이거 합시다'가 아니라 '무슨 욕구가 있는데?'라는 질문을 통해 이들의 욕구에 맞는 일에서 출발해 지역의 문제로 관심을 확대해야 한다고 주장한다.

우석균은 청년 학생들이 시민운동의 주체로 참여할 수 있도록 노력해야 한다고 강조한다. 즉 학생운동 망했다고 한탄할 것이 아니라 대학사회 학생운동 세력이 시민사회에서 중요한 역할을 할 수 있도록 적극적인 관심과 지원이 필요하다는 것이다. 신자유주의가 심각해져서 교육 환경이 어렵고 학교가 고시원화되고 있다 하더라도 학생들이 갖고 있는 진리에 대한 열정과 미래에 대한 불안감을 시민운동이 외면해서는 안된다는 것이다.

또한 인터넷뉴스 '바이러스'에서 기자로 있으면서 청소년운동을 하고 있는 김지훈은 미래사회의 주인이 될 청소년들이 사회변화의 새 주체로 성장하는 것이 매우 중요한데, 어른들의 무관심과 왜곡된 인식, 열악한 교육환경 등이 이를 가로막고 있다고 지적한다. 그는 390만에 이르는 청소년들이 경제적으로나 사회적·정치적으로 아무런 영향력이 없는 '소외계층'임을 지적하면서, 앞으로 시민운동영역에서 적극적인 관심을 기울여야 한다고 강조한다. 청소년들의 미성숙과 역량의 한계를 지적하기 전에 이들에게 자치를 할 수 있는 기회와 문제해결 역량을 배양할 수 있는 조건부터 만들어주는 노력이 필요하다는 것이다.

나아가 새로운 시민사회 활동 주체의 발굴과 이들의 역량 형성은 상근 활동가들이 중심이 된 운동방식에서 벗어나 일반회원과 시민 등 다양한 주체들이 참여하여 함께 성장하고 만들어가는 과정에서 달성할 수 있다.

유정길은 상근 활동가들은 광범위한 일반시민들이 의미있는 활동에 결합할 수 있도록 조건을 만들어주는 후견자이자 조정자 역할을 함으로써, 시민들 스스로 문제해결의 주체로 성장할 수 있는 기회를 의식적으로 만들어주어야 한다고 강조한다. 이구경숙은 활동가들의 역할은 주민들 스스로 나서게 하고 역량이 부족해도 지켜봐주고 잘할 수 있도록 도와주는 것이라고 말한다. 그리하여 아주 작은 일이라도 자신이 했다는 데 보람을 느끼고 자발성과 조직에 대한 애정을 일깨워 내부에서 리더가 출현할 수 있게 해주자고 제안한다. 이와 관련하여 김미선은 한발 뒤에서 주변 인물들이 활동의 중심에 설 수 있도록 끊임없이 만나고 이야기하고 훈련을 도와주는 '드러나지 않는 리더십'이 필요하다고 한다.

이미영 또한 매우 다양한 유형의 리더들이 필요한 만큼 카리스마를 발휘하는 리더십보다는 봉사와 소통의 리더십이 필요하다고 한다.

좀더 봉사적이고 사람들의 마음을 모을 수 있고 소통을 잘하는 리더십. 외부와의 관계뿐 아니라 내부에서도 소통을 잘하는 리더십. 비전을 개인이 만들어내는 것이 아니라 같이 만들어가는 [리더십]. 카리스마 이런 건 좀 아닌 거

한편, 시민운동에 다양한 주체들이 참여하여 자발성과 창조성을 적극 발현함으로써 사회적 변화를 이끌어내기 위해서는 새로운 동력이 뒷받침되어야 한다.

이제는 과거와 달리 개인의 희생과 헌신에 바탕한 동력으로는 더이상 운동을 이끌어가기도 사회변화를 이끌어내기도 어렵다. 개인의 희생과 헌신을 통해서 사회 정의와 공익에 기여해왔기에 시민단체가 도덕적으로 인정받았다는 점은 부인할 수 없다. 하지만, '좀더 즐겁고 여유롭게 살고 싶다'는 사람들의 보편적 바람을 실현하고자 하는 것이 운동이라면 그 동력 또한 이것과 괴리되어서는 안되며, 재미와 보람을 함께 느끼고 만들어가는 새로운 방식이 필요하다는 주장들이 힘을 얻고 있다. 즉 힘들고 괴로운 상태에서 고뇌에 찬 결단으로 활동하는 운동이 아니라 그것을 통해 자신도 기쁨을 얻고 행복해지는 운동, '이런 활동을 해야 행복하다'고 자신있게 말할 수 있는 운동이 필요하다는 것이다.

이점에서 볼런티어21 사무총장 박윤애는 어떤 활동을 하든 자기가 하면서 즐겁고 스스로 보람을 느낄 수 있다면 그게 가장 큰 힘이라고 이야기한다.

머리 좋은 놈이 노력하는 놈만 못하고, 노력하는 놈이 운좋은 놈만 못하고, 운좋은 놈이 재밌게 일하는 놈만 못하다는 말이 있잖아요. 재미에 힘이 있다는 생각이 들어요. (박윤애)

정보연은 개인의 잘못된 욕구에 기반한 운동이라면 그 자체는 물론 활동가 개인에게도 해가 될 수 있음을 지적하면서 재미와 보람이 함께 결합된 운동의 필요성을 강조한다.

점점 높은 곳으로 올라가고자 하는 욕구 (…) 더 유명해지고 싶은 욕구 (…) 그런 것을 주동력으로 시민운동을 해버리면 자기가 망쳐지거든요. 다른 동력으로 재미있고 성장하고 자기가 점점 인격적으로 나은 사람이 되어가는 걸 느끼는 운동을 해야겠죠. (정보연)

한편 이러한 운동의 새로운 동력은 성취된 결과보다는 운동 주체 상호간의 긴밀한 상호작용과 변화의 과정 속에서 형성된다. 김미선이 들려주는 경험담은 '당신의 행복이 나의 힘'이 됨을 잘 보여준다.

연말에 저희가 학부모님들을 모시고 자원 교사도 모두 모여서 아이들의 재롱잔치를 했어요. 그 자리에서 내가 일주일에 정말 한번, 2시간에서 3시간 남짓 와서 아이들을 만나지만 이 일의 의미라든가 어머님들과 우리아이들이 받아들이고 있는 크기는 또 다르구나 하는 것을 느꼈어요. (…) 어려울 때 도움을 요청할 수 있는 비빌 언덕이 생긴 것들에 대해서 참 행복해하시는 말씀들을 몇분이 해주셨어요. 그 얘기를 들으면서 그때까지 제 필요에 의해 해왔던 조그만 활동들이 참 의미있고 가치있는 거구나 느끼면서 (…) 내 노후의 일이 될 수도 있겠다는 생각을 했었죠. 그러면서 뭐라 그럴까 감동? 느낌? 생각? 그런 것들이 한 10년 가까이, 열심히 하거나 열정적이지는 않지만, 꾸준히 활동할 수 있는 힘이 된 것 같아요. (김미선)

경계를 넘어선 입체적 변화

사회의 제도와 구조의 변화를 이끌어내는 힘은 결국 해당 사회구성원들에게서 나온다는 점에서 운동과정에서 활동가는 물론 시민들이 함께 치유되고 성장하는 과정들이 섬세하게 기획되고 준비될 필요가 있다. 이를 위해서는 사회변화를 위한 활동에서 참여자들이 인생관이나 세계관의 변화를 통해 두려움을 극복하고, 공익에 헌신할 수 있는 결단과 자신감을 회복하는 정신적 변화와 인간관계 회복, 소통능력 향상 등의 실질적인 변화들을 구체적으로 경험할 수 있도록, 사회변화와 개인변화의 과정을 긴밀히 결합시키는 노력이 중요하다.

이는 정치권력의 획득을 통해 문제를 해결하려 했던 기존 운동방식에 대한 성찰을 요구하는 것으로, 사람들의 문화와 의식, 상호관계의 변화 없이는 사회 진보가 어렵다는 것을 알게 되면서 새삼 시민사회의 중요성을 발견했다는 박홍순의 인식 변화와도 일치하는 대목이다. 유정길은 개인의 열정만큼 사회가 변화된다는 점에서 사회를 바꾸는 것과 개인이 달라지는 것은 결코 별개의 문제가 아니라고 강조한다.

한편 시민운동이 추구하는 사회변화는 결국 현실의 권력관계 변화를 동반할 수밖에 없기에 시민운동 자체가 '정치적'이다. 다만 현실을 구성하는 권력구조는 거시적 차원에서 미시적 차원까지 다양하며, 권력관계의 특성도 차원별로 차이가 있다. 이런 면에서 시민운동은 제도정치의 개혁과 풀뿌리 생활정치의 활성화라는 과제에 동시에 주목할 필요가 있다.

윤정숙은 작게는 가족 차원에서 부모 자식과 부부 간의, 학교 차원에서는 교사와 학부모·학생 간의, 정치 차원에서는 정치인과 유권자인 시민 간의 권력관계가 동시에 바뀌어야 우리가 말하는 전체 권력구조와 사회씨스템이 민주적으로 바뀔 수 있다고 강조한다.

그렇기에 우리사회가 더욱 민주적인 방향으로 나아가기 위해서는 일상생활 속의 권력과 제도권 권력이 한꺼번에 변화할 필요가 있다. 특히 왜곡된 현실정치가 시민운동의 성장과 현재의 위기 국면에 중요한 영향을 미쳤다는 점에서 제도정치의 정상화를 통해 시민운동의 활로를 새롭게 모색할 필요가 있다.

이미영은 시민운동의 지도력들이 정치적으로 더 적극적인 역할을 해서 제도정치·정당정치를 정상화시키는 데 기여하고, 시민운동은 제도권에서 제대로 다루지 못하는 성찰적인 문제들을 훨씬 근본주의적으로 제기하고 바닥에서 대안적인 실험을 하는 방향으로 다양화될 필요가 있다고 제안한다. 박홍순 또한 정치사회가 정상화될수록 시민사회는 자원봉사영역에서 주요하게 제 역할을 해야 한다고 주장하고 있다.

이러한 문제의식은 시민운동과 지역의 주민운동이 긴밀하게 만날 수 있는 접점을 찾는 노력으로 이어질 필요가 있다. 시민운동과 풀뿌리 주민운동은 각자 특성과 장단점이 있는 만큼 상호보완적 결합과 유기적인 역할 분담을 통해 조직과 사회의 변화를 이끌어나가야 한다.

오랜 기간 지역에서 주민운동을 해왔던 원기준은 주민운동이 발전하기 위해서는 이해관계를 넘어서 시민운동으로서 공공성을 갖추어야 한다고 주장한다.

자기의 이해관계 때문에 시작했더라도 공익적 목적을 우선시하는 시민운동의 수준으로 올라가지 않으면, 주민운동은 끝없는 이해관계의 늪에서 헤어나오지를 못해요. (…) 주민운동의 목적은 공공성보다는 집단의 이익이거든요. 그게 굉장히 중요한 모티프예요. 그런데 그대로 내버려두면, 또다른 이해관계는 더 큰 이해관계를 낳아요. 그래서 결국 분열과 자멸로 가지요. 제가 경험한 바로는요. (원기준)

반면 시민운동은 지역과 생활현장에 밀착한 주민운동으로 더욱 내려갈 필요성이 제기되기도 한다. 지역은 운동가에게 생동감이 넘치는 학습현장이자 문제의식이 살아 있는 실천의 장소이다. 윤정숙은 시민운동가로서 지역현장을 다녀온 후 살아 있다는 느낌을 받고 지역만을 가르치기보다 배울 것이 더 많다고 이야기했다.

따라서 이필구는 시민운동은 고유의 활동영역이 있고 거기에 집중해야 하지만 한편으로 지역에 더 깊숙이 발을 내딛는 지역운동이 활성화되고 이것이 운동의 새로운 물줄기를 만드는 데 기여해야 한다고 강조한다.

한편 박흥순은 시민운동과 주민운동의 결합 필요성을 우리의 중앙집중적인 사회의 특성과 연관시켜 설명한다. 즉 근대화를 겪으면서 상대적으로 정보나 권력, 자원 등이 모두 중앙에 집중되어 있는 특성상, 서구식의 아래에서 위로의 변화가 맞지 않을 수도 있다. 그러므로 지역운동이 중앙의 자원과 전문성을 활용하여 시민사회를 활성화하는 노력을 하면서 바닥에서부터 운동과 삶이 결합된 형태로 주민들의 변화를 끌어낼 필요가 있다고 본다.

급격한 사회변화의 흐름과 시민들의 요구에 민감하게 대응하면서 사회적 비전과 전망을 열어나가는 21세기형 시민운동의 새로운 길은 어디에 있는가? 그것은 새로운 주체와 리더십, 동력을 바탕으로 서로의 경계를 넘어 시민운동과 주민운동을 유기적으로 결합시키고, 개인의 변화와 사회의 변화를 끌어내 제도정치와 풀뿌리정치를 활성화시키는 실천과정 속에서 찾을 수 있을 것이다.

5장

시민사회에 싹트는 희망의 씨앗들

| 주성수 |

앞 장에서 부분적으로 제시된 시민사회 희망찾기 대안들을 여기에서
는 두 가지를 중심으로 제시해본다. 하나는 앞 장의 배턴을 이어받아 '시
민사회'에 촛점을 맞춰 시민사회에서 진행중인 희망의 대안들을, 다른
하나는 '시민'에 촛점을 맞춰 '시민을 위한' '시민에 의한' 시민사회의 희
망찾기 전망을 차례로 정리해본다.

1. 세상을 떠받치는 또다른 버팀목

정부와 시장은 다리가 셋인 의자의 두 다리와 같아서, 세번째 다리인 시민사
회가 없는 의자는 불안정할 수밖에 없다.[1]

시민사회에서 어떤 일을 하는지 알아보면, 시민사회가 왜 필요한지

알게 된다. 시민사회 희망찾기는 시민사회의 핵심 역할에서부터 시작할 수 있다. 시민사회 연구자들이 제시하는 시민사회의 가치와 필요성은 국가와 시장의 횡포를 견제하고, 고통받거나 소외된 시민들의 목소리를 대변해 문제해결에 기여하며, 시민들에게 필요한 써비스를 제공해주는 일 등 다양하다.

시민운동가 제러미 리프킨(Jeremy Rifkin)은 세상에 희망이 있다면, 그것은 분명 시민사회에 있다는 희망의 메씨지를 한 편의 시로 보여준다. 역작 『노동의 종말』(*The End of Work*)을 저술한 그는 시민사회에 어떤 희망이 싹트는지를 한마디 한마디 의미심장하게 전하고 있다.[2]

새로운 아이디어를 생산하는 인큐베이터이자 사회적 고통을 공론화시키는 포럼이며 (…) 빈곤층과 무의탁 계층이 도움의 손길을 찾을 수 있는 곳이다 (…) 많은 사람들이 민주적 참여의 예술을 실천하는 방법을 배우는 장소이며, 사람들은 그곳에서 애정을 찾고 우정을 쌓으며, 정서적 세계를 탐구하는 시간과 장소를 발견한다. 또 여가와 유흥을 즐기며 삶과 자연의 즐거움을 보다 진지하게 경험하는 곳이며, 개인적 관계를 풍성하게 하고, 신분을 찾을 수 있으며 공동체 의식이 창출되는 곳, 안식처이다.

시민사회에 싹트는 희망의 씨앗을 먼저 리프킨이 얘기하는 아이디어의 인큐베이팅, 싱크탱크에서 찾아보며, 이어서 여러 시민사회단체에서 탐색을 거쳐 이미 실행중인 새로운 운동방식에서 탐색해본다. 현재 풀뿌리로 지구촌으로 활동 무대를 넓혀 새로운 변화를 추구하는 운동은 새로운 가능성을 열고 있으며, 시민사회가 특히 '사회적 경제'를 활동의 핵심 영역으로 수용해 변화를 탐색하는 과정도 희망의 빛을 밝혀준다.

사회를 변화시키는 동력은 조그마한 아이디어에서 출발하는데, 그 아이디어는 많은 경우 정부나 기업보다 시민사회에서 만들어진다. 시민생활의 기초가 되는 쓰레기 분리수거, 나라가 어려울 때 나섰던 금 모으기, 고철 모으기 등은 시민사회에서 생산한 아이디어들이다. 또 익히 잘 알려진 삼보일배는 해외에서도 격찬했던 신선한 아이디어였고, 2000년 '낙선운동'은 한국의 정치혁명을 일으켰다. 또 공정거래(fair trade)처럼 이미 외국의 실험을 거쳐 국내에 들어와 확산되고 있는 것도 있지만, '녹색구매'처럼 한국사회에 적합한 새로운 아이디어가 시민운동으로 진행된 사례는 무수히 많다.

안산 녹색소비자연대의 유미화 사무국장은 '녹색구매' 아이디어가 운동으로 시작한 지 10년이 넘었지만 현실의 벽에 부딪혔던 쓰라린 경험담을 들려준다. 그간 녹색구매를 하는 사람이 없는 까닭은 운동가들의 역할이 부족했고 시민사회가 기후협약같이 '너무 큰 쟁점 중심으로' 움직이는 편향성 때문이라고 본다. 그러나 최근에 녹색구매의 주소비자인 주부들의 살림에 촛점을 맞춰 현장 중심의 실천교육을 통해 운동이 전개되면서 변화를 일으키고 있다고 한다. 그녀는 녹색살림 실천단을 통해서 녹색구매운동의 희망을 찾는다며, "아직까지 기준이 많이 만들어지지 않은 사회이기 때문에 실천단 사업은 굉장히 중요하고, 이것들이 사회의 많은 사람들한테 생활 속 소비 형태의 변화를 제시할 수 있는 활동"이라 희망을 걸고 있다.

또 녹색구매 같은 아이디어의 인큐베이터는 한국 시민사회의 한 특징이다. 박원순 변호사는 참여연대의 사무처장으로 일하면서 2000년 낙선운동에 앞장섰고, 참여연대 활동을 떠나 시민사회의 재정 후원자 역할을 하는 아름다운 재단을 창설한 다음, 이제 시민사회 싱크탱크 희망제작소를 설립해 활동한다. 정부기관과 기업들이 설립한 싱크탱크들이 여론과 정책을 주도하는 암담한 현실에서 작지만 강한 시민사회 싱크탱크가 등장한 것은 분명 희망이다. 희망제작소는 "오직 시민에 의한, 시민이 주체가 되어 작지만 가능성 있는 아이디어를 현실화하는 데 주력"한다고 하는데, 홈페이지를 방문해보니 시민들이 제안한 '세금 체납자 권리제한' '미아, 실종가족 찾기' 등 신선한 아이디어들이 가득하다. 그중 '수영장 생리 할인제' 등 수십개의 제안은 정부기관에 의해 정책으로 입안됐거나 공론화 과정을 거치고 있다.

'아이들과 미래'의 박두준 사무국장은 벤처기업이 설립한 재단이기 때문에 자신들의 활동이 새로운 인큐베이터 역할을 한다며 자부한다. 공부방의 예를 들어, 자신들은 써비스를 제공한 게 아니라 프로그램을 공급하며 인큐베이터 역할을 했다고 말한다. 처음에는 "선생들 활동비로도 쓰고, 전기세도 내고, 애들 밥도 사주고, 애들 데리고 가서 영화도 한편 보고 그렇게 해주기 시작했던 것이 시간이 가면서 체계화되고 (…) 그리고 여러 자원들이 계속 들어오거든요." 이런 과정을 거쳐 프로그램으로 전문화시켜야 한다. 복지관 등 직접 써비스를 제공하는 기관들과 달리, "우리는 프로그램을 공급해주자, 그러니까 직업훈련을 하자. 그래서 학원에 못 간 애들이 모여서 컴퓨터 기술을 배우고 이것저것 해보면서 IT를 이해하고 기술도 배우는" 공부방 인큐베이팅을 해왔다고 한다. 박두준은 자신의 단체가 직원들이 아이디어와 창의성과 경험들, 생산 도구를 갖고 있는 '지식산업' 실험실이라 자부한다.

나아가 시민사회의 '싱크탱크'에 대해 우리의 구술자들도 할 말이 적지않다. 청주에서 사회복지 시민운동을 하는 양준석 사무총장은 자신의 주머니를 털어서라도 풀뿌리 지역사회의 싱크탱크 조직을 꼭 만들겠다는 포부를 밝힌다. 그는 지역에서 일하다보면 우리 내용을 채워줄 만한 학계 인력이 너무 적어, 질적으로 성숙되지도 않고 고민이 더 발전하지 않는다고 한다. 그렇다고 교수 등 지식인에게만 의지할 수도 없고, 자체 역량을 키워야 하는데 실무와 병행하기에는 힘든 부분이 있단다. 또 선배그룹들이 해준다면 정말 도움이 되겠다 싶지만, 누구도 그렇게 하지 않는다고 한다. 그래서 양준석은 지역 NGO센터 같은 싱크탱크를 만드는 방법도 생각해본다.

> 내가 돈이 없어도 몇달 술 안 먹으면 100만원 만들어요. 그 100만원 내요. 우리 뭐 만들자, 내가 100만원 낼 테니 어른들 내시오, 하면 단체들 따져봤을 때 순식간에 1억이 돼요. 이건 충분한 종잣돈이 되거든요. 그렇게 만들고 나면, 그다음부터는 그분들이 와서 일하면 돼요. (양준석)

환경운동연합의 안병옥 사무총장은 이 단체에서 초창기에 활동을 하다 독일 유학길에 올라 학위를 마친 2002년에 다시 환경단체로 돌아왔다. 그는 환경갈등이 끊이지 않고 해결의 실마리를 찾지 못한 이유는, 전문 연구자들이 소신있게 자기 연구결과라든가 그것에 바탕을 둔 학문적인 신념을 얘기할 수 없기 때문이기도 한 만큼 독일처럼 주민과 환경단체들이 자체 전문연구소를 갖는 게 대안이라고 본다.

한국청년연합회의 정보연 대표는 20,30대 청년들과 함께하는 시간이 많다보니 이들의 아이디어에 귀기울이는 기회도 많다고 한다. 그는 '블로그 싱크탱크'가 새로운 대안이 될 수 있다고 확신한다.

> 옛날엔 운동권들이 팸플릿을 돌려가지고 자기 이념을 설파했는데, 지금은 스타 블로거들이 실제로 1000명씩 있거든요. 블로그에 들어가서 그 블로거의 얘기를 듣는 분들이 있거든요. 사회문제에 관심을 갖고 있는 20,30대 블로거

들이 그동안 쌓은, 축적된 성과물을 모으자는 사람들의 얘기가, 진보라는 담
론체계 안에서는 논의가 안돼요. 진보담론은 아직도 386이 주도하는 '사회복
합투자론' 뭐 이런 옛날식 담론밖에는 없고, 블로거들이 말하는 진보에는 시
민권이 없거든요. 이런 사람들이 네트워크를 맺어서, 한 사람이 하나의 연구
소죠. 1인 연구소같이 연구하고, 공통 주제에 대해서 같이 연구하고요. (정보
연)

새 시대정신, 새 운동방식

우리의 구술자들은 IMF 외환위기의 여파가 점차 확대되면서 '시민들
이 변했다'는 얘기에 공감한다. 또 시민운동이 총선시민활동까지 지나치
게 부풀려졌다기 버블(거품)이 빠지면서 일상의 수준으로 돌아온 것에
지나지 않는다는 얘기도 한다.

환경정의 사무총장 오성규는 IMF 외환위기가 사회경제구조 자체를
국제적인 경쟁씨스템으로 바꿔놓으면서 사람들의 의식까지도 바꿔놓았
다고 본다. 그는 인식 자체가 개인화되고 먹고살기 바쁘고 내 가족을 챙
겨야 되고 경쟁에서 낙오하면 안되고 등등, 이런 중압감들이 개인을 짓
누르는 냉엄한 현실을 꼬집는다.

참여연대 사무처장 김민영은 김대중정부나 노무현정부가 오히려 신
자유주의적 기조를 유지해오는 방식을 벗어나지 못했다고 본다. 그래서
말로는 복지국가를 외쳤지만 결국 성장이 필요하다고 판단해 신자유주
의로 방향 선회를 한 것으로 평가한다.

나아가 '세계화'를 정면으로 넘어서야만 한다는 얘기도 나온다. 한국
청년연합회의 정보연은 젊은 회원들과의 대화에서 세계화가 인류의 흐
름, 삶의 방식이 될 것이기 때문에 마음껏 즐겨라, 마음껏 세계로 나가
고, 배낭여행도 마음껏 하고, 세계적인 친구들도 마음껏 사귀라 말하며,

다만 거기서 나오는 문제에 대해서는 세계적 관점에서 풀자고 얘기한다. 그는 세계화의 대응방식에 대해, "세계적인 환경기구를 만들고, 세계적 차원의 금융감독원을 만들어서 투기자본의 준동을 억제하고, 세계정부가 세계적 차원에서 세계 복지체계를 만들고, 뭐 이런 방식으로 풀어야지, 세계화를 반대하는 방식으로는 방법이 없을" 거라고 본다. 그는 세계화도 인간의 연관 범위가 국가 단위를 넘어서 넓어지는 과정으로 보고 긍정적으로 본단다.

최근 한국을 방문한 프랑스의 석학 기 쏘르망(Guy Sorman)은 "세계화는 인류 역사상 가장 강력하고도 긍정적인 힘"이라고 칭송했다.[3] 그는 "세계화가 진행되면서 모든 국가들의 복지 수준이 한층 개선되는 '수렴현상'이 바로 인류의 희망"이라고 주장하며, 세계화에 따른 주요 변화로 경제적 발전, 특히 복지 향상과 민주주의, 다른 문화에 대한 존경심의 확산 등을 들었으며, 이런 변화들이 삶의 질 향상을 가져온다고 말했다.

정말 그런가? 우리의 현실은 세계화가 기회이자 위기라는 두 얼굴을 분명히 보여준다. 시장과 기업들에게는 성장의 기회로 작용하지만, 실직이나 실업, 비정규직으로 고통받는 사람들 다수에게는 삶을 위협하고 가족을 붕괴시킨 괴물이다. 그래서 고통에 빠진 많은 시민들이 시민사회를 거들떠볼 여력도 없고 또 실제로 어떤 도움도 받지 못해 신뢰를 접고 있다고 볼 수 있다. 지금 거대 금융자본이 주도하는 '위기의 세계화'를 자업자득이라 비판하는 국제 금융재벌 조지 쏘로스(George Soros)는, 시장의 무차별적 침투가 불평등을 심화시키고 사적 권력이 소수에게 집중되어, 시장은 민주주의와 시민사회의 가장 심각한 위협이라고 경계한다.[4]

활동가들 사이의 세대 차이가 심상치 않다는 얘기도 나온다. 한국여성민우회 사무처장 정은숙은 지금은 '한 세대의 시민운동이 정리되는 싯점'이라고 평가한다. 과거의 운동방식에서 벗어나지 못한 선배들은 지금 세대의 변화 내용을 잘 이해하지 못하고 과거의 운동방식을 요구하는 경향이 있다고 본다. 같은 활동을 했던 선배 윤정숙 아름다운 재단 이사도 30대 젊은 활동가들과 적지않은 세대 차이를 느낀다면서도 그들의 방식대로 시민운동을 할 수밖에 없는 현실을 받아들인다. 그녀는 "정책도 시민들의 생활 속에서 시민들의 목소리를 통해서 한번 걸러져 나와야 한다. 이런 것들이 많이 보완되어야 한다"고 말한다.

나아가 정보연은 지금은 시대정신의 전환기라고 본다. 그는 "민주화라는 시대정신 이후에 다양한 시대정신들이 분출하는 과정이고, 예비 시대정신들이 상호 경합하는 시기"란다. 그래서 사람들의 눈이 본격적으로 나의 삶, 나의 아름다운 삶에 관심을 갖기 시작하면서, 이제 아름다운 삶에 대한 요구가 급속히 높아지는 추세란다. 과거의 산업화와 민주화는 아름다운 삶을 추구하기 위한 조건을 만드는 과정에 불과했다는 것이다.

여성환경연대 사무처장 이미영은 새로 들어온 젊은 활동가들은 "정치적, 사회과학적 고민은 별로 안하고, 다만 자기 삶을 온전히 자유롭게 살고 싶은 사람들"이란다. 경제적으로 부유한 이들의 배경을 보자면, 부잣집 딸내미만 들어오는지 다 강남권이고 개인주의적이라면서도, 그게 꼭 '나쁜 건 아니'라는 말을 잊지 않는다.

윤정숙은 이슈가 조금 더 분화되어, 다양한 이슈를 다루는 개인과 조직적 움직임 간에 활발한 네트워킹이 있으면 좋겠다며, 온라인 방식을 주목한다. "요즘 UCC라든가 웹 2.0, 이게 시민운동의 속도와 방식을 확 바꿔놓고 있잖아요. 저희 세대로서는 해석조차 할 수 없을 만큼 변화가 일어나는데, 그 네트워크를 주목해야 할 것" 같단다. 그래서 그녀는 이슈와 지향을 가진 개인과 단체들 간의 깊고 활발한 네트워크가 필요하다며, 그런 네트워크를 통해 경험과 운동방식을 계속 소통하고 발전시킬 필요가 있다고 주장한다.

지금은 시민운동이 주장한다고 해서 도덕적이라고 받아들이지 않을 뿐더러 그 도덕성이 옛날 같지 않다는 게 에코붓다 유정길의 견해이다. 그는 시민운동이 '뭐뭐 하지 말자'는 운동이 아니라 '뭐뭐 하자'는 창조적인 운동, 건설하고 대안을 만드는 운동이 되길 바란다. 또 소수의 사람들이 운동을 하는 게 아니라, 다수의 사람들이 가급적 개인의 선의지를 조직화해가는 움직임이 되었으면 한다.

녹색삶을 위한 여성들의 모임의 김미선은 주민들의 요구를 바탕으로 새로운 과제들을 지속적으로 찾아내고 만들어가는 방식을 중시한다. "활동들이 꼬리에 꼬리를 물고 이어져요. 처음에 A라는 활동을 하다보면 그 활동에서 문제점이 발생되죠. 그러면 그 문제를 해결하기 위해서 그것과 연관된 또다른 활동이 만들어지고."

풀뿌리로, 지구촌으로

시민들이 바라는 게 무엇이고, 시민사회가 어떻게 변할지 알게 되면, 자연스럽게 뒤따르는 질문은 '그럼 어떻게 할 것인가'다. 먼저 활동의 장을 풀뿌리로 또는 지구촌 밖으로 옮기거나 확대해야 한다는 주문이 많다.

환경정의의 오성규는 풀뿌리 지역사회를 '큰 자산'으로 보자고 한다. 지역에서 "많이 느끼고, 뭔가 작은 것이라도 실제로 실천하고 공유하고, 특히 잘 정리하고, 자유가 되든 뭐가 되든 잘 정리"해야 한다는 것이다. 그는 다음과 같이 설명한다. "이런 게 중앙에 있는 몇몇 단체들보다는 지역이 훨씬 잘하고, 또 이제 지역의 활동가들이 중앙에 있는 활동가보다 더 오래된 사람들이 많잖아요. 경험이나 경력 측면에서. 그런 분들이 지역 곳곳에 많다는 자체가 큰 자산인 거 같아요."

전국조직인 참여연대 또한 중앙과 지방운동과의 결합에 주목한다고 밝힌다. 김민영은 예를 들어 설명한다. "올해 영세상인 문제와 대형마트 문제를 청주에서 제안을 해왔습니다. 이 사업을 몇차례 했습니다. 대전, 서울에서 토론회도 몇번 했습니다. 첫번째는 먹고사는 문제를 다루겠다는 것이고, 두번째는 지역별로 할 수 있는 것은 지역별로 하되 전국에서 같이 움직이지 않으면 안되는 사업을 1년에 한두건 정도 하자는 식으로 기획했습니다. 그런 방향으로 가는 거죠. 상대적으로 지역 활동에 대한 정보교류가 빠른 편입니다. 그런 차원에서 보면 좋은 방식인 거죠."

이구경숙은 한국여성단체연합도 풀뿌리운동 방식의 실험에 들어갔다고 말한다. 그녀는 아래에서 올라오는 힘을 가지고 했던 게 아니라 사무처나 임원 중심으로 치고 빠지는 활동이 많았다고 반성한다. 그녀는 그런 활동방식에 대한 비판, 그리고 변화를 이끌어내는 것이 중요하다는 생각에서 지역운동을 지원하는 방향으로 조직을 개편했다고 한다. 예를 들어, 빈곤문제도 아래로부터 하는 사업으로 결정하고 지역쎈터가 빈곤특위와 결합해 활동가를 매달 훈련시키고 사람들을 만나고 빈곤 문제에 관련한 요구를 받고, 요구에 대한 실천을 지원하는 식으로 전환하고 있다며, 이제 여성단체연합은 핵심 사업에 '풀뿌리적 가치관'을 도입하려 한다고 말한다.

시민사회운동이 풀뿌리로, 지구촌으로 확대되는 뚜렷한 추세를 보이고 있다. '지구적으로 생각하고, 지역에서 실천하라'(think globally, act locally)는 얘기가 있는데, 실제 한국의 시민사회가 풀뿌리와 지구촌, 양방향 모두에서 새로운 변화를 일으키고 있다.

유정길은 과거에는 한국사회 내의 개개인을 찾았지만 지금은 전지구적인 차원에서 문제들이 제기되면서 이웃나라들뿐 아니라 UN이나 G7에 대해서도 운동을 하는 '세계화' 시대의 운동방식이 필요하다고 제안한다. 또 행동하는 복지연합의 양준석은 단일민족이라는 장점이 자칫

'국수주의'로 갇히게 만든 것은 아닌지 반성해야 한다며, 단순히 우리 지역이 아니라 지구 전체로 시야를 넓혀 '그들도 우리도 지역'이라는 열린 사고를 주문한다. 세계청년봉사단의 이창호는 한류가 지구촌봉사로 빛나길 바란다. 그는 한국의 자원봉사 모델이 아시아는 물론이고, 나아가 남미와 아프리카까지 확산되어 글로벌 문화운동으로 진전되기를 바라고 이것이 미래의 새 희망이 될 것이라 확신한다.

재단, 사회적 기업, 사회적 경제

공익재단은 시민사회의 재정적 취약성을 보완하기 위한 생존전략의 하나이다. 시민사회에서 사회복지영역이 가장 든든한 재단을 갖고 있지만, 다른 영역에서 재단 설립은 최근에야 볼 수 있는 새로운 변화이다. 1999년 아름다운 재단이 설립된 이후, 여성재단, 환경재단, 아이들과 미래 재단 등이 뒤를 따랐다.

아름다운 재단은 공익적 시민사회에 대한 지원을 목적으로 시민의 후원으로 탄생한 순수 민간 공익재단이다. 홈페이지에 가보면, 아름다운 재단은 시민들의 '나눔문화'와 참여를 중시한다는 것을 알 수 있다. 윤정숙은 "시민사회에서 굳이 정치색을 따질 이유도 없고, 나눔과 기부로 모든 사람이 모이게 되는, 공감하는 운동이 되어야 한다"고 말한다. 그래서 "나눔과 돌봄의 가치를 자기 일상으로 만들게 하는 그런 문화운동, 생활운동"을 지향한다며 자부한다. 그녀는 또다른 고민이 있다고 한다. 풀뿌리운동들이 안정적인 토대를 가질 수 있는 방법이 없을까 고민이 된다며, 그 이유를 설명한다.

이 운동은 최소한의 운영비나 사업비만 있으면 된다 싶은 것들도 안타깝게 포기하는 사람들과 조직들을 많이 봤거든요. 그게 뭘까, 그게 한편으로 정말 시민들이 공익적인 가치를 갖고 실천하는 개인과 조직에 대해서 기꺼이 기부를 하는 것, 복지적 혜택을 넘어서요. 저는 앞으로 나눔운동, 기부운동의 과제 중에 하나는 공익적인 운동에 시민들이 기부하는 것, 그런 식으로 시민들의 가치와 문화가 바뀌게 하는 것이며 굉장히 중요해질 거라고 봐요. (윤정숙)

아이들과 미래의 박두준도 동감한다. 그는 지역에 가면 아주 일 잘하고 열심히 하는 많은 단체들이 있는데, 안타깝게도 이들을 제대로 알릴 수 있는 방법이 없다고 한다. 다름이 아니라 '회계'가 아주 중요한데 이들은 제대로 된 투명한 회계 씨스템을 갖추지 못해, 기업들이 선뜻 기부에 나서지 않고 있다고 한다. 그는 영국 가이드스타라는 재단에는 18만개의 비영리 시민사회 조직들이 등록되어 있고, 미국에는 그 수가 무려 100만개라 말한다. 아직 우리의 시민사회가 인프라조차 제대로 갖추지 못한 현실을 극복하기 위해, 아이들과 미래는 써비스를 제공하기보다 시민들에게 복지와 써비스를 제공하는 단체들이 투명한 회계와 좋은 프로그램으로 사업을 해갈 수 있도록 지원한다고 한다.

요즘 한창 유행하는 '사회적 기업'도 새로운 21세기형 시민사회의 동향을 보여준다. 시민사회가 기업들과 정부기관들과 손잡고 일자리가 없거나 생계가 어려운 소외계층의 생계를 지원하기 위해 만든 기업이 '사회적 기업'이다. 2006년에 '사회적기업육성법'이 도입되어 2007년 55개의 사회적 기업들이 승인을 받아 정부의 재정지원을 받는다.[5] IMF 외환위기 이후 가혹한 시장의 횡포에 밀려 퇴출되고 실직한 사람들이나, 비정규직으로 겨우 삶을 지탱해온 사람들에겐 지금 사회적 기업이 보잘 것 없어 보일 수도 있지만, 거기에서 시민사회는 작은 희망을 찾을 수 있다.

유럽의 '사회적 기업'은 국정 의제가 될 정도로 큰 비중을 차지한다. 장기간 사회경제적 위기에 처한 상황에서 일자리 마련, 취약층 생계지원, 사회문제 해결을 위한 전략으로 추진해온 것이다. 1980년대부터 구조적 문제로 나타난 장기실업 등의 '노동의 위기'뿐 아니라 신자유주의 정책으로 복지 프로그램과 써비스를 폐지 또는 축소함으로써 야기된 '국가 역할의 위기' 상황에서, 국가는 시민사회가 '사회적 경제'로 취약계층의 '생계위기'를 극복하는 협력자 역할을 하도록 적극 지원해왔다. 이처럼 국가를 대신하는 시민사회의 '사회적 경제' 처방이 취약계층을 위한 경제적 지원뿐 아니라 분배정의를 추구한다는 낙관론이 지배적이지만 신자유주의의 구조적 모순을 은폐시키고 있다는 비판도 거세다. 영국 정부는 토니 블레어의 집권 이후 '사회적 기업'이 일자리 마련이나 공공 써비스 혁신뿐 아니라 지역경제의 활성화와 공동체 건설에 탁월한 역할을 했으며, '윤리적 시장'을 확대하여 기업의 사회적 책임을 강화하고 비즈니스를 창출한다며, '변화의 동력'으로 중시해왔다.

이제 걸음마 단계에 있는 한국의 '사회적 기업'에 대해 사회연대은행의 최홍관은 이렇게 설명한다.

영리를 추구해야 하지만 거기에는 또다른 내용이 있어요. 공익성도 있고요. 거기에 오시는 분들이 생산성 같은 개념이 없기 때문에 그런 처지를 이해하고 경영전략도 세워줘야 하죠. 일반 회사처럼 상품을 생각하고 경영전략을 세워주면 안되고, 특성을 감안한 경영전략이나 자금운용이 완전히 다른 차원에서 전개가 되어야 합니다. (최홍관)

또 방글라데시의 유누스 교수가 노벨평화상을 받으면서 유명해진 '마이크로 크레딧'도 절망에 빠진 저소득층에게 한가닥 희망의 빛을 비추어준다. 이는 저소득층에게 창업을 위한 소자본을 대출해주고 사업의 운영과 관리를 지속적으로 도와주는 사업이다. 사회연대은행은 기업의 지원을 받아 혼자 창업하는 '기업'이나 두명 이상 하는 '공동체'에 일인당 2000만원의 창업자금을 지원해준다. 정부도 창업준비금을 지원하며 저소득층 창업을 돕지만 사후관리를 하지 않기 때문에, 경쟁력이 떨어지는 이들은 얼마가지 않아 사업을 접게 되면 사회연대은행을 찾아온단다. 그래서 이들을 대상으로 교육도 할 필요가 있지만, 그들이 어떤 상태에 있는지 신상파악조차 안되니 창업을 위한 역량을 강화할 수 없다고 한다. 그래서 도입된 게 전문가 집단의 사후관리 프로그램인데, 이들은 다양한 사업 아이디어나 노하우를 제공하는 자원봉사자들이다. 대학 교수, 기업인 출신, 자활 관리자 등 다양한 전문가 집단이 3년에 걸쳐 창업의 성공을 책임진다니, 정말 기대되는 사업이다.

소외층을 위한 소액대출 사업은 최근 여러 단체들이 참여해 새로운 희망의 씨앗을 키워가고 있다. 얼마전 텔레비전 뉴스에 소개된 '높은 뜻 숭의교회'도 커다란 감동을 주는 사례이다.[6] 서울 남산 아래 쪽방촌에 거주했던 할머니와 손자는 교회의 도움으로 이젠 전셋집에서 새로운 삶을 살고 있다. 쪽방촌에 살 때 내던 월세 10만원씩을 매달 교회에 갚고 있는데, 돈을 다 갚으면 전세금은 할머니 차지가 된다. 매달 사라지던 월세로 저축을 한 셈이다. 또 기초생활 수급자 12명의 생활터전인 분식집도 교회가 마련해준 일터인데, 이들이 모여 일할 수 있도록 6000만원을 담보 없이 빌려줘, 모두가 일에 매달린 덕택에 4년 만에 돈을 모두 갚고 어엿한 주인이 되었다. 이처럼 전국의 교회와 사찰이 사회적 기업이나 소액대출 신용조합 역할을 해준다면 일자리 창출과 빈곤구제라는 목표를 달성하는 '사회적 경제'의 밝은 전망을 기대해볼 만도 하다.

2. '아래로부터의' 시민사회

사회학자 다렌도르프가 설명했듯이 현대 역사에서 가장 위대한 인물은 시민이다. 또 리프킨이 말했듯이 시민사회의 희망의 씨앗은 결국 시민에게 있다는 결론을 내리며 지금까지의 논의를 정리해본다. 시민사회는 시민들의 사회적 고통을 알리는 공론장이 되고, 시민들은 여기에서 민주적 참여의 예술을 배우고 정체성을 찾는다. 그리고 신뢰와 유대로 공동체를 세우고, 스스로 주인이 되는 자치역량을 갖게 되면, '아래로부터의 시민사회'를 만들어가게 될 것이다.

사회적 고통을 알리는 '공론장'

'종교 자유'를 외쳤던 강의석처럼 개인의 고통은 자신과 같은 처지에 있는 사람들의 사회적 고통을 공론화시키는 독특한 가치를 가진다. 인터넷뉴스 바이러스의 김지훈 대표는 강의석 같은 청소년을 소외계층으로 봐야 한다고 주장한다. 그는 청소년은 경제적으로 자립하지 못하고 선거권도 없어서 사회적 영향력이라고 할 만한 게 거의 없다고 지적하면서, 사회가 청소년에게 그나마 관심을 보일 때는 두 가지 경우뿐이라고 말한다.

첫번째는 입시제도가 바뀔 때, 청소년 반응도 들어보고 수능 며칠 전에 언론에서 고3이 힘들고 어떻고 하며 관심있는 척을 하죠. 두번째는 청소년 범죄예요. 역시 청소년은 미성숙한 존재라 정의를 내리죠. 그래서 〔인터넷뉴스〕 바이러스가 하고 싶은 것은 청소년이 가지고 있는 순수함과 열정, 창의, 부당한 현실에 저항하는 모습들을 보여주고 싶습니다. 때묻지 않았기 때문에 어른들이 할 수 없는 일을 한다거나 지식사회에 또다른 영향력을 행사할 것이라 보고

있습니다. (김지훈)

또 최근의 피우진 중령의 경우도 마찬가지다. 한국 최초의 여성 조종사로서 유방암에 걸려 유방을 절제할 수밖에 없었던 개인적 고통이 군인사법의 장애 2급에 해당된다며 강제전역을 당했다. 피중령은 이를 고발하며 결국 재판에서 승소했지만 '퇴역명령' 취소 판결에 국방부는 항소했다. 하지만 법원은 다시 피중령의 손을 들어주었다.

이처럼 아직 우리사회에는 '사회적 약자' 또는 '소수자'로 살아가는 사람들이 적지 않다. 경기도 성남 외국인노동자의 집 대표 김해성 목사는 평생 노동자와 함께하기 위해 스스로 노동자가 되어 살아왔다. 그는 가까운 친구들이 광주항쟁으로 사망한 끔찍한 경험을 했고, 성남에 거주하기까지 번민하다 광주 망월동 묘역까지 일주일 도보순례를 다녀와 흔들리는 자신의 마음을 다잡을 수 있었다고 한다. 김해성은 지금껏 그곳에 살면서 이제는 외국인노동자들의 고통을 어루만져주는 역할을 하고 있다. 외국인노동자 대부분이 불법체류자라 의료보험도 없어 졸지에 사망사고를 당한 사람들의 장례까지도 해결해주어야 했다고 한다. 그러나 지금은 의사와 간호사들이 환자를 돌보는 병원을 갖게 되어 무척 행복해한다.

강원도 태백에 들어갔던 원기준 목사도 광부들의 고단한 삶과 함께해온 세월이 20년이 넘었다. 당시 1984년에 이정규 목사가 설립한 기독교 광산지역사회개발복지회에 몸을 의탁한 이후부터 지금까지다. 그는 당시의 활동을 기억한다.

교회의 인프라를 가지고 지역사회의 어려운 이웃들을 돕는 거예요. 한글반, 그 다음에 주부대학, 노인학교, 이런 프로그램들을 개발하고 운영하면서요. 그리고 제가 의욕적으로 했던 건 노동상담이에요. 광부들 같은 경우는 엄청난 산재를 겪기 때문에 그에 따르는 피해도 크거든요. 특히 노동법과 산재법을 잘 몰라서, 피해자인데도 보상은커녕 오히려 해고당하기 일쑤고, 제대로 법률적 방어를 못하는 경우가 잦아서 상담을 많이 했죠. (원기준)

한편 김남근 변호사는 민주사회를 위한 변호사모임에서 줄곧 시민들의 삶의 고통을 알려 일상생활의 무게를 덜어주는 활동을 해왔다. 그가 지금껏 활동해온는 동안 집값, 전세값 인상, 부동산투기가 시민들에게 얼마나 많은 고통을 안겨주었는지를 생생히 전해들을 수 있다. 1980년대말과 90년대초에는 부동산투기로 집값이 폭등했고 이것이 주거비 상승으로 이어져 노동자들이 임금인상 투쟁을 하지 않을 수 없는 시기였다고 한다. 경제위기로 대거 부도가 나면서 상인들의 보증금을 보호하는 제도가 없어, 김남근의 말대로 "상가 건물이 부도가 나면 거기 있는 상인들이 전부 내쫓기게 되는, 보증금 한푼 못 받고 사실상 파산하게 되는 경우"가 비일비재했다. 그래서 민주사회를 위한 변호사모임의 적극적인 활동으로 상가임대차보호법이 도입되었다.

이처럼 불이익을 받거나 소외되어 자신의 목소리를 내지 못하는 사람들에게 자기 처지를 하소연할 수 있는 소통의 기회가 열렸다는 것은 큰 희망이다. 따라서 학자들은 공론장은 시민사회의 가장 소중한 자산이라고 평가한다. 사회학자 하버마스는 국가(정부)의 권력과 시장(기업)의 재력과 구별되는 시민사회의 파워를 '소통(커뮤니케이션)의 파워'라 설명한다.[7] 하버마스는 공론장을 통해 시민들은 특정 문제나 정책을 인식하고 논의하며, 시민참여를 외면하는 대의민주주의의 문제를 보완한다고 말한다. 또한 자발적인 참여를 통해 국가와 시장의 침해를 받지 않는 독립적인 시민사회를 구축해서 시민들이 교육을 받고 참여에 만족하도록 해준다고 설명한다.

사실 이제 사회적 약자에 대한 차별과 고통을 많은 사람들이 알 만큼은 알게 되었다. 문제는 정작 그런 차별이나 고통을 치유하는 사회적 합의를 이끌어내지 못하는 한계에 있다. 정은숙 한국여성민우회 사무처장은 호주제 같은 성차별 문제가 극복되어가면서 다함께 한 목소리로 차이나 차별을 얘기할 만한 대상이 점차 소멸되고 있다고 본다.

참여의 예술을 배우며, 정체성을 찾고

아이들과 청소년은 가정이나 학교교육을 통해 '시민'의 윤리를 배우며 자원봉사 활동 등으로 시민사회를 직접 체험한다. 그리하여 시민으로서의 권리와 의무 같은 '시민성'을 갖춘다. 1997년 미국 시민사회 지도자들이 참여해 조직한 시민사회협의회는 '도덕성의 쇠퇴'가 시민사회가 왜 필요한지를 설명한다며, "궁극적으로 시민사회는 우리의 목적이 무엇인가, 어떻게 행동하는 것이 바람직한가, 또 무엇이 공동선인가 등의 중요한 문제에 함께 대답하는 공동체 생활의 영역"이라고 밝힌다.[8] 시민의 도덕과 교육에 더 적극적인 공동체주의자들은 "시민들이 자기뿐 아니라 타인 존중을 배우며, 자기 권리뿐 아니라 타인 권리를 인정하면서 개인과 시민의 의무를 배우고, 자기 통제뿐 아니라 자치의 기술을 배우고 자신뿐 아니라 타인도 존중하는 것을 배우는 그런 시민사회"를 제시한다.[9]

한국여성민우회는 초등학생들의 미디어교육부터 잘해야 된다는 생각에서 매년 2000여명을 찾아가 TV 바로보기 등을 교육한다고 한다. 아이들이 TV에 무분별하게 노출되지 않고 스스로 주체성을 가지고 선택할 수 있게 하는 교육을 열심히 하고 있단다. 이렇게 아동을 대상으로 세상을 이해하는 미디어 교육을 하는 이유는 아이들에게 제대로 보여줄 수 있는 토론을 TV에서 보기 어렵기 때문이다. 온라인에서는 더 험악한 댓글들이 달리는 것을 보면 시민들이 민주적 참여의 예술을 배우는 것 같지 않다는 것이다. 그러나 '마이 클럽' 같은 훌륭한 토론방들도 있어, 시민운동이 온라인 정보운동도 열심히 해야 한다고 본다.

또 녹색삶을 위한 여성들의 모임 김미선 대표는 가정과 지역 중심의 시민교육의 중요성을 강조한다. 그녀는 환경문제들은 결국 우리 실생활과 밀접한 관계가 있는 거라며, "실천이란 아주 구체적이어야 하고 가정에서부터, 지역에서부터 일어나야 하는 거"라 꼬집는다.

같은 수도권에서 풀뿌리 주민자치운동을 하는 열린사회시민연합의 박홍순 소장도 풀뿌리 현장에서 적용되는 시민교육의 핵심을 들려준다. 그는 이른바 '시민성'과 관련해서 과거에는 민주화운동의 전통 속에서 주로 사람들의 권리의식을 일깨우는 것이었다면, 이제는 시민사회 내부에서 문화나 지역문제에 대한 해결능력을 높이는 일이 더 중요해졌는데, 그걸 '공동체성'이라고 보고 '공동체 시민교육'이라는 목표를 설정했다고 한다. 이런 철학에 기초한 풀뿌리 자치운동 프로그램은 아이들 교육에 강한 욕구를 갖고 있는 주부들이 참여해 교육 콘텐츠들을 개발했다고 한다.

YMCA 연맹의 이필구 정책실장은 시민운동의 최소 70~80퍼센트는 교육에 집중해야 한다고 강조한다. 그 교육은 시민들을 대상으로 하는 일방적인 것이 아니라 시민들과 "함께 배우고 실천하는 삶을 만들어가는 과정"이라고 덧붙인다. 그는 '아이를 교육할 때 아이들 속에 답이 있다'는 얘기처럼, "우리가 사람들에게 답이 있다고 한다면, 사람들의 답을 얼마나 들어봤을까? 그 통로는 무엇이었고 방식은 어떠했으며 우리는 어떻게 실천했을까?라고 했을 때 그거는 대단히 미흡했던 것" 같다며, 시민과 더불어 하는 교육의 가치를 중시한다.

인간은 본능적으로 사랑과 존경을 받으려는 욕구와 자아실현 욕구를 갖고 있다. 이웃이나 다른 사람들이 자신의 존재 가치를 인정해주고, 스스로 부끄럽지 않고 뭔가 의미있는 일을 하고 있다는 '정체성'과 공동체 의식을 찾을 수 있는 곳이 바로 시민사회이다. 남과 이웃을 위해 활동하는 이들에게 자원봉사 활동을 하는 이유가 무엇이냐고 물었을 때, '도움이 필요한 사람에 대한 동정심'이라는 답도 있으나 '내가 필요한 사람이라고 느낀다'거나 '세상에 대한 새 시각을 갖게 해준다'고 답한다. 자신의 '정체성'과 관련된 이유들이 중요하다는 것이다. 자원봉사가 이젠 시민사회를 튼튼하게 세우는 데 중요한 축이라는 볼런티어21의 박윤애 사무총장은 자원봉사를 통해 주민들이 자치역량을 갖는 게 중요하다고 본다. 그녀는 "지역주민들이 스스로 역량을 길러서 지역문제를 해결할 수 있도록" 하는 것, 이게 향후 새로운 10년의 비전이라고 확신한다.

신뢰와 유대로 공동체를 세우고

시민사회는 시민의 자유로운 활동과 만남을 통해 서로 신뢰하며 유대를 강화하면서 무너지는 공동체를 재건하게 해주는 '사회자본'을 생산한다. 시민들 사이의 신뢰와 유대로 만들어지는 사회자본은 얼마나 중요한가? 하바드 대학의 퍼트넘 교수는 이딸리아 공동체 연구에서 경제발전과 사회자본의 관계를 규명했는데, 경제적 풍요가 시민들 사이의 신뢰나 연대 등 사회자본을 풍요롭게 만드는 게 아니라 반대로 사회자본이 풍부해지면 경제적 풍요를 누린다고 설명한다. 그는 "시민참여의 규범과 네트워크에 간직된 사회자본이 경제발전의 선행요건"이라 강조한다.[10]

우리의 시민사회는 '사회자본'을 생산하는 공장 역할을 하는가? 한국청년연합회의 정보연은 국가가 사회복지 써비스를 제공할지는 모르지만, 시민과 시민의 연대를 만들지는 못한다며, 그것은 시민사회의 몫이라고 본다. 그는 새로운 공동체는 필요한 역할의 51퍼센트를 시민사회가, 49퍼센트를 국가가 담당하는 것으로 바뀌어야 한다고 보며, 사회적 연대는 과거 새마을운동처럼 국가가 주도하는 게 아니라 시민사회가 '사회적 책임'으로 개발할 필요가 있다고 강조한다.

우리의 아름다운 전통인 '두레'처럼 이웃이 서로 도우며 곤경을 이겨내는 힘은 신뢰와 유대 같은 사회자본에서 나온다. 지금도 인구 30만명의 중소도시 원주에서 이런 일이 실제로 일어나고 있다. 최혁진 이사는 자신의 의료생협은 굉장히 힘들었지만 돌봐야 하는 독거 할머니를 어렵사리 도왔던 사례를 소개한다. 할머니가 급하게 심장 수술을 받아야 했고, 의료비는 국가가 지원하지만 원주가 아닌 경기도 부천의 병원에서 수술을 받는데 간병비 등 추가비용을 감당할 능력이 없어 도움을 청하게 되었다고 한다. 원주 지역 12개 단체들이 신문과 홈페이지를 통합해 운영하고 있기 때문에 홈페이지 공동 게시판에 할머니의 딱한 사정을 알려 어렵지 않게 도움을 받았다고 한다. "딱 올리니까 한두달 동안에 400만원 가까이 돈이 걷혔어요. 조합원들이 십시일반으로 돈을 보내주셨으니까 그걸로 두번에 걸친 대수술을 다 끝내고, 건강하게 돌아오셨지요." 최혁진은 조합원들의 끈끈한 유대를 자랑스럽게 얘기한다.

이건 시민적 참여와 힘이 없으면 못하는 일이잖아요. 그 속에서 힘이 축적되어가는 거지요. 우리가 서로 지켜줄 수 있다, 우리 스스로. 그런 것들이지요. (최혁진)

최혁진은 "지역을 발견하고, 몰랐던 주민을 만나게 되고, 방에 처박혀 있던 장애인이 내 이웃임을 발견하고, 그 사람과 관계를 맺고, 그것이 지역이 만들어지는 과정"이라며, 공동체 만들기가 매우 중요하다고 말한다.

자원 활동가들이 만드는 '시민공동체'

시민사회에서 시민들은 서로 나누고 베풀며 삶의 즐거움을 찾는다. 더불어 나를 찾으며 우리를 발견하고 인간관계를 풍성하게 한다. 이런 시민들이 늘어나면 시민사회는 '희망공동체'의 가능성을 보여준다.

YMCA의 이필구는 시민운동이 삶의 본질에 대한 이야기보다는 껍질에 대한 이야기를 많이 했다고 평가한다. 그는 '민주화'라는 무거운 주제를 놓고도 지금까지는 '민주주의 체제'를 많이 얘기했지만, 이젠 사람들이 더 풍요롭게 살 수 있는 '민주적 삶의 방식'을 얘기해야 할 것이라고 말한다. 그는 "자기 삶을 변화시키는 게 세상을 변화시키는 첫걸음"이라 강조하며, 제도나 정책보다 사람의 변화에 관심을 갖고, 그쪽에 희망을 걸고 있다고 말한다. 이필구는 지금 시민운동이 너무 무거우며 '조금 가볍게 가야 한다'고 말한다. 그는 이제 사회가 안정되면 봇물 터지듯이 쏟아지는 의제들은 결국 개인의 삶에 맞춰질 것이기에 '개인의 삶을 풍요롭게 하는 운동'에 희망이 있을 거라 본다.

또 청주에서 사회복지운동을 하는 양준석은 주민들의 삶의 질과 직결된 사회복지만큼 중요한 시민사회영역도 없다고 말한다. 지역에서는 사회복지가 단연 선거의 당락에 결정적인 역할을 한다는 것이다. 그의 말대로, 지방자치가 정착되어 정치인도 직접 뽑으니 그럴 수밖에 없다. 또 유권자로 따져봐도 사회복지사업 종사자뿐 아니라 써비스 대상자 등 그수가 어마어마할 정도다. 양준석은 지금까지 사회복지를 시민운동이 잘 활용하지 못한 거라며, 앞으론 삶의 질을 추구하는 사회복지운동을 펼쳐야 한다고 말한다.

삶의 질, 사회복지, 아름다운 삶 등 시민들이 바라는 운동으로 '신뢰'를 받으려면 어떻게 변화해야 하는가? 우선 '낮은 자세'를 주문하는 구술자들이 적지 않다. 환경운동연합의 안병옥은 "시민들은 어떻게 생각할까? 이런 걸 체화하고 운동에 반영하면, 예전보다 더 신뢰받는 운동이 될 수 있지 않을까” 생각한다. 그는 우리가 시민과 논쟁을 해서 그 사람을 설득할 수 없다면 그건 명목만 있을 뿐이지 실제 내용이 없는 거라며, “내 얘기를 먼저 하기보다는 다른 사람들의 얘기, 아이디어나 의견을 듣고, 상대적인 생각들이 나올 수 있도록 배려해주고 조건을 만들어주는 게 굉장히 중요한 것” 같다고 말한다.

유미화는 시민들의 수준이 대단히 높아진 만큼 시민운동도 시민들을 견인하려 해서는 안되고 함께 가야 된다며 힘주어 말한다. 그녀는 지역의 교육운동도 학부모가 동의하지 않으면 안된다며, 학부모의 동의를 구하려면 “활동가들이 자기가 속한 조직으로 들어가야 된다. 그리고 그 안의 가장 낮은 조직에서 인정받아야 된다”고 주문한다.

시민들에게 먼저 듣고, 궁극적으로 시민들이 자기결정권, 자치력을 갖도록 하는 ‘자치역량’ 쌓기 운동은 분명 새로운 비전이다. 이제 사회복지 수혜자로만 여겨졌던 장애인들도 자치역량을 갖고 자신들이 직접 나서 자신들의 문제를 주창하는 활동에 나섰고, 또 같은 처지에 있는 장애우에게 직접 써비스를 제공하는 장애우단체들이 하나둘 등장하고 있다. 노숙자, 성매매 여성들도 자신들의 목소리를 내며 단체를 조직하는 자치역량을 갖춰가고 있다.

아름다운 세상이란 “사람들이 자기 삶의 결정권을 갖고 살 수 있게 하는 것, 그리고 사람들이 자기 존재감을 충분히 느끼면서 살 수” 있는 그런 세상이 아닌가라는 윤정숙의 말에 귀기울여본다. 그래서 인종 구분 없고 빈자와 부자 가릴 것 없이 누구나 “최소한의 물질적·정신적인 생활의 조건들을 누리면서 자기 삶을 스스로 기획해서 그것을 능동적으로 유지할 수 있는 그런 세상”이었으면 한다. 윤정숙은 다음과 같이 소망한다.

사람을 놓치지 않고, 사물을 바라보고 생각의 변화를 보는 것이 저는 앞으로 굉장히 중요하다고 생각해요. (…) 일상에서 파워 갖기, 일상을 이루는 개인을 주목하고, 그들이 어떻게 파워를 갖는가, 또 갖게 만드는가, 자기 삶을 스스로 결정하게 만드는 힘을 갖게 할 것인가, 힘을 갖는 게 자기들을 어떻게 움직이게 할 것인가에 대한 고민이 굉장히 중요하다는 생각이 들어요. (윤정숙)

시민들이 '자치역량'을 갖게 되면, 자신들의 삶을 주관하는 '활동가'로 자연스럽게 변하는 시민공동체, 새로운 시민사회를 갖게 된다. 그렇게 되면 시민사회에서 정부나 정치권으로 빠져나간 지식인들의 참여 회피를 탓할 필요도 없고, 형편없는 보수 때문에 그만둔 활동가 부족 문제를 크게 걱정할 필요도 없을 것 같다. 많은 빈자리는 자원 활동가로 채워지고, 또 넘칠 것이다. 유정길은 자원 활동가에게 '당신이 운동가냐?'고 물어보면 '내가 무슨 운동가냐' 이렇게 말할 수 있지만, "궁극적으로 자기가 운동가인지도 모르고 운동하는 것이 오히려 훨씬 더 운동가다울 수" 있다고 말한다.

원주 의료생협의 최혁진은 '시민적 소유', 시민이 의료의 주체가 되는 풀뿌리운동에서 지속 가능성을 찾는다. 그는 "시민적 소유를 통해서 지역 안에서 의료행위의 공공성을" 지키는 운동을 중시한다. 그래서 풀뿌리 지역운동을 중시하는 활동가들은 이런 원주의 지역사회운동을 부러워한다. 의료생협을 포함한 12개 협동조합들이 연대해 공동 신문을 제작하고 공동 홈페이지를 개설하고, 지역의 시민사회단체들과 연대해 시민들이 토털 써비스를 제공받을 수 있도록 하는 시민중심의 공동체운동이 이뤄지고 있다는 것이다.

최혁진은 이처럼 시민이 주인이 되는 사회, '시민이 보석처럼 빛나는 사회'가 행복한 사회라 믿는다.

시민이 보석처럼 빛난다고 하는 것은 자기가 주체가 되어서 자기 뜻으로 다양한 대안들을 쏟아내면서, 그 안에서 모였다 흩어졌다 하면서 이 운동 저 운동이 만들어지고 그런 거잖아요. (최혁진)

시민이 보석처럼 빛나는 '아래로부터의' 시민사회는 이런 희망을 보여준다. 나 자신을 찾고, 이웃을 발견하며, 더불어 사는 삶 가운데 생의 즐거움을 느낀다. 이처럼 더욱 인간적인 공동체에서 시민들은 자신의 삶과 공동체생활에서 주인으로 활동하는 변화가 일어난다. 시민이 나서면 해결되지 않을 문제는 하나도 없다. 다양한 단체에 회원으로 가입하는 시인들, 자원봉사자로 활동하는 시민들, 어려운 이웃을 돕는 기부자로 나서는 시민들 스스로가 공동체 문제의 해결자 역할을 하며 시민공동체를 세우는 주체가 될 것이다. 결국 시민사회의 질적 성장과 지속 가능성을 결정하는 것은 시민들에게 달려 있다. '아래로부터의 시민사회'는 시민 자원 활동가들이 활기차게 활동하는 그런 '시민공동체'가 될 것이다.

20년 후의 시민사회

이 책은 '시민'에서 시작해 '시민'으로 마무리한다. 먼저 '시민은 누구인가'를 생각하며 시민을 위해 활동하는 시민사회단체와 활동가의 역할을 알아본 다음 참여적이고 능동적인 시민들이 자치력을 발휘하는 '아래로부터의 시민사회'로 나아가자는 결론을 내렸다. 시민이 결국 시민사회를 풍요롭게 만드는 주권자 역할을 해야 한다고 본다.

따라서 결론에 해당하는 5장에서는 '시민'에 촛점을 맞춰 어떤 희망을 어떻게 찾을 수 있을지를 생각해보았다. 각자 거주하는 생활공동체 곳곳에서 자발성을 갖고 참여하는 자원활동가로 시민들이 나서서 역량과 전문성을 갖추고 이웃을 위해 제 역할을 해준다면 가장 바람직할 것이다. 누가 누구를 대상으로 하는 일방적인 봉사활동이 아니라 누구나 서로를 위해 자원활동을 하는 다방향적인 것이어야 한다. 모두가 활동가로 나설 수는 없지만, 많은 시민들이 이웃과 공동체를 생각하고 관심을 가져주기만 해도, 또는 시민사회 조직의 회원으로서 1년에 몇차례라도 활동에 참여하기만 해도 '아래로부터의 시민사회'를 형성해갈 수 있다.

시민들 스스로 사회의 주인이 되는 일은 그리 쉽지 않다. 생계가 어려워 먹고살기 바빠 주위를 돌아볼 시간조차 없는 사람들이 적지 않다. 하지만 이들을 위해 시민사회가 생계수단과 써비스를 제공한다면 다시 이들이 같은 처지의 이웃을 위해 활동에 나서는 선순환이 일어날 수 있다. 또 남는 시간을 잘 활용해보려는 사람이 많기 때문에, 이들에게 각자의 생활공간에서 참여할 수 있는 기회를 부여하는 일이 무엇보다 중요하다. 시민사회에 참여하는 사람들 대부분은 누군가의 요청과 길안내에 따라 참여하게 된다. 가벼운 자원봉사 활동부터 시작한다면 시민사회에 대한 이해를 갖추면서 보다 적극적으로 활동하고 나아가 전문가나 지도자로 성장할 수 있다.

이 책은 이처럼 시민들의 참여와 성장을 돕는 자치역량 방안들을 1장부터 5장에 걸쳐 다양하게 제시했다. 1장에서는 시민이 주권자로서 자발적으로 참여할 때 비로소 시민사회가 활성화되고, 이런 시민들과 더불어 시민사회단체들이 성장할 수 있다는 것을 활동가들의 구술을 통해 확인하였다. 이 활동가들은 다양한 배경에서 일찍이 '시민'의 눈을 뜨고 시민사회단체라는 일터에 몸담았으며, 시민들이 자발적 참여자로 활동하고 지도자로 성장하는 데 도움을 준다.

2장에서 드러나듯이 활동가들은 대부분 처음에 학생운동이나 노동운동에 매진하다 변화된 현실에서 무엇을 어떻게 해야 할지 몰라 방황하던 중 시민운동에 동참하게 되어 거듭나는 삶을 살아왔다. 그들의 새로운 삶을 통해 고통받는 사람들이 위로받고 '시민'으로 눈뜨고 자원활동가로 성장하는 또다른 변화가 일어나는 사례들을 살펴볼 수 있었다. 전망을 잃고 의탁할 곳을 찾아 방황하던 활동가들이 시민을 교육하고 지도하며 시민사회를 성장시킨 주역으로 변신한 것이다. 3장은 시민들 사이, 시민과 활동가 사이, 시민사회에서 활동하는 조직들 사이의 다양한 소통에 촛점을 맞춰 개인의 이해나 관심을 넘어 타인과 이웃을 발견하고 공동체성을 회복하는 다양한 처방들을 제시한다.

이 책을 통해 우리는 시민사회가 진정 시민에 의해, 시민을 위해 존재하는지 점검해보았다. 그런 '아래로부터의 시민사회'는 가능한가? 우리의 시민사회가 출범한 지 20년이 지난 지금, 진정한 질적 성장을 이뤘는가? 3장과 4장을 통해 살펴보았듯이 우리의 시민사회는 그런 노력을 게을리했고 또 역량 부족이라는 한계를 드러내기도 했다. 따라서 시민사회 희망찾기는 시민을 확고한 주권자로 세워 시민사회의 많은 일들이 시민에 의해, 시민을 위해 실행되도록 하는 방안들에 촛점을 맞춰야 할 것이다.

'시민에 의한' 시민사회가 자치역량의 강화를 통해 추구할 수 있는 좀더 장기적인 목표라면, '시민을 위한' 시민사회는 당장 추구해야 할 목표이다. 많은 시민들이 먹고사는 문제에 직면해 있고, 국가나 시장이 손을 못 대는 다양한 써비스를 갈망하고 있다. 시민사회가 '경제'문제에서도 중장기적 계획을 갖고 일상생활과 삶의 질 향상에 실질적으로 도움이 되는 새로운 패러다임을 모색할 필요가 있다. 우리사회는 이런 시대적 요청에 적극 호응함으로써 신자유주의의 위협을 막아내고 시민의 신뢰를 바탕으로 지속 가능한 성장의 길을 찾을 수 있을 것이다.

지금은 한국 시민사회 태동의 역사가 되었던 '87년체제'와 그후 10년이 지난 1997년 IMF 외환위기로 출범한 신자유주의 '97년체제'가 충돌하는 경쟁구도가 형성되는 시기이다. 이 경쟁에서 시민들이 시장의 수동적인 소비자로 머물지 않고 시민사회의 주권자로 지속 가능한 참여를 할 수 있도록, 특히 '사회적 경제' 전략을 추구해볼 만하다. 우리의 시민사회가 '사회적 경제'를 만나 새로운 변화를 통해 희망을 모색할 때인 것이다. 우리의 식탁을 탐욕스러운 시장에 맡길 수 없다는 불안감에서 많은

시민들이 생활협동조합의 회원으로 참여하고, 먹을거리뿐 아니라 의료
와 상담 써비스도 생협에 의존하는 시민들이 불어난다. 자신의 건강뿐
아니라 지구환경도 걱정하는 시민들이 '윤리적 소비'에 동참한다. 아이
들 맡길 곳이 없어 불안했던 주민들이 공동으로 투자하고 운영하는 비영
리적 공동육아에 참여하고, 무너지는 공교육과 사욕에 물든 사교육을 불
신하는 시민들이 대안교육에 자녀를 맡겨 새 희망을 찾는다. 암, 희귀병,
만성질환의 고통을 안고 있는 환자와 가족 들이 자조모임을 꾸려 시장이
줄 수 없는 경제혜택과 사회적 지원을 얻는다. 고령사회의 실버타운도
노인들의 자체 역량으로 조직된 공동체로 만들려는 노력들이 결실을 맺
고 있으며, 고령자, 아동, 장애인, 병약자 등 돌봄과 상담이 필요한 사람
들을 위한 사회적 써비스가 비영리조직들의 새로운 개척지가 되어 사회
적 일자리가 많이 마련되는 추세이다.

'사회적 경제' 중심의 시민사회는 풀뿌리 차원에서 더욱 활기차게 성
장한다. 시민들은 자원봉사단체, 생활협동조합과 사회적 기업, 취미 동
호회, 질병의 고통을 함께 이겨가는 자조집단, 보육과 노인복지에 이르
기까지, 다양한 사회적 써비스를 제공하는 비영리단체 회원으로 활동하
고 도움을 받으며 조직에 기여하는 쌍방적 관계를 유지한다. 여유 시간
의 선용을 바라는 주부나 은퇴자 들이 지역공동체의 자원 활동가로 나서
자기개발을 하며 지역사회에 기여할 수 있는 장을 열어주는 일이 시민사
회의 일차적 과제이다.

세계 역사에서 '시민'만큼 위대한 인물은 없다. 시민은 우리 현대사의
중대한 역사적 기로에서도 늘 현명한 결정자 역할을 해냈다. 암울했던
군사정권 시절에 우리사회가 숨쉴 수 있도록 공론장을 열어주었고, 민주
화 이후에는 확고한 신뢰를 보내주며 시민의 시대, NGO 시대를 열게 해
주었다. 또한 세계화 시대 신자유주의의 위협에 놓인 지금 긴급구조에

나설 수 있는 인물도 역시 시민들이다. 그들이 믿음을 보여주고 참여하
는 한, 유권자의 표를 구애하는 국가도 또 소비자의 마음을 사로잡으려
는 시장도 시민 활동가들로 활력이 넘치는 시민사회의 생명력과 정당성
을 경시할 수 없을 것이다.

| 주 |

1장 시민, 시민사회, 시민사회단체

1 Benjamin Barber (1984) *Strong Democracy: Participatory Politics for a New Age*, UC Press, 154~55면.

2 Ralf Dahrendorf (1997) *After 1989: Morals, Revolution, and Civil Society*, Palgrave Macmillan.

3 Lester Salamon and Helmut Anheier (1994) *The Emerging Sector: The Nonprofit Sector in Comparative Perspective- An Overview*, Johns Hopkins University Institute for Policy.

4 주성수·이남석·남정일『한국 NGO 리포트 2002~2003』, 한양대출판부 2003, 37면.

5 CIVICUS 1994, 2면.

6 R. Dahrendorf (1974) *Pfade aus Utopia: Arbeiten zur Theorie und Methode der Soziologie*, Piper, 674면.

7『한겨레신문』2001년 5월 21일자.

8 볼런티어21『2005 한국인의 자원봉사·기부 현황 조사연구』, 볼런티어21 2005.

9 주성수『자원봉사——이론, 제도, 정책』, 아르케 2005, 275~77면.

10 주성수, 앞의 책 287면.

11 볼런티어21 『2002 한국인의 자원봉사 및 기부 현황』, 볼런티어21 2002.

12 김기현 『우리 시대의 커뮤빌더』, 이매진 2007, 65~68면.

13 행정자치부, 2007, 59면.

14 UN, 2003.

15 H. Anheier (2004) *Civil Society: Measurement, Evaluation, Policy*, Earthscan, 22면.

16 B. Barber (1998) *A Place for Us: How to Make Society Civil and Democracy Strong*, Hill & Wang, 4면.

17 Bob Edwards, Michael M. Foley, and Mario Diani, eds. (2001) *Beyond Tocqueville: Civil Society and the Social Capital Debate in Comparative Perspective*, Tufts University, 2면.

18 박원순 『한국의 시민운동 프로크루스테스의 침대』, 당대 2002, 84면.

19 이선미 「민주주의가 젠더 중립적인가」, 정상호·주성수 편 『민주주의 대 민주주의』, 아르케 2006.

20 Robert D. Putnam (1995) *Revitalizing trilateral democracies: A report to the Trilateral Commission*, Commission.

21 볼런티어21, 앞의책 2005.

22 유석춘 교수의 발언(『한국일보』 2001년 6월 8일자).

23 박원순, 앞의 책 95면.

24 CIVICUS, 1999, 173~74면.

25 『오마이뉴스』 2007년 10월 7일자.

26 쌜러먼(L. Salamon, 2004)의 자료는 시민단체뿐 아니라 앞서 그가 제시한 넓은 의미의 시민사회 단체를 모두 포함한다.

27 Brian O' Connell (1996) "A Major Transfer of Government Responsibility to Voluntary Organizations? Proceed with Caution," *Public Administration Review* 56/3, 225면.

28 이선미, 앞의 글.

29 제3섹터연구소, 2000.

30 전경련, 2006.

31 주성수 『NGO와 시민사회』, 한양대출판부 2004, 187면.

32 『중앙일보』 2007년 7월 3일자.

33 이타주의와 개인주의 사이를 주기적 이동하던 미국 사회가 이제는 후자 쪽으로 이동하고 있다(Robert Bellah, Richard Madsen, William Sullivan, Ann Swidler,

and Steven Tipton, *Habits of the Heart: Individualism and Commitment in American Life*, UC Press 1996).

2장 시대경험과 시민사회

1 아스트리트 에를 지음, 권선형 옮김 「집단적 기억과 회상문화들」, 『현대 문화학의 컨셉들』, 유로 2003, 218면.
2 유리 로트만 『문화기호학』, 유재천 옮김, 문예출판사 1998, 334면.
3 민중은 의미 자체로 보자면 '인민'(people)과 거의 같은 단어이다. 그런데 한국전쟁과 분단의 여파로 냉전구조가 정착되면서 우리 사회에서는 '인민'이란 단어가 금기시 되었다. 1980년대에 널리 쓰인 '민중'은 실제로 그 단어가 쓰인 맥락으로 보면, 노동자, 농민, 빈민 등 피지배계급을 총괄하는 개념이었으며, 그런 점에서 이데올로기적 뉘앙스를 지니고 있다고 볼 수 있다.
4 강상중·요시미 슌야(吉見俊哉), 『세계화의 원근법』, 김경원 옮김, 이산 2004, 67면.
5 기업사회란 시장이 사회를 식민화한 것으로, 시장이 자율성을 획득하면서 기업이 자신의 사회성을 부인하고 여타 사회를 식민화한 역사적 현실을 일컫는다(김동춘 『1997년 이후 한국사회의 성찰 — 기업사회로의 변환과 과제』, 길 2006, 29면).

제4장 전환기 속의 시민사회, 운동과 변화 사이에서

1 『한겨레신문』 2007년 3월 21일자.
2 『한국일보』 1997년 5월 13일자.
3 서울대 사회발전연구소, 1996.
4 『시민의 신문』 2006년 4월 10일자.
5 『한겨레신문』 2007년 3월 21일자.
6 『시민의 신문』 2006년 4월 10일자.
7 『시민의 신문』 2006년 4월 10일자.
8 『시민의 신문』 2006년 4월 24일자.
9 『시민의 신문』 2006년 4월 17일자.
10 시민단체들의 재정 자립과 관련한 다양한 논의들은 지난 2006년 4월 『시민의 신문』에서 '시민운동 내부진단'과 관련하여 기획된 씨리즈 가운데서 '재정'과 관련한 내용들을 참고했다.

11 『한겨레신문』 2006년 11월 9일자.

5장 시민사회에 싹트는 희망의 씨앗들

1 미국 상원의원 빌 브래들리(Bill Bradley)의 연설(『뉴욕타임스』 1995년 2월 10일자).
2 제러미 리프킨 『노동의 종말』, 이영호 옮김, 민음사 2005.
3 『경향신문』 2007년 10월 2일자.
4 George Soros, 1997.
5 '사회적 기업'에 대해서는 노동부(www.molab.go.kr/issue/issue04/sub01_01.jsp)나 사회적 기업쎈터(www.sec21.or.kr)의 홈페이지를 참조.
6 MBC 뉴스데스크, 2008년 1월 25일 방영.
7 주성수, 앞의 책 99면.
8 주성수, 앞의 책 52면.
9 주성수, 앞의 책 53~54면.
10 Peter Evans, Harold Jacobson, and Robert Putnam (1993) *Double-Edged Diplomacy: International Bargaining and Domestic Politics,* UC Press, 37면.

고계현(남)   경실련 사무처장

김 현(남)   풀뿌리자치연구소 이음 연구위원

김남근(남)   민주사회를 위한 변호사모임 민생경제위원장

김미선(여)   녹색삶을 위한 여성들의 모임 대표

김민영(여)   참여연대 공동집행위원장

김지훈(남)   인터넷뉴스 바이러스 기자

김해성(남)   외국인노동자의 집 대표

박두준(남)   아이들과 미래 사무국장

박수선(여)   평화여성과 갈등해결센터 소장

박윤애(여)   볼런티어21 사무총장

박헌미(여)   푸른 내일을 여는 여성들 전 사무처장

박홍순(남)   열린사회시민연합 소장

신태중(남)   함께하는 시민행동 좋은기업만들기 팀장

안병옥(남)   환경운동연합 사무총장

양준석(남)   행동하는 복지연합 사무국장

오성규(남)   환경정의 사무총장

우석균(남)   보건의료단체연합정책 실장

원기준(남)   광산지역사회연구소 소장

유미화(여)   안산 녹색소비자연대 사무국장

유정길(남)   에코붓다 대표

윤정숙(여)   아름다운 재단 상임이사

이구경숙(여)   한국여성단체연합 지역여성운동센터 국장

이미영(여)   여성환경연대 사무처장

이창호(남)　세계청년봉사단 사무총장
이필구(남)　한국YMCA 전국연맹 정책실장
이해정(여)　한살림 서울생협 조직국장
정보연(남)　한국청년연합회(KYC) 대표
정은숙(여)　한국여성민우회 사무처장
최혁진(남)　원주 의료생협 이사
최홍관(남)　사회연대은행 사무국장

* 소속 기관과 직위는 구술 당시의 것을 따랐다.

희망제작소 프로젝트 04
우리시대희망찾기

아래로부터의 시민사회
시민활동가 30인에게 듣는다

초판 1쇄 발행 • 2008년 8월 1일

지은이 • 주성수 정규호 이선미 조성미
펴낸이 • 고세현
책임편집 • 강영규 김도민
펴낸곳 • (주)창비
등록 • 1986년 8월 5일 제85호
주소 • 413-756 경기도 파주시 교하읍 문발리 513-11
전화 • 031-955-3333
팩시밀리 • 영업 031-955-3399 편집 031-955-3400
홈페이지 • www.changbi.com
전자우편 • human@changbi.com
인쇄 • 한교원색

ⓒ 희망제작소 2008

ISBN 978-89-364-8546-7 03300
ISBN 978-89-364-7984-8 (세트)

* 현장의 목소리를 전하는 '우리시대 희망찾기' 씨리즈는 희망제작소가
  SAMSUNG 에서 연구비를 지원받아 집필하였습니다.
* 이 책 내용의 전부 또는 일부를 재사용하려면
  반드시 저작권자와 창비 양측의 동의를 받아야 합니다.
* 책값은 뒤표지에 표시되어 있습니다.